电子商务企业经营沙盘模拟教程

（第2版）

何　伟　编著
高　岳　主审

電子工業出版社
Publishing House of Electronics Industry
北京 · BEIJING

内容简介

本书依托ITMC电子商务综合实训与竞赛系统（网店运营推广）4.0版本和ITMC网店运营实训系统（1+X证书——网店运营推广高级证书实训软件）平台，以仿真的电子商务企业经营管理环境和运营操作流程为主线，分为五大模块：模块一，走进电子商务沙盘的世界，了解电子商沙盘模拟企业经营课程；模块二，电子商务沙盘操作基础，掌握电子商沙盘模拟企业经营规则及流程；模块三，制定经营战略，体会企业的经营管理；模块四，电子商务沙盘实战模拟，体验模拟电商企业经营；模块五，解密电商沙盘经营，掌握企业经营的本质。本书简洁、精炼、好读、易懂，便于理解；准确阐明电子商务沙盘模拟企业经营的理念和规则，务求使经营操作体系全面、完整、准确；及时更新相关内容，使本书实用、系统，利于学生循序渐进地学习，具有很强的实用性。

本书可作为1+X证书——网店运营推广高级证书实训模块参考用书，以及全国职业院校技能大赛高职组电子商务技能赛项运营推广模块的参考用书，还适合作为职业院校电子商务专业、计算机专业、市场营销专业及其他商贸类专业学习电子商务的教材。

本书配有配套教学课件，有需要的请与 chitty@phei.com.cn 联系。

图书在版编目（CIP）数据

电子商务企业经营沙盘模拟教程 / 何伟编著 . —2版 . —北京：电子工业出版社，2018.9
ISBN 978-7-121-34869-3

Ⅰ . ①电…　Ⅱ . ①何…　Ⅲ . ①电子商务－商业企业管理－计算机管理系统－教材　Ⅳ . ① F713.365

中国版本图书馆 CIP 数据核字（2018）第 183240 号

策划编辑：陈　虹
责任编辑：陈　虹
印　　刷：涿州市京南印刷厂
装　　订：涿州市京南印刷厂
出版发行：电子工业出版社
北京市海淀区万寿路 173 信箱　邮编　100036
开　　本：787×1 092　1/16　印张：13.25　字数：336 千字
版　　次：2017 年 7 月第 1 版
2018 年 9 月第 2 版
印　　次：2020 年 7 月第 7 次印刷
定　　价：37.50 元

凡所购买电子工业出版社图书有缺损问题，请向购买书店调换。若书店售缺，请与本社发行部联系，联系及邮购电话：（010）88254888，88258888。

质量投诉请发邮件至 zlts@phei.com.cn，盗版侵权举报请发邮件至 dbqq@phei.com.cn。

本书咨询联系方式：chitty@phei.com.cn。

前　　言

2019 年 5 月 29 日，中国商务部发布《中国电子商务报告（2018）》。报告显示，中国电子商务市场在 2018 年继续保持了健康快速的发展态势，市场结构不断优化，市场活力持续显现，在国民经济和社会发展中的带动作用不断增强。报告显示："2018 年中国电子商务交易规模继续扩大并保持高速增长态势。全年实现电子商务交易额 31.63 万亿元，同比增长 8.5%；电子商务从业人员达 4700 万人，同比增长 10.6%。市场对电子商务人才的需求数量呈现快速增长趋势，对其能力、素质的要求越来越高。"

2019 年 1 月 24 日，国务院印发了《国家职业教育改革实施方案》（简称"职教 20 条"），它是职业教育改革的纲领性文件，是全面深化职业教育改革的顶层设计和施工蓝图。"职教 20 条"明确提出：2019 年开始在职业院校、应用型本科高校启动"学历证书 + 若干职业技能等级证书"制度试点（以下称 1+X 证书制度试点）工作；完善高层次应用型人才培养体系，制定中国技能大赛、全国职业院校技能大赛、世界技能大赛获奖选手等免试入学政策，探索长学制培养高端技术技能人才。为应对新时代职业教育的新要求，适应职业教育教学改革和课程建设、1+X 证书制度试点工作及全国职业院校技能大赛高职组电子商务技能赛项需要，作者结合多年实践教学和指导学生参加全国职业院校技能大赛的竞赛心得，以 ITMC 电子商务综合实训与竞赛系统（网店运营推广）4.0 版本和 ITMC 网店运营实训系统（1+X 证书——网店运营推广高级证书实训软件）为依据编写了本书，以期使学生在仿真实训演练中体验电子商务企业经营活动过程，感悟经营活动的魅力，夯实所学专业知识和技能的基础，进一步增强团队意识，全面提升职业素养。

ITMC 电子商务综合实训与竞赛系统（网店运营推广）4.0 版本和 ITMC 网店运营实训系统是由中教畅享（北京）科技有限公司研发的电子商务企业经营模拟仿真软件，该系统对于提升学生的决策能力、分析解决问题的能力、团队协作精神以及创新思维能力等方面具有很好的作用。自 2011 年问世以来，以电子商务沙盘为平台的全国职业院校技能竞赛已经成功举办 9 次，国内很多高校开设了电子商务沙盘模拟课程。特别是从 2015 年到 2019 年，电子商务沙盘系统成为全国职业院校技能大赛高职组电子商务技能赛项的一个重要组成部分，参赛院校已达数百所之多。与此同时，1+X 证书——网店运营推广入选教育部第二批 1+X 证书制度试点范围，电子商务沙盘（ITMC 网店运营实训系统）成为了该证书高级模块的实训平台。

本教材针对 ITMC 电子商务沙盘而编写，可作为 1+X 证书——网店运营推广高级证书实训模块参考用书，以及全国职业院校技能大赛高职组电子商务技能赛项运营推广模块参考用书，还适合作为职业院校电子商务专业、计算机专业、市场营销专业及其他商贸类专业学习电子商务的教材。本书简洁、精炼、好读、易懂，便于理解；准确阐明电子商务沙盘模拟企业经营的理念和规则，务求使经营操作体系全面、完整、准确；及时更新相关内容，使本书实用、系统，利于学生循序渐进地学习，具有很强的实用性。

随着电子商务在全球范围内蓬勃发展，新的知识不断涌现，ITMC 电子商务综合实训与竞赛系统（网店运营推广）紧跟时代步伐更新到了 4.0 版本，为更好地与新版本系统相吻合，进一步将近几年电子商务沙盘模拟经营的最新理论研究和实践应用成果融入电子商务沙盘课程教学中。本书在第 1 版的基础上，进行了第 2 版的改写工作。本次改写的主要内容是：根据 ITMC 电子商务综合实训与竞赛系统（网店运营推广）4.0 版本更新的内容，对相应章节的数据、图、表进行了更新（尤其是模块二、模块四做了较大幅度的改写），新增了模块五的各类买家成交撮合原理的解析。

本书由浙江国际海运职业技术学院何伟编写，笔者自 2011 年开始从事电子商务沙盘教学工作，参加 1+X 证书——网店运营推广高级证书培训和教材编写工作，多次指导学生参加电子商务沙盘相关职业技能竞赛，以及指导学生从事电商创业实践。此外，中教畅享（北京）科技有限公司的潘洪锋、舟山新况味电子商务有限公司的魏为波也参与了本书的编写。

本教材为 2018 年度浙江省教育规划课题《互联网 + 背景下高职学生微创业模式探索与实践》（2018SCG271）、2015 年度浙江省高等教育改革项目《“电子商务”课程立体化综合实践教学创新模式研究》（jg2015392），以及浙江省教育厅 2017 年度高等学校访问工程师校企合作项目《以电子商务竞技工作室为依托的高职学生创新创业能力培养模式研究》（FG2017195）的研究成果。

由于编者水平有限，书中难免有缺陷和疏漏之处，恳请专家、读者批评指正。

编　者

目　录

模块一　走进电子商务沙盘的世界

新手上路：在路上，在学习的路上，在生活的路上，在人生的路上，我不知道什么是成功，但我知道什么是失败，放弃就是失败，不放弃就有希望；坚持，就能成功！

任务一　认识电子商务沙盘

学习目标：

1. 知道电子商务沙盘的含义与模型。
2. 明确学习电子商务沙盘的意义。
3. 了解电子商务沙盘的组成架构。

一、认知电子商务沙盘

沙盘模拟的概念最初来自“作战指挥”，在军事题材的电视电影作品中，经常看到指挥员们站在一个地形模型前研究作战方案，即战争模拟沙盘推演。

商场如战场，特别是在当今“互联网+”的时代，一个电商企业的实际经营管理要比作战指挥复杂得多。如果只是凭借想象去描绘电商企业如何管理，无疑是“空穴来风”。而如果仅仅是在每门课程中展现企业的一个局部现状，也会让学习者感到“只见树木，不见森林”。将一个企业各个关键部门的运作提炼成一个虚拟企业模拟，让学习者模拟整个电商企业的日常经营过程中的管理活动，进行实际演练，无疑可以避免这些缺憾，这就是电子商务企业经营沙盘的由来。本书基于中教畅享（北京）科技有限公司（ITMC）的电子商务沙盘即电子商务综合实训与竞赛系统（4.0 版本）编写。

【想一想】

你见过什么沙盘，其有何作用？

中教畅享（北京）科技有限公司（ITMC）研发的电子商务沙盘通过对全程电子商务环境下企业经营的逼真模拟，可将全班学生分成若干组（虚拟公司），然后系统根据组数自动生成共同市场环境下的若干拥有 500 万元虚拟启动资金的虚拟电子商务公司，每个公司依据系统市场数据魔方信息决定自己的定位和市场策略，开展模拟经营。电子商务沙盘盘面如图 1-1 所示。

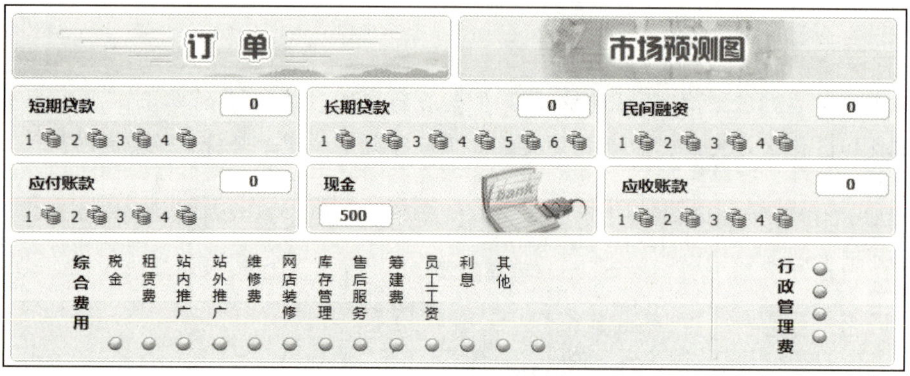

图1-1　电子商务沙盘盘面

每个虚拟公司由 4 名学生组成，分别担任店长、推广专员、运营主管、财务主管重要职位。每个公司通过租赁办公场所、建立配送中心、装修网店、采购商品设立网上商店；根据运营数据进行搜索引擎优化（SEO）操作获取尽可能多的自然流量，进行关键词竞价（SEM）推广获取尽可能多的付费流量；针对消费人群开展促销活动，制定商品价格，提升转化率；处理订单，配送商品，结算资金；规划资金需求，控制成本，分析财务指标，调整经营策略，创造最大利润。通过数个会计年度的训练，让学生充分了解电子商务企业的经营之道，掌握电子商务企业如何提升流量，提高转化率的基本技巧，学会大数据环境下的精准营销。

二、电子商务沙盘模拟的作用

电子商务沙盘不仅可以让学生从战略高度来观察电子商务的全貌，而且可以亲身体验电子商务活动主要环节的执行过程。通过团队成员各个虚拟角色之间的沟通与配合，学会如何利用团队力量解决实践中遇到的各种典型问题。

（一）提高学生学习兴趣，增强教学效果

电子商务沙盘具有互动性、趣味性、竞争性的特点，能够最大限度地调动学生的学习兴趣，使学生在培训中处于高度兴奋的状态，充分运用听、说、学、做、改等一系列学习手段，开启一切可以调动的感官功能，对所学内容形成深度记忆。

电子商务沙盘在电子商务环境下模拟真实企业的经营，学生通过角色扮演、团队组建等环

节，切身感受企业的真实经营过程。在电子商务沙盘学习过程中，无论是在电子商务运营战略、战术、作业等层面的决策还是其实施，学生均会遇到各种各样的问题，但通过团队成员的不断交流讨论来解决问题，让学生获得一种成就感，使其学习态度逐渐由被动接受转变为主动学习，学习兴趣不断被激发。

电子商务沙盘将抽象的理论知识转化为具体的可操作的实践内容，通过对电子商务沙盘的亲自操作，将书本上枯燥的理论内容具体化、情景化和过程化，学生得到的不再是空洞乏味的概念、理论，而是极其宝贵的实践经验和深层次的领会与感悟，达到真正的“做中学，学中做”，将理论知识、实践技能、态度融为一体，进而提高教学效果。

（二）培养学生综合素质，增强职业竞争力

在引入电子商务沙盘后，学生可以将理论的基础知识转化为可操作的模拟经营过程。通过团队建设，培养学生团队合作能力、综合分析判断能力，提高学生的综合素质；通过角色扮演，使学生清楚地了解与掌握电子商务环境下企业经营中各工作岗位的内容与技能，逐渐适应日后工作的职业环境，与此同时，职业能力、精神及道德等也得到了不断培养。在电子商务企业模拟运作过程中，学生既可以从战略高度来观察电子商务的全貌，也可以亲身体验电子商务活动主要环节的执行过程。通过团队成员各个虚拟角色之间的沟通与配合，学习如何利用团队力量解决实践中会遇到的各种典型问题，使学生具备毕业即上岗的能力，从而增强学生的职业竞争力。

（三）改进实践教学手段，提高教师实践教学能力

电子商务沙盘系统是对真实电商操作经营过程的高度仿真模拟，这种教学模式对教师的实践教学能力提出了更高的要求。教师需要打破传统的教学观念和教学模式，既要将基础理论知识融入电子商务沙盘的实践教学中，又要让学生区分出模拟和现实经营的差异，活学活用。在应对和处理实践教学中遇到的各种问题的同时，教师的实践教学能力、业务水平也将得到进一步的提高。

【想一想】

你准备如何参与电子商务沙盘模拟经营的学习和实践活动？

三、电子商务沙盘的组成架构

电子商务沙盘系统的盘面主要由订单、市场预测图、融资状况、综合费用、行政管理费用构成。每个虚拟公司通过操作电子商务决策经营流程、辅助工具和经营分析 3 个业务模块，完成每一阶段的虚拟电子商务企业运营过程。

电子商务企业经营流程模块主要由开店、采购、推广、运营、财务部 5 个部分组成，如图 1-2 所示；辅助工具模块包括店铺管理、员工管理、库存管理、仓库信息查询、站外推广信息、ITMC 商城信息、媒体中标信息、采购中标信息、历轮订单列表、我的订单信息、追加股东投资、物流信息查询、物流线路查询、物流折扣管理、排行榜、企业信息等；经营分析模块包括市场预测图、现金流量表、财务报表、市场占有率、订单汇总统计、已交货订单统计、未交货订单统计、进店关键词分析、驾驶舱、杜邦分析等。

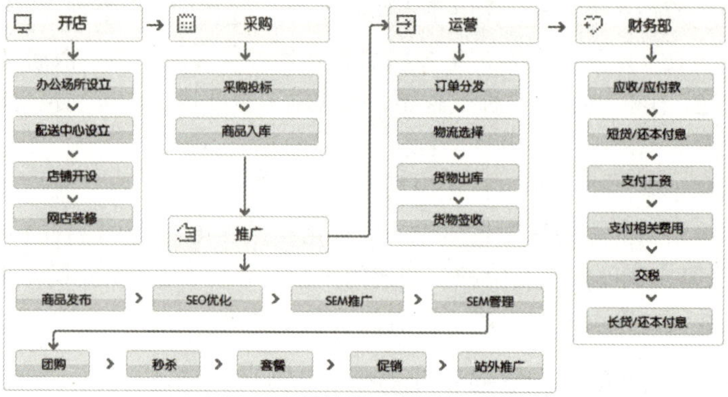

图1-2　电子商务企业经营流程

【议一议】

电子商务企业一般有哪些工作？

（1）市场调研：数据魔方分析，了解各商品的市场需求状况。

（2）开店：店铺开设（包括前两轮的 B 店筹建），每一期完成店铺装修任务。

（3）采购商品：采购公司当期所需销售的商品。

（4）商品推广：选择合适的促销方式、SEO 关键词、SEM 策略及站外媒体广告等。

（5）店铺运营：根据客户订单要求选择合适的发货配送中心、物流方式等，将货物按时交付。

（6）财务管理：编制财务报告（资产负债表、利润表）用于反映企业财务状况和经营战果。

任务二　组建团队

学习目标：

1. 掌握虚拟电商企业的各个岗位职责。
2. 结合岗位职责并根据个人特长选择擅长的岗位。
3. 组建企业经营团队，建立协调沟通机制。

一、模拟电商企业组织架构

一个企业组织要保证有执行力，必须做到“事事有人做，事事都做好”。电子商务沙盘将企业的组织结构进行简化，根据日常事务安排，模拟企业相应设置了店长、推广专员、运营主管、财务主管 4 个岗位，体现了电商企业运营活动的主要环节——战略制定、采购管理、营销推广、运营管理和财务管理，是一个传统电商企业的缩影。模拟电商企业的组织结构如图 1-3 所示。

【想一想】

你适合什么岗位的工作？为什么？

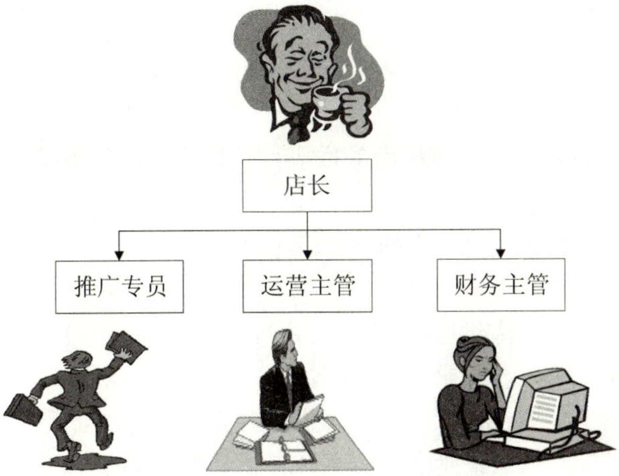

图1-3　模拟电商企业的组织结构

二、企业中各个角色的岗位职责

模拟企业和真实企业一样，设置了店长、财务部、运营部、推广部等重要岗位和部门，它们之间的相互合作对企业的绩效有重大影响。

（一）店长的职责

店长是企业的总负责人，是整个团队的领导者和带头人。

（1）店长主要对公司的一切重大经营运作事项进行决策，包括公司定位、经营策略、财务、业务范围、推广策略等。

（2）制定发展战略，分析竞争格局，确定经营指标，制定业务策略。

（3）主持公司的日常业务活动，负责公司运营。

（4）全面预算管理，合理分配资金，负责项目的投融资计划及审核财务状况。

（5）管理团队协同，分析企业绩效，定期报告运营情况，提交期报告、轮报告，分析企业盈利（亏损）状况。

备注：在电子商务沙盘模拟中店长发挥最大职能，如果其所带领的团队在模拟对抗中意见相左，则由店长拍板决定。

【议一议】

作为新任管理层，你们将如何来经营该公司？

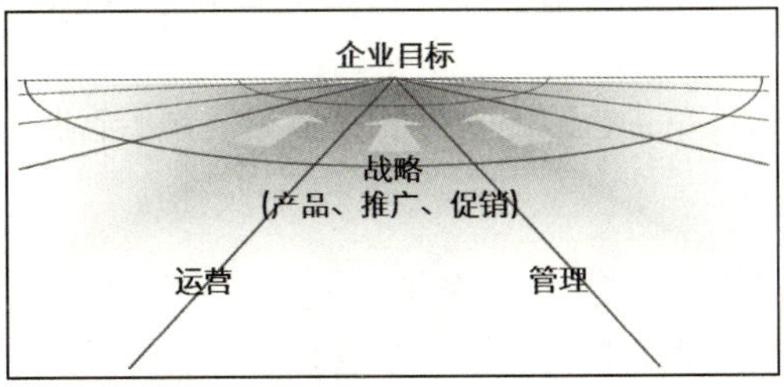

（二）推广专员的职责

只有扩大销售并及时收回货款才能使企业实现利润，赢得生存和发展的机会。实现营业收入是企业生存和发展的关键。

（1）市场调查分析，及时掌握市场商品供应变化情况，对相关信息资料进行收集、整理、归纳，编制采购计划。

（2）参与制订公司的营销战略，根据营销战略制定公司商品营销组合策略和营销计划，经批准后组织实施。

（3）合理制订引流计划，优化选择 SEO 关键词，制定 SEM 推广策略。

（4）合理制订促销策略，合理投放媒体广告。

（5）定期对市场营销环境、目标、计划、业务活动进行核查分析，及时调整销售策略和计划，制定预防和纠正措施，确保企业已采购商品能够取得匹配的客户订单，完成营销目标和营销计划。在稳定企业现有市场商品销售的情况下，积极拓展新商品销售渠道。

（6）沟通运营部门按时交货，监督货款的回收，分析销售绩效。

在人员充足的前提下，推广专员可以增加一个助手，即“商业间谍”。商业间谍主要负责市场调研工作，掌握其他企业的经营信息，以帮助领导决策。在电子商务沙盘模拟经营过程中，每个小组都可以有意识地安排一名学生监控竞争对手的情况，明确竞争对手的动向，学会如何获取竞争对手的信息，将信息加工整理反馈给推广专员或店长，从而为企业战略、战术发展提供参考依据。通过商业间谍岗位模拟，使学生认识到社会竞争中可能存在商业间谍，要学会防范。

【议一议】

商业间谍该如何工作?

（三）运营主管职责

（1）订单分发，将订单进行整理、分类后，根据到达城市，选择适当的配送中心准备出库。

（2）物流选择，将已经指定配送中心的订单进行整理、分类，选择适当的物流方式准备出库；合理选择物流方式及注意物流费用折扣问题。

（3）货物出库，根据订单的到货期限，合理安排商品出库；如果当前配送中心库存不足，进行库存调拨作业。

（4）在订单要求的到货期限之内到达的订单，代替买家签收货物，签收后货款直接到账。

（5）库存管理，期末或轮末及时清查库存，把货物库存情况及时向推广专员反馈，特别是预售货物的数量。

（6）对尚未到达买家的订单进行跟踪，把相关数据反馈给财务主管。

（四）财务主管的职责

如果说资金是企业的“血液”，那么财务部门就是企业的“心脏”。

（1）在店长的领导下处理企业核算、监督、管理财务工作，负责对公司的销售经营、资金运行情况进行核算。

（2）制定和管理税收政策方案及程序。

（3）组织公司相关部门开展经济活动分析，组织编制公司财务计划、成本计划，支付各项费用，努力降低成本、增加节支、提高效益——做好现金预算，管好用好资金。

（4）建立健全公司内部核算的组织、指导和数据管理体系，以及核算和财务管理的规章制度，监督公司遵守董事会决议。

【议一议】

财务主管除了记账、盘面操作，还有没有更重要的工作？

三、根据岗位职责组建团队

没有完美的个人，但是可以有完美的团队。每个人都有不同的天赋特质，团队管理者必须了解团队成员的个性特征和行为方式，才能将正确的人放到正确的位置做正确的事，挖掘每个成员的潜能，从而有效地提升员工的绩效。同时，团队成员之间通过了解彼此的性格行为特征，也可以认识彼此差异、有效沟通、避免或化解冲突，在互信和互动的基础上团结协作、优势互补，使团队发挥出“1+1+1+1>4”的整体力量，形成高效团队。

（一）招兵买马（组建经营团队）

通过学生自荐或教师推荐，有意向当店长的学生上台发布竞选店长演讲，全班投票推选出10位店长。然后各位店长通过宣讲自己的经营思路或经营理念，招兵买马，组建各自的虚拟电子商务公司。至此，一个教学班级的成员分为10组，每组一般为4人，这样教学现场就组成了10个互相竞争的模拟企业。每个团队在企业经营开始之前应确定自己企业的名称，并用一句话概括自己的企业宗旨和经营理念。

在组建经营管理团队时主要应该注意以下几个方面：

（1）能力互补。团队是紧密合作的关系，团队成员要信息共享，强调集体绩效。团队成员之间可以通过性别、性格、成绩和行为方式等进行互补。

（2）责任明确。团队的责任强调个人责任，也强调集体责任。团队有总体目标，有明确的分工，每个团队成员并非只是简单地做完自己的本职工作，还需要担当集体责任。

（3）目标清晰。团队应该有清晰的目标，这个目标就是团队存在的理由。每个团队成员都需要对这一团队目标做出承诺。

（4）相互信任。每个团队成员应能开诚布公地说出自己的感受，用语言和行动来支持自己的团队，经营中体现公平，既为自己也为别人的利益工作，表现出自己的才能。

（二）角色分工与岗位认知

团队是一个集体，分工明确，效率出色，在处理事务时尽可能达到预期效果。每个经营团队成立后，由本企业的店长发表就职演说。小组内部自行讨论，根据每个人的特点，确定个人扮演的角色及其承担的任务，并按照要求进入各个部门。各个角色对自己的岗位职责建立清晰的认识，根据工作分工和工作现场做位置调整。

店长是网店的领头人，要有一定的领导能力，富有主见，善于团结，对团队工作全面负责，能够公平、公正地对待团队中的每一个成员。

财务主管要认真仔细，肯吃苦，工作有条理，积极负责。

推广专员要头脑灵活，反应机敏，善于观察，判断力强。

营销主管要态度认真，勤于动手，做事有条理，善于思考。

【做一做】

现在你们是一个团队，有了自己的企业。请你发挥奇思妙想为自己的企业取个名字，为自己的团队设计一个响亮的口号，先声夺人！并将你们的创意记录在表 1-1 中。

表1-1　企业概况

企业名称		组别	
创业口号			
团队分工	职务	姓名	主要职责
主要成员	店长		
	推广专员		
	运营主管		
	财务主管		

组建企业管理团队后，企业管理团队将领导公司未来的发展，在变化的市场中进行开拓，应对激烈的竞争。企业能否顺利运营下去取决于管理团队正确决策的能力。每个团队成员尽可能利用自己的知识和经验做出决策，不要因匆忙行动而陷入混乱。

经过几次完整的模拟操作后，团队成员之间有了更深刻的了解，可以根据成员特点，调整岗位，力求每个人都能各展所长，人尽其才。也可以轮换岗位，体验不同的工作，有利于每个人对不同岗位的认知，进行个人职业定位。

【玩一玩】

如何做决策

决策是企业管理中的一项重要活动，是管理的核心，管理功能实质上是决策方案实施过程的体现。因此，决策贯穿于管理过程的始终，也是组织各级、各类管理人员的主要工作，只是决策的重要程度或影响范围不同而已。决策具有目标性、选择性、满意性、过程性、动态性、可行性的特点。当某人拿到一个项目时，他需要根据决策的特点，确定项目的目标，然后制定出让企业满意、可执行的、可多重选择的决策。

在棋界有句话："一招不慎，满盘皆输；一招占先，全盘皆活。"它喻示着一个道理，无论做什么事情，成功与失败取决于决策的正确与否。科学的经营决策能使企业充满活力、兴旺发达，而错误的经营决策会使企业陷入被动、濒临险境。

针对决策如何制定这一话题，下面我们一起来做个游戏。

决策模拟——合同执行决策

甲乙两家公司经多次谈判达成了一个一揽子交易合同，这个合同分6笔交易。在实施合同的过程中，双方遵循以下市场规则（以出红黑牌为例，红牌为守约，黑牌为欺诈）。

- 规则1：6笔交易要一笔一笔地做，做完一笔再做下一笔。
- 规则2：每一次交易双方要同时出牌。若双方均为红牌，则各得利润20万元；若双方均为黑牌，则双方各亏30万元；若一方为红一方为黑，则红方亏50万元，黑方得50万元。其中，第三轮和第六轮损益值要加倍。
- 决策目标：为股东赢得最大的利润。
- 游戏目标：在模拟比赛中胜出，即在参加模拟的各小组中获得盈利最多的小组胜出。
- 模拟练习方式：每组人数为4～5人，模拟为董事会；
  每项决策由董事会成员集体表决做出；
  由各小组自由选择交易对象，分对进行模拟。
- 模拟练习时间：决策10分钟，组内总结5分钟。

- 决策练习步骤：组建决策模拟小组；各自画好表格（见表1-2），以便记录交易过程和结果；交易双方各自写下决策思维过程；在第三方的协助和公证下进行交易，做完一笔再做下一笔，并可委托第三方记录下每一笔交易结果；整个交易结束后，双方先各自总结经验教训，然后全班集中进行交流。

表1-2　决策模拟记录表

交易双方	第一轮	第二轮	第三轮 加倍	第四轮	第五轮	第六轮 加倍
甲方	决策：	决策：	决策：	决策：	决策：	决策：
	损益：	损益：	损益：	损益：	损益：	损益：
乙方	决策：	决策：	决策：	决策：	决策：	决策：
	损益：	损益：	损益：	损益：	损益：	损益：

甲方得分：　　　　　　　　　　　　　　　　乙方得分：

总结交流：从决策过程、经验教训和所得启示三个方面展开。

任务三　创立网店

学习目标：

1. 了解创立的模拟企业现状，包括企业现在所处内外部环境、机会与挑战等。
2. 理解企业将来发展的方向和决策管理的重点。
3. 能够创建一家网店。

网店创立工作包括租赁办公场所、招聘员工、建立配送中心、店铺开设与装修。模拟企业共设置店长、推广专员、运营主管和财务主管 4 个角色，如图 1-4 所示。学生团队以店长的身份进入系统，修改密码，然后就可以准备创立一家网店了。

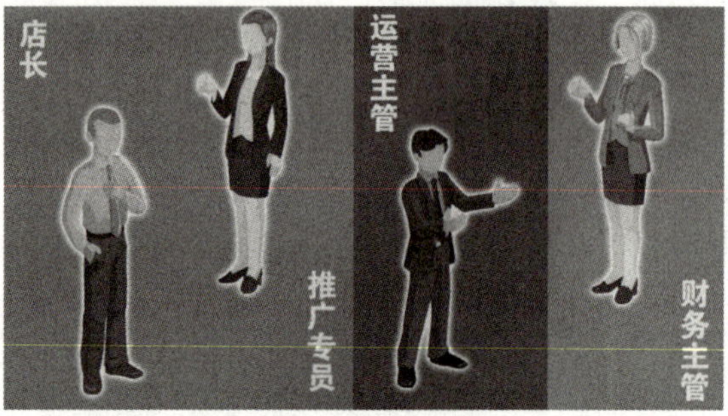

图1-4　网店运营角色选择

每组即将创建一家拥有 500 万元现金资产的网店，主要从事 C 店（类似淘宝店铺）在线销售，将来会筹建新的店铺即 B 店（类似天猫店）。因为是新开设的店铺，所以网店的各项指标如企业信誉度、店铺人气、媒体影响力、店铺视觉值等都为 0。

一、办公场所的选择

办公场所的设立包含选择办公城市、选择办公场所类型和招贤纳士三部分，店长只能设立一个办公场所。

（一）办公城市的选择

运营主管根据不同城市的城市影响力、租金差、工资差等信息选择合适的办公城市。目前系统只开放哈尔滨、沈阳、北京、石家庄、银川、太原、拉萨、重庆、上海、南京、杭州、长沙、贵阳、广州、海口 15 个城市。当然教师可根据实际课程设置需要，在教师端开放更多的城市。

（二）办公场所类型的选择

运营主管根据办公场所的容纳人数、租赁价格、维修费用等信息选择合适的办公场所，如图 1-5 所示。办公场所分为两类，一类是普通型办公室，面积 $50m^2$、容纳人数 10 人，租赁价格 96 万元；另一类是豪华型办公室，面积 $150m^2$、容纳人数 20 人，租赁价格 160 万元。

运营主管根据经营需求可以改变办公场所类型（即改建），也可以将办公室在不同城市之间搬迁。

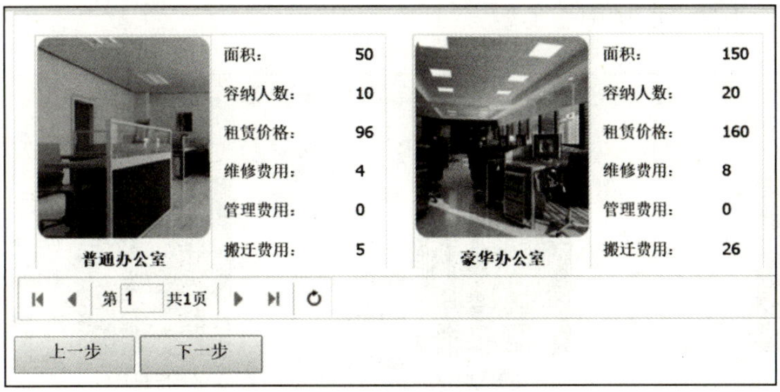

图1-5　选择办公场所类型

（三）招贤纳士

办公城市及办公场所类型确定后，运营主管可以根据企业经营策略及办公室类型确定招聘员工的职称和数量，选择想要的员工，至此办公场所设立工作全部完成。选择员工的主要影响因素包括员工的业务能力、工资增长率及基本工资，如图 1-6 所示。

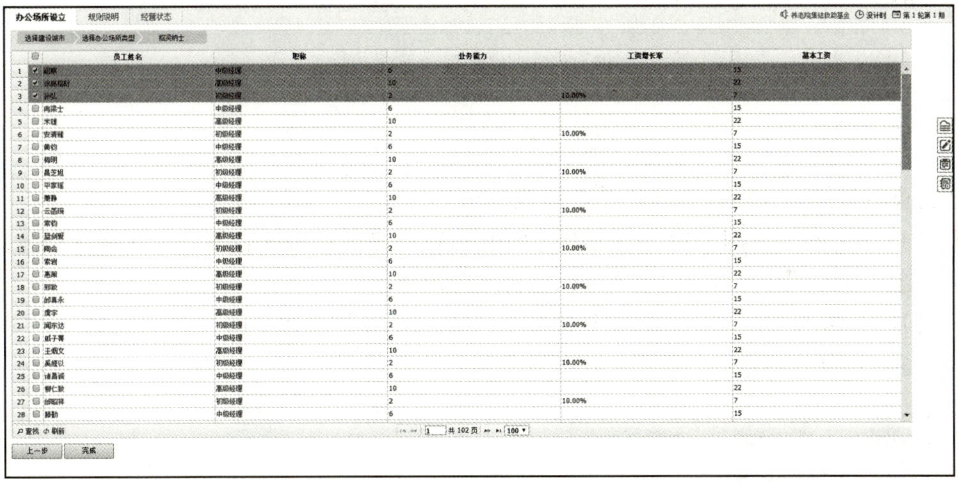

图1-6　招贤纳士

二、配送中心的设置

为提高客户体验、减少成本、提高物流速度，网店可采用分仓服务模式，多点仓库就近配送。运营主管根据市场需求及不同城市的租金差、物流运费、工资差、是否支持邮寄等信息选择合适的城市设立配送中心，并设置配送区域。目前，系统只开放哈尔滨、沈阳、北京、石家庄、银川、太原、拉萨、重庆、上海、南京、杭州、长沙、贵阳、广州、海口 15 个城市。当然教师可根据实际课程设置需要，在教师端开放更多的城市。

运营主管根据实际经营需要可以改变配送中心类型（即改建），也可以将配送中心在不同城市之间搬迁，还可以租赁两个或以上配送中心或退租。但需要注意的是，每个城市只能设置一个配送中心。

如图 1-7 所示为选择配送中心类型。

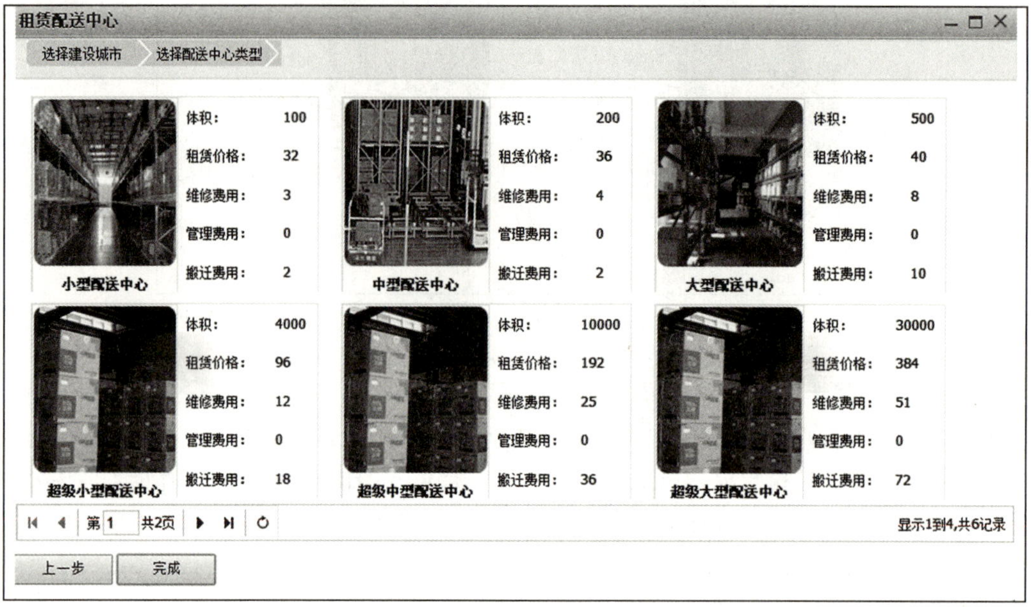

图1-7　选择配送中心类型

三、网店开设

运营主管根据企业经营需求开设 C 店或筹建 B 店。

开设 C 店：相当于淘宝店，各个新开始的网店需要设置店铺名称、企业经营宗旨及店铺的简单描述，如图 1-8 所示。C 店不可以进行站外媒体推广。

开设 B 店：相当于天猫店，筹备周期需要 2 轮或 4 期，每期筹建费用为 60 万元，如图 1-9 所示。B 店可以通过站外媒体推广，从而获得品牌人群客户订单。

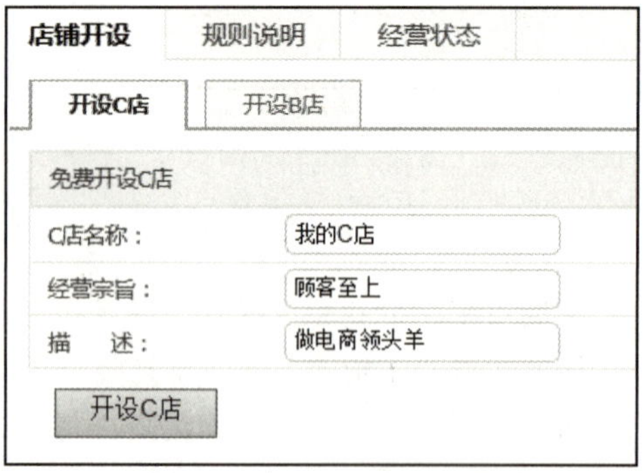

图1-8　C店开设

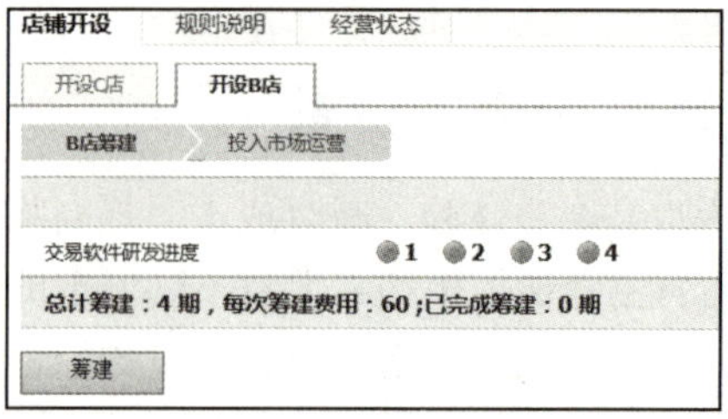

图1-9　B店开设

四、网店装修

网店装修分为简装修、普通装修及精装修，每种装修费用及获得的视觉值不同。运营主管可以根据实际经营需要选择相应的网店装修模板，如图 1-10 所示。

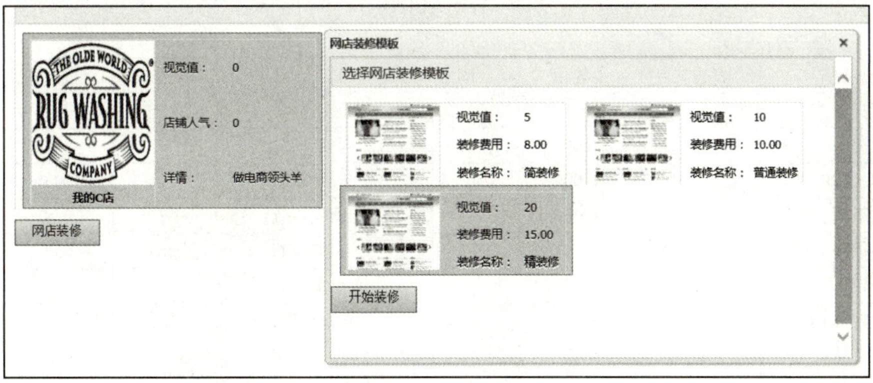

图1-10　网店装修

五、网店财务状况报告

所谓财务状况，主要是指网店资产、负债、所有者权益的构成情况及其相互关系，以及企业经营成果——利润。企业的财务状况由企业对外提供的主要财务报告——利润表（见表 1-3）和资产负债表（见表 1-4）来表述。每轮经营结束，轮末进行关账，系统自动提供“利润表”和“资产负债表”。系统所有计算均遵循四舍五入原则，并保留小数点后两位。

网店在一定期间的经营成果体现为网店在该期间所取得的利润，它是企业经济效益的综合体现，由利润表（又称损益表或利益表）来表述。利润表是用来反映收入与费用相抵后确定的企业经营成果的会计报表。利润表的项目主要分为营业收入和相关费用。

由于网店刚刚创立，只有从投资人处获得的 500 万元的现金，其他经营数据都为 0，所以在表 1-3 和表 1-4 中，上轮值所有选项都为 0。根据本轮店长的实际开店策略和操作，完成表 1-3 和表 1-4 当轮值的填写。

表1-3　利润表

利　润　表			
项　　目	表　达　式	上　轮　值	当　轮　值
营业收入	+	0.00	
减：营业成本	−	0.00	
营业税金及附加	−	0.00	
销售费用		0.00	
管理费用	−	0.00	
财务费用	−	0.00	
营业利润	=	0.00	
加：营业外收入	+	0.00	
减：营业外支出	−	0.00	
利润总额	=	0.00	
减：所得税费用	−	0.00	
净利润	=	0.00	

表1-4　资产负债表　　　　单位：万元

资产负债表							
资　　产				负债及所有者权益			
项　　目	表达式	上轮值	当轮值	项　　目	表达式	上轮值	当轮值
流动资产				流动负债			
货币资金	+	0.00	500	短期借款	+	0.00	
其他应收款	+	0.00		应付账款	+	0.00	
应收账款	+	0.00		预收账款	+	0.00	
存货				应交税费	+	0.00	
原材料	+	0.00		流动负债合计	=	0.00	
在途物资	+	0.00		非流动负债			
库存商品	+	0.00		长期借款	+	0.00	
发出商品	+	0.00		非流动负债合计	=	0.00	
流动资产合计	=	0.00	500	负债合计	=	0.00	
非流动资产				所有者权益			
固定资产原值				实收资本	+	0.00	500
土地和建筑	+	0.00		未分配利润	+	0.00	
机器和设备	+	0.00					
减：累计折旧	−	0.00					
固定资产账面价值	=	0.00					
在建工程	+	0.00					
非流动资产合计	=	0.00		所有者权益合计	=	0.00	500
资产总计	=	0.00	500	负债和所有者权益总计	=	0.00	500

【想一想】

你能找出其他团队在表 1-3 和表 1-4 中的填写错误吗？

【思考与探究】

模块内容：	学号：	姓名：	班级：	年　月　日
1. 通过本模块学习你学到了什么？				
2. 你准备如何参与电子商务沙盘模拟经营活动？				
3. 你认为每个角色在行使其职能时，如何来避免工作的盲目性？				
4. “利润最大化”是企业经营的唯一标准，你认同这种观点吗？为什么？				
5. 你需要进一步了解或得到解答的问题是：				
6. 教师的授课方法对你的学习是否有帮助？				
7. 为了更好地教与学，你有何建议？				

模块二　电子商务沙盘操作基础

只有懂得规则，才能游刃有余。
只有认真对待，才能获得收获。
只有积极参与，才能分享成就。
思路决定出路，格局决定结局。
只有善于思考和总结的人，才能获得最大的收获与提高。

任务一　学习经营规则

学习目标：

1. 掌握经营规则的内容，能正确解读各项规则。
2. 掌握相应岗位规则的内容，理解其具体操作方法。
3. 了解其他岗位规则的内容、操作方法。

正所谓“没有规矩，不成方圆”。企业（网店）要严格遵守国家和地方的各项法规及行政管理规定，还要遵守行业内的各种约定，在政策规定的范围内合法经营。电子商务沙盘模拟经营活动也要在一定的规则之下模拟经营，各模拟企业要严格按照规则进行操作，诚信经营，这样才能在竞争中求生存、求发展。我们要学习和掌握规则，运用规则来进行企业经营的具体操作，有利于经营者制定理性的经营策略，提高应对企业经营风险的能力，从而有序开展企业经营活动，甚至经营创新。规则的学习是枯燥的，但也是必要的，只有懂得规则，才能游刃有余。

一、开店规则

（一）办公场所选择规则

办公场所的设立包括选择办公城市、选择办公场所类型和招贤纳士三部分，运营主管只能设立一个办公场所。运营主管根据不同城市的城市影响力、租金差、工资差等信息选择合适的办公城市；根据办公场所的容纳人数、租赁价格、维修费用等信息选择合适的办公场所；根据员工的业务能力、工资增长率及基本工资选择合适的人员。

1. 办公城市选择

办公城市选择过程，需要考虑以下因素：

（1）每期办公室租金 = 租赁价格 ×（1+ 租金差）（租金差是指不同城市之间租金的差别百分比）。

（2）每期人员工资 = 基本工资 ×（1+ 工资差）（工资差是指城市之间的工资差别百分比）。

2. 办公场所类型选择

办公场所分为两类，一类是普通型办公室，面积 $50m^2$、容纳人数 10 人，租赁价格 96 万元，维修费用 4 万元，管理费用 0，搬迁费用 5 万元（从一个城市搬迁到另一个城市所需花费的费用）；另一类是豪华型办公室，面积 $150m^2$、容纳人数 20 人，租赁价格 160 万元，维修费用 8 万元，管理费用 0，搬迁费用 26 万元。

运营主管根据经营需求可以改变办公场所类型（即改建），若普通办公室改建为豪华办公室需要支付租金差额，若豪华办公室改建为普通办公室则不退还租金差额；也可以将办公室在不同城市之间进行搬迁，搬迁时需要支付搬迁费用，不同办公室搬迁费用不同，若搬迁至租金高的城市则需补充相应差价，反之，搬迁至租金低的城市不退还差价。

表 2-1 列出了一些城市办公场所的相关数据。

表2-1 办公场所相关数据

城　市	工 资 差	租 金 差	城市品牌影响	支持邮寄
哈尔滨	10%	30%	3	不限制
沈阳	20%	20%	2	不限制
北京	30%	60%	6	不限制
太原	10%	20%	2	不限制
石家庄	20%	20%	2	不限制
拉萨	0	0	1	不限制
重庆	20%	20%	3	不限制
上海	40%	60%	6	不限制
南京	30%	50%	4	不限制
杭州	40%	60%	7	不限制
贵阳	10%	20%	2	不限制
长沙	20%	20%	2	不限制
广州	40%	60%	6	不限制
银川	0	0	1	不限制
海口	20%	0	1	不限制

【练一练】

某企业办公场所选择杭州，办公室选择普通型，需要支付多少租赁费和维修费？

3. 招贤纳士

办公城市及办公场所类型确定后，运营主管就可以根据企业经营策略及办公室类型确定招聘员工的职称和数量，选择想要的员工信息。员工具体参数指标如表 2-2 所示。

表2-2　员工具体参数指标

职　称	业务能力	工资增长率	基本工资（万元）
初级经理	2	10%	7
中级经理	6	/	15
高级经理	10	/	22

注意：

（1）员工的业务能力关系到企业综合评价指数的计算。

（2）员工的经验值关系到企业综合评价指数的计算，员工的经验值每期累加 1。

（3）城市影响力关系到综合评价指数的计算。

（4）办公室只能在全国范围内建立一个。

【练一练】

①某企业办公场所选择杭州，办公室选择普通型，招聘了 1 个初级经理，1 个中级经理，1 个高级经理，第一期结束需要支付多少工资？

②某电商企业第一轮第一期所在的办公城市在北京，办公场所类型为普通型，招聘了 1 个初级经理，1 个中级经理，1 个高级经理。由于企业扩展需要，办公城市需要搬迁到杭州，办公场所需要改建成豪华办公室，请问该公司还需要支付多少改建费、搬迁费、维修费，以及需要支付多少员工工资？参见 2-1 ～图 2-3。

图2-1　办公城市搬迁

图2-2　办公室内改建

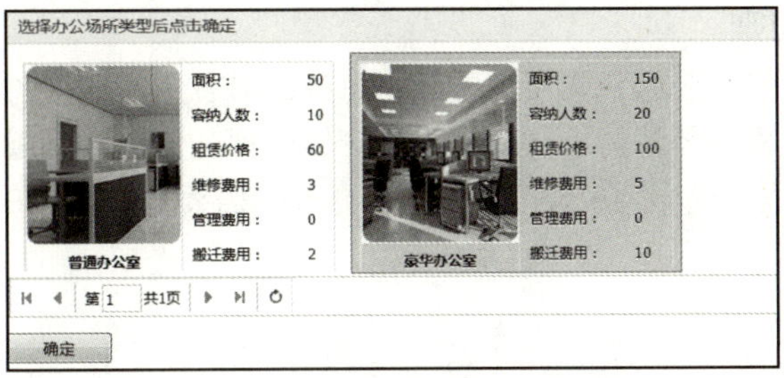

图2-3　改建豪华办公室

（二）配送中心设置规则

运营主管可根据市场需求及不同城市的租金差、物流运费、工资差、是否支持邮寄等信息选择合适的城市设立配送中心，并设置配送区域。建立配送中心包括租赁、改建、搬迁、退租、设配区 5 个功能。注意：每个城市只能建立一个配送中心。

（1）租赁：根据体积、租赁价格、维修费用、管理费用及搬迁费用选择合适的配送中心。

（2）改建：根据经营需求可以进行配送中心改建；改建时，若是将体积小的改为体积大的，则补充租金差价；若是将体积大的改为体积小的，不退还租金差价。

（3）搬迁：根据经营需求可以改变配送中心所在的城市；搬迁需要支付一定的搬迁费用，若搬迁至租金高的城市则需补充相应差价，反之，搬迁至租金低的城市不退还差价；搬迁时仓库必须空置。

（4）退租：把闲置的仓库退租，若不退租则到期后系统默认续租；退租时，仓库必须为空置；若在每期期中退租，则需支付整期人员工资。

（5）设配区：为每个配送中心设置默认的配送区域及默认的物流公司；若多个配送中心选择的默认配送区域里包含若干相同的城市，则在这些城市中按照租赁配送中心先后的顺序选择默认的配送中心。

（6）租金与工资：

每期配送中心租金 = 租赁价格 ×（1+ 租金差）×1

每期人员工资 = 基本工资 ×（1+ 工资差）×1

其中，仓库管理员基本工资 6 万元、配送员基本工资 7 万元。

【练一练】

某电商企业第一轮第一期配送中心城市选择石家庄，由于企业扩展需要，配送中心需要从小型改建成大型，请问该公司还需要支付多少改建费及员工工资?

（三）网店开设规则

运营主管根据企业经营需求开设 C 店或筹建 B 店。开设 C 店：相当于淘宝店，主要操作包括添加店铺名称、经营宗旨及描述；C 店不可以进行站外媒体推广。开设 B 店：相当于天猫店，主要操作包括添加店铺名称、经营宗旨及描述；筹备周期需要 2 轮或 4 期，每期费用为 60 万元；B 店可以进行站外媒体推广，从而获得品牌人群客户订单。

运营主管可以根据实际经营需要选择开设或关闭店铺。

（四）网店装修规则

网店装修分为简装修、普通装修及精装修，每种装修费用及获得的视觉值不同。店铺的视觉值每期都会下降 10，根据经营需求，若需提升店铺的视觉值可以对店铺进行适当装修，视觉值的高低主要影响综合人群成交。店长可以根据实际经营需要对 C 店、B 店进行装修模板选择。

二、采购规则

（一）采购投标

运营主管根据数据魔方的市场需求数据，选择合适类目的商品进行经营，根据供应商提供商品的促销方式、数量、体积、价格制定采购投标方案，通过公开竞标的方式获得该种商品。在制定采购投标方案时，需要确定合适的采购城市，中标后的商品必须入库该城市的配送中心，如果入库其他城市的配送中心，则需要先入库该城市的配送中心再进行调拨。

采购中标规则：系统自动评判中标店铺；采购竞标时，同一种商品按照单位价格出价的高低依次进行交易；如果竞标价格相同，则与供应商的关系值高的优先成交；如果竞标价格相同，与供应商的关系值也相同，则媒体影响力高的优先成交；继续比较社会慈善、销售额、投标提交的先后顺序来依次交易。

备注：每次采购成功一个订单，供应商关系值加 1。社会慈善为慈善活动捐助的金额，增加慈善金额可以提升企业综合指数。

同种商品一次性采购数量和信誉度都达到卖家的促销方式要求，可以享受价格和账期上的优惠，如表 2-3 所示。

表2-3　某次网赛第一轮第一期市场供应信息

公　　司	商　　品	促 销 方 式	数量（件）	单位体积	最低价格（元/件）
黄金电子城	油烟机	数量大于：70 信誉度大于：60 享受账期：0　享受折扣：0.90	375	5	8
时尚服装厂	裤子	数量大于：70 信誉度大于：60 享受账期：0　享受折扣：0.90	2100	3	2
中意家具城	桌子	数量大于：300 信誉度大于：200 享受账期：0　享受折扣：0.60	210	10	14
周大福珠宝商	项链	数量大于：150 信誉度大于：120 享受账期：0　享受折扣：0.85	150	2	20

备注：企业信誉度 =1× 履约订单数 − ∑ [i=0,n]（违约订单数为 n）。

（二）商品入库

运营主管将采购投标成功的商品执行入库操作。只有在有配送中心的城市并且配送中心的容量大于入库商品的体积时才可以进行商品入库；若配送中心的容量小于入库商品的体积时，配送中心需要先行扩建，然后才可以进行商品入库。凡是采购到的商品都必须全部入库；如果店铺采购方案未中标，则可以跳过入库操作。

三、推广规则

（一）商品发布

推广专员在开设的店铺中发布计划销售的商品，填写商品基本信息、商品物流信息及售后保障信息。

若发布商品时，设为卖家承担运费，则商品价格 = 商品一口价；若商品价格 > 市场平均价格 ×（1+ 不同人群价格浮动率），则为违规价格，违规价格系统不提示，但不能成交；若发布商品时，设为买家承担运费，则商品价格 =（商品一口价 × 购买数量 + 总物流运费）/ 购买数量，若商品价格 > 市场平均价格 ×（1+ 不同人群价格浮动率），则为违规价格。不同人群（综合人群、低价人群、品牌人群、犹豫不定人群）价格浮动率由期初教师端设置，具体价格浮动率如表 2-4 所示。

表2-4　不同人群的价格浮动率

需求人群	价格浮动率
综合人群	上浮动0.2
低价人群	上浮动0.1
品牌人群	上浮动0.2
犹豫不定人群	上浮动0.1

1．商品上 / 下架

商品必须上架后才可以进行销售。商品发布数量 = 库存数量 + 预售数量。系统允许商品预售，但是预售数量不能超过 20 件，若产生交易，必须按照买家要求的到货期限交货，否则将承担违约责任。

2．物流信息

发布商品时，无论设为卖家承担运费还是买家承担运费，卖家都是按照实际物流信息（辅助工具菜单下面可以查询物流信息）支付物流公司实际运费。

发布商品时卖家可以选择卖家承担运费或买家承担运费。买家承担运费时，卖家可以创建运费模板或直接输入各种物流方式的物流运费，买家会根据其选定的物流方式将商品一口价和总物流运费一同支付给卖家；但卖家可以采用任意物流方式运输（只要在买家规定的时间内到达，否则将承担退单的违约责任），配送完成后由卖家支付物流公司的实际运费。卖家承担运费时，买家只需将商品一口价支付给卖家，配送完成后由卖家支付物流公司的实际运费。

创建模板时，卖家可分别设置各种物流方式的默认运费及每超过一件需要增加的运费；每超过一件需要增加的运费不能高于默认运费的 0.5 倍且默认运费最高不能超过 10；如果不创建模板，直接输入各种物流方式的物流运费时，此物流运费为整单（若干件）的物流运费，运费最高不能超过 10。

3．售后保障信息

保修会产生售后服务费用（每件商品的售后服务费用为 1 万元，确认交货后的下一期开始缴纳售后服务费，连续缴纳三期），会影响对保修有要求的人群的成交和商品绩效。

（二）SEO 优化

SEO 优化即搜索引擎优化，是指通过优化标题关键词尽可能匹配买方的搜索习惯，在买方搜索某个关键词时，展示与该关键词相关的商品，并取得靠前的自然排名。

每个商品最多有 7 个关键词，关键词分别用“；”号隔开；如果所设关键词超过 7 个，则保存前 7 个；每个关键词字数不能超过 10 个字，且大于等于 2 个字；注意，这里设置的关键词是自然流量的关键。

SEO 商品排名得分 =SEO 关键词排名得分 ×0.4+ 商品绩效得分 ×0.06

SEO 商品排名得分高者排名列前。SEO 关键词排名得分为“0”，则视为卖方设置的标题关键词与买方搜索的词不匹配，不能参加 SEO 排名。

1. SEO 关键词排名

SEO 关键词排名得分 = 关键词搜索相关性（数据魔方提供）× SEO 关键词匹配方式得分

SEO 关键词匹配方式分为：完全匹配、高度匹配、部分匹配。只有当买方搜索的词与卖方设置的标题关键词完全相同时称为完全匹配；当买方搜索的词是卖方设置的标题关键词的子集时称为高度匹配；当买方搜索的词与卖方设置的标题关键词的文字部分匹配时称为部分匹配。

当 SEO 关键词匹配方式为完全匹配时，SEO 关键词匹配方式得分为 1；当 SEO 关键词匹配方式为高度匹配时，SEO 关键词匹配方式得分为 0.5；当 SEO 关键词匹配方式为部分匹配时，SEO 关键词匹配方式得分为 0.2。

三种匹配方式得分示例如表 2-5 和表 2-6 所示。

表2-5　三种匹配方式得分示例1

卖家商品词	买家搜索关键词	匹配方式	得　分
油烟机	油烟机	完全匹配	1
油烟机	油烟OR烟机	高度匹配	0.5
油烟机特价包邮	油烟机特价OR油烟机包邮	部分匹配	0.2

表2-6　三种匹配方式得分示例2

卖家商品词	买家搜索关键词	匹配方式	得　分
999纯银项链	999纯银项链	完全匹配	1
999纯银项链	999纯银、项链	高度匹配	0.5
999纯银项链	925纯银项链、999纯银项链女款、韩国饰品项链	部分匹配	0.2

2. 商品绩效

商品绩效得分 = 商品点击率得分 + 商品点击量得分 + 商品转化率得分 + 商品转化量得分 + 商品退单率得分 + 保修得分

各项得分如表 2-7 所示。

表2-7　商品绩效得分

项　目	内　容	得　分
商品点击率得分	商品点击率≥商品平均点击率	20分
	商品点击率<商品平均点击率	（商品点击率/商品平均点击率）×20分
商品点击量得分	商品点击量≥商品平均点击量	10分
	商品点击量<商品平均点击量	（商品点击量/商品平均点击量）×10分
商品转化率得分	商品转化率≥商品平均转化率	20分
	商品转化率<商品平均转化率	（商品转化率/商品平均转化率）×20分
商品转化量得分	商品转化量≥商品平均转化量	10分
	商品转化量<商品平均转化量	（商品转化量/商品平均转化量）×10分

续表

商品退单率得分	商品退单率	（1 - 商品退单率）×30分
保修得分	提供	10分
	不提供	0分

基于某关键词的模拟买家的一次搜索，设 N 为组数，SEO 商品排名得分前 N×0.6 名的卖家的商品会被展现，数据魔方的该关键词的展现量会加 N×0.6（不足 N×0.6 家时加实际家数），前 N×0.6 名卖家的商品的展现量会各加 1；SEO 商品排名得分前 N×0.4 名的卖家的商品会被点击，数据魔方的该关键词的点击量会加 N×0.4（不足 N×0.4 家时加实际家数），前 N×0.4 名卖家的商品的点击量会各加 1；模拟买家按照本次模拟搜索代表人群（4 类人群中的一种）的成交条件与 SEO 商品排名进入前 N×0.4 名的卖家进行撮合交易，如果有符合条件的会有一个订单成交，数据魔方的该关键词的转化量会加 1，该卖家商品的转化量会加 1。

3. 相关名词解释

商品展现量：该商品被展现的次数。

商品点击量：该商品被点击的次数。

商品点击率：商品点击量 / 商品展现量。

商品转化量：该商品最终的成交订单数量。

商品转化率：商品转化量 / 商品点击量。

商品退单量：该商品累计退单的数量。

商品退单率：商品退单量 / 商品成交量（单数）。

商品绩效：与该商品的点击率、点击量、转化率、转化量、退单率、保修相关。

商品平均点击率：该商品在所有卖家点击量之和 / 该商品在所有卖家展现量之和。

（三）搜索引擎推广

搜索引擎推广（SEM）是指通过对自己所销售商品相关的关键词出具一定的竞价价格，在买方搜索其中某个关键词时，展示与该关键词相关的商品，并取得靠前的搜索排名。

卖家在进行推广时需要制订推广计划，推广计划包含每期推广限额，每个卖家最多可以制订 4 个推广计划，每个推广计划可以添加多个商品（如果把推广计划看作分组的话，那么添加商品就像添加小组成员）。如果 SEM 推广账户余额为“0”则无法进行 SEM 推广，必须先充值才可以进行 SEM 推广。

1. SEM 商品排名

SEM 商品排名得分 = 质量分 × 竞价价格

质量分 = 关键词搜索相关性（数据魔方提供）× 0.4+ 商品绩效 × 0.06

竞价价格：为使商品取得靠前的排名而为某关键词所出的一次点击的价格。

SEM 关键词匹配方式分为精确匹配、中心匹配、广泛匹配。

精确匹配时，只有当买方搜索的词与卖方投放的关键词完全相同才能被搜索到；中心匹配时，当买方搜索的词是卖方投放的关键词的子集时也能被搜索到；广泛匹配时，买方搜索的词与卖方投放的关键词有一部分相同即可被搜索到。

基于某关键词的模拟买家的一次搜索，SEM 商品排名得分前 N×0.4 名的卖家的商品会被展现，数据魔方的该关键词的展现量会加 $N\times0.4$（不足 $N\times0.4$ 家时加实际家数），前 $N\times0.4$ 名卖家的商品的展现量会各加 1；SEM 商品排名得分前 $N\times0.3$ 名的卖家的商品会被点击，数据魔方的该关键词的点击量会加 $N\times0.3$（不足 $N\times0.3$ 家时加实际家数），前 $N\times0.3$ 名卖家的商品的点击量会各加 1；模拟买家按照本次模拟搜索代表人群（4 类人群的一种）的成交条件与 SEM 商品排名进入前 $N\times0.3$ 名的卖家进行撮合交易，如果有符合条件的会有一个订单成交，数据魔方的该关键词的转化量会加 1，该卖家商品的转化量会加 1。

2. 商品绩效

SEM 商品绩效得分公式与 SEO 商品绩效得分公式相同。

商品绩效得分 = 商品点击率得分 + 商品点击量得分 + 商品转化率得分 + 商品转化量得分 + 商品退单率得分 + 保修得分

（四）SEM 管理

根据推广计划，针对每种商品可以设计不同的推广组，每个推广组可以根据关键词制定相应的出价策略。

每个推广计划包含若干推广组，每个推广组对应一个商品，同样每个商品也只对应一个推广组，所以针对同一个商品的不同关键词设定不同的竞价价格可以更好地达到 SEM 推广效果。每种商品所选词数最多为 50 个。

卖家实际为某个 SEM 关键词的一次点击所付的费用 = 该关键词排名下一名的竞价价格 ×（下一名的质量得分 / 你的质量得分）+0.01

（五）团购

根据经营需求，卖家组织针对某种商品的团购活动，用来吸引犹豫不定人群的购买需求，增加店铺人气、商品人气。

团购价格 = 商品价格 × 团购折扣

享受折扣额按照卖家填写折扣数值享受，如八折就填写 8。

收益：获得商品人气 2，店铺人气 2。

对象：适用于犹豫不定人群。

备注：团购最高件数为 20，最少件数为 10，一个商品只能发布一次。

（六）秒杀

根据经营需求，卖家发布若干件折扣为五折的商品，用来吸引买家抢购，迅速增加店铺人气、商品人气。

秒杀价格 = 商品价格 ×50%

收益：获得商品人气 4、店铺人气 4。

对象：适用于所有人群。

（七）套餐

根据经营需求，卖家对多种商品进行组合搭配销售，用来吸引买家抢购，增加店铺人气和商品人气。

套餐可组合多种商品搭配出售，套餐价格 = 套餐内所有商品的单价的总和。套餐内商品的单价由卖家制定，但是套餐内除引流进入商品外，其余套餐内商品不能高于当地商品一口价，即

引流的商品一口价 + 物流运费＞套餐内引流商品单价 + 套餐物流运费

例如，卖家正常购买 A 商品一口价为 5 元，物流运费为 2 元，卖家提供套餐为商品 A 单价是 4 元、商品 B 单价是 3 元，套餐物流运费为 2 元;某买家欲购买商品 A，则商品 A 为引流商品。

判定 1：卖家正常购买一件商品 A 总共花费 5+2=7 元；购买卖家提供的套餐商品 A 的花费 4+2=6 元；7>6，则判定 1 成功；否则判定失败，买家放弃购买套餐。

判定 2：判定 1 成功后判定 B 商品是否低于当地商品一口价，如果高于，则判定失败，买家放弃购买套餐；否则判定成功，买家购买套餐。

套餐数量未设定预售上限，不受库存数量限制，套餐商品只生成一个订单。

收益：获得店铺人气 2、商品人气 2。

对象：适用于所有人群。

（八）促销

根据经营需求，卖家对某种或某几种商品进行满就送促销、多买折扣促销、买第几件折扣促销，用来吸引买家抢购，增加店铺人气和商品人气。

收益：获得店铺人气 2、商品人气 2（仅针对犹豫不定人群，其他成交方式不增加人气）。

对象：适用于所有购买人群。

1. 满就送促销

正常购买（订单类型分为正常购买、秒杀、团购、套餐 4 种类型）时的成交总金额达到设定的金额就可以享受返现金的优惠活动。

卖家可以根据经营需求设定活动范围，选择参加活动的商品。当正常购买的成交总金额大于等于设定的金额时：

成交总金额 = 商品价格 × 商品件数 – 总优惠额

= 商品一口价 × 商品件数 + 正常购买时总物流运费 – 总优惠额

【练一练】

商品一口价 5 元，商品件数为 4，总物流运费为 4 元，满 20 送 3。求成交总金额为多少？

2. 多买折扣促销

顾客一次性正常购买数量达到设定数量，促销后成交总金额全部按折扣后金额付款。享受折扣额按照卖家填写折扣数值享受，如八折就填写 8。

成交总金额 = 商品价格 × 商品件数 × 折扣数值 ×0.1

=（商品一口价 × 商品件数 + 正常购买时总物流运费）× 折扣数值 ×0.1

【练一练】

商品一口价 5 元，商品件数为 4，总物流运费为 4 元，买 4 件 8 折。求成交总金额为多少？

3. 买第几件折扣促销

设定一个第几件折扣数，当购买的商品数量达到这个数量时，本件商品即享受优惠折扣，下一件商品再重新计数，以此类推。折扣额直接填写折扣数，如八折就填写 8。

成交总金额 = 商品价格 × 商品件数－单个优惠金额 × 优惠商品数量

单个优惠金额 = 商品价格 ×（1 － 折扣数值 ×0.1）

优惠商品数量 = 商品件数 / 第几件折扣数（向下取整）

【练一练】

商品一口价 5 元，商品件数为 4，总运费为 4 元，第三件 5 折。求成交总金额为多少？

（九）站外推广

根据网店经营需求，卖家可以对已经筹建完成的 B 店发布的商品，选择央视、网络广告联盟、百度三种媒体中的一种或多种进行推广，用来吸引品牌人群的购买需求，增加店铺人气及商品人气。站外推广媒体促成订单成交顺序为品牌人群 > 低价人群 > 综合评价人群 > 犹豫不定人群。

备注：品牌人群出现时间节点为第三轮第二期（3-2），在此之前没有品牌人群的需求。

媒体基本信息如表 2-8 所示。

表2-8　媒体基本信息

媒　体	媒体时段	影　响　力	得到关系值	最低投放额度
百度	排名第一	20	5	5
百度	排名第二	18	9	5
百度	排名第三	15	8	5
百度	排名第四	13	7	5
百度	排名第五	11	6	5
百度	排名第六	10	5	5
百度	排名第七	9	4	5
百度	排名第八	7	3	5
百度	排名第九	6	3	5
百度	排名第十	5	3	5
网络广告联盟	微博	7	4	5
网络广告联盟	微信	8	4	5
网络广告联盟	论坛	6	4	5
央视	黄金时段	40	2	5
央视	午间时段	12	10	5
央视	晚间时段	6	8	5
单期合计		193	85	

备注：媒体影响力是指一种商品在某个媒体的影响下所获得该媒体的影响力。

四、运营规则

（一）订单分发

运营主管将订单进行整理、分类后，根据到达城市，选择适当的配送中心准备出库。

订单分发分为手动分发和自动分发两种。手动分发需要卖家为每张订单选择货物出库的配送中心；自动分发则按照订单的顺序，根据配送中心已设定好的配送范围内的城市，自动选择货物出库的配送中心。自动分发可以选择全部自动分发或分批自动分发。

若订单总价值（一口价和运费价格）小于 10，则默认到货期限为 0（增大对恶意刷单但不发货的惩罚）。

（二）物流选择

运营主管将已经指定配送中心的订单进行整理、分类，选择适当的物流方式准备出库。

物流运输方式选择快递，则运输周期为 2 期，即本期发货，下期到达；若选择 EMS，则运输周期为 3 期，即本期出货，隔一期到达；若选择平邮，则运输周期为 4 期，即本期发货，隔两期到达。

物流方式选择分为手动安排和自动安排两种。手动安排需要卖家为每张订单手动选择运输货物的物流方式；自动安排按照配送中心已设定好的物流方式自动安排物流方式。自动安排可以选择全部自动安排或分批自动安排。

选择同种物流方式，达到一定数量和金额可以享受优惠，如表 2-9 所示。

表2-9　物流折扣信息

物流公司名称	最少交易次数	最少交易金额（元）	享受折扣
EMS	12	50.00	9
蚂蚁快递	20	80.00	7
平邮	15	70.00	5

（三）货物出库

运营主管根据订单的到货期限，合理安排商品出库。系统会按照物流路线信息自动支付物流公司实际运费。如果当前配送中心库存不足，可以进行库存调拨。

（四）货物签收

根据不同物流方式的运输周期，在订单要求的到货期限之内到达的订单，运营主管替买家签收，签收后货款直接到账。

三种物流方式配送的订单，货款均在签收后直接到账。如果未在订单要求到货期限之前到货，买家将拒绝签收，客户将退货，物流运费由卖方承担，并影响卖家的信誉度和商品评价；如果在买家要求的到货期限满后仍未发货，对卖家的信誉度和商品评价造成的影响更大。

五、财务规则

（一）应收 / 应付款

财务主管更新应收或应付账款账期，接收或支付本期到期的应收账款和应付账款。

（二）短贷 / 还本付息

财务主管更新短期贷款账期、还本付息或获得新的贷款。

1．更新短期贷款

企业的短期贷款在每执行一次本项任务后贷款账期缩短一期。

2. 还本付息

如果到期后，需要归还本金并支付全部利息。例如，短贷 100 万元，到期时，需要支付 100×5%=5 万元的利息，因此，需要支付本金与利息共计 105 万元。

3. 获得新贷款

短期贷款在每一期可以随时申请。可以申请的最高额度为：上一轮所有者权益 ×2 - 已有短期贷款额。民间融资与短期贷款的规则类似，只是贷款的利率不同。

无论短期贷款还是民间融资均以 100 万元为最低基本贷款单位。短期贷款及民间融资贷款期限为两期。每期内可以随时进行贷款，但是每期初如果有到期需要归还的贷款，必须首先还款后才能再贷款。

4. 贷款额度计算公式

短贷额度 = 权益的 2 倍，并能被 100 整除的最大整数 - 已贷贷款额

民间融资额度 = 权益的 2 倍，并能被 100 整除的最大整数 - 民间融资已贷贷款额

融资规则如表 2-10 所示。

表2-10　融资规则表

融资方式	规定贷款时间	贷款额度	还贷规定	利　率	贷款期
短期贷款	每期任何时间	上轮所有者权益的2倍 - 已贷短期贷款	到期一次还本付息	5%	2期
民间融资	每期任何时间	上轮所有者权益的2倍 - 已贷短期贷款	到期一次还本付息	15%	2期

5. 短期贷款和长期贷款共享最大贷款额

若每轮第一期短期贷款额度已使用完，长期贷款额度则为 0；若未使用或未使用完，则长期贷款还有可贷款额度。

举例说明：第一轮权益值为 500，长期贷款和短期贷款公用额度便为 1000 万元；第一轮第一期贷款 200 万元，第一轮第二期未贷短期贷款，那么第一轮末长期贷款可贷额度为 800 万元。

（三）支付工资

财务主管按期支付员工的工资。不同城市的工资差不同，会影响员工的工资。

员工工资 = 基本工资 ×（1+ 工资差）×（1+ 工资增长率）

（四）支付相关费用

按期支付相应的租赁费、维修费、售后服务费、库存管理费、行政管理费，如表 2-11 和表 2-12 所示。

表2-11　办公场所相关费用

办公室类型	租　赁　费	行政管理费	单位：万元
普通办公室	96	10	4
豪华办公室	160	10	8

表2-12　配送中心相关费用

配送中心类型	租　赁　费	维　修　费	单位：万元
小型配送中心	32	3	2
中型配送中心	36	4	2

续表

配送中心类型	租　赁　费	维　修　费	单位：万元
大型配送中心	40	8	10
超级小型配送中心	96	12	18
超级中型配送中心	192	25	36
超级大型配送中心	384	51	72

（五）交税

企业经营有了盈利，需要缴纳相关税费。财务主管需要在下一轮第一期根据利润表缴纳相应的企业所得税。企业所得税的税率为 25%，在计算企业所得税前，税前利润需先弥补前 5 轮的亏损，然后根据税前利润乘以 25% 缴纳；增值税的税率为 17%，应纳税额 =（销项税额 – 进项税额）×17%= 销售额 × 增值税率 /（1+ 增值税率）– 营业成本 × 增值税率 /（1+ 增值税率），保留 2 位小数；城建税为增值税乘以 7%，保留 2 位小数；教育附加税为增值税乘以 3%，保留 2 位小数。

【练一练】

已知第一轮销售额：2500.00 万元，第一轮营业成本：500.00 万元，第一轮利润总额：1244.44 万元，增值税率：0.17，城建税率：0.07，教育附加税率：0.03，请计算第二轮第一期应缴纳的税费。

（六）长贷 / 还本付息

财务主管更新长期贷款账期，支付利息或还本付息，或者获得新的贷款。如果企业有长期贷款，则本任务每轮末执行一次，还贷账期缩短一轮。长期贷款的还款规则是每轮付息，到期还本付息，轮利率为 10%。长期贷款只有在轮末才可以申请。额度为：上一轮所有者权益 ×2 – 已有长期贷款。长期贷款以 100 为基本贷款单位，贷款期限为 3 轮。如果有到期的长期贷款，必须先还款后才能再次贷款。

（七）关账

每轮经营结束，轮末进行关账，系统自动提供“利润表”和“资产负债表”。系统会根据得分规则自动计算当轮每组卖家的得分。系统内所有计算均遵循四舍五入原则，并保留小数点后两位。

备注：在利润表里面：

营业收入 =（销售额 – 优惠额 + 运费（买家））/1.17

营业成本 = 商品销售成本 /1.17

营业税金及附加 = 城建税 + 教育附加税

销售费用 =SEM 推广费 + 站外推广费 + 实际运费（卖家）+ 售后服务费

管理费用 = 行政管理费 + 员工工资 + 库存管理费 +B 店筹建费 + 维修费 + 网店装修费 + 租赁费

财务费用 = 利息

营业外收入和支出为零。

在资产负债表里面，存货成本均含进项税。

应交税费 = 应交增值税 + 营业税金及附加 + 应交所得税

六、人群成交规则

（一）相关名词解释

1. 媒体影响力

媒体影响力是指一种商品在某个媒体所获得的该媒体的影响力。

2. 综合评价指数

综合评价指数是衡量卖家综合实力的标准，其与企业信誉度、店铺人气、媒体影响力、社会慈善、店铺视觉值、B 店开设情况、办公场所所在城市影响力、员工经验值、员工业务能力相关。

综合评价指数 =（卖家企业信誉度 / 整个市场总企业信誉度）×140+（卖家店铺总人气 / 整个市场店铺总人气）×60（卖家企业总的媒体影响力 / 整个市场总媒体影响力）×100+（卖家社会慈善 / 整个市场社会总慈善）×100+（卖家店铺视觉值 / 整个市场店铺总视觉值）×100+ 卖家 B 店开设情况（完成为 20，未完成为 0）+ 卖家办公场所所在城市影响力 + 卖家员工经验值 + 卖家员工业务能力。

3. 商品评价

商品评价 = 所有订单商品评价之和 / 订单总数量

（每张订单正常交货 5，发货拒收违约 4，未发货违约 3。）

4. 城市影响力

每交货一次，卖家办公室所在城市影响力加 1。

（二）综合人群成交规则

通过综合评价指标、商品一口价、商品评价及城市影响力计算出综合人群成交指数，根据买家对物流方式、售后服务的要求确定具备成交资格的卖家，从而计算出每个具备成交资格的卖家的综合人群成交百分比（即卖家在订单交易过程中获得订单的概率），系统再根据综合人群成交百分比确定成交的卖家。

综合人群成交指数 =（综合评价指数 / 整个市场综合评价指数之和）×60+ [商品均价 /（商品一口价 + 商品均价）] ×10+（商品评价 / 符合要求的卖家商品评价之和）×20+（城市影响力 / 符合要求的卖家城市影响力之和）×10

综合人群成交百分比 = 综合人群成交指数 / 符合要求的综合人群成交指数之和

卖家若想具备成交资格，其企业信誉度不能为负数，必须支持买家对物流方式、售后服务的要求；有概率为 15% 的顾客需要售后服务。

（三）品牌人群成交规则

通过媒体影响力、商品一口价、商品评价及城市影响力计算出品牌人群成交指数，根据买家对物流方式、售后服务的要求确定具备成交资格的卖家，从而计算出每个具备成交资格的卖家的品牌人群成交百分比（卖家在订单交易过程中获得订单的概率），系统根据品牌人群成交百分比确定成交卖家。

品牌人群成交指数 =（媒体影响力 / 市场总媒体影响力）×60+ [商品均价 /（商品一口价 + 商品均价）] ×10+（商品评价 / 符合要求的卖家商品评价）×20+（城市影响力 / 符合要求的卖

家城市影响力）×10

品牌人群成交百分比 = 品牌人群成交指数 / 符合要求的品牌人群成交指数之和

其中，品牌人群按百分比成交。

卖家若想具备成交资格，卖家企业信誉度不能为负数，必须支持买家对物流方式、售后服务的要求；有概率为 15% 的顾客需要售后服务。

（四）低价人群成交规则

根据买家对物流方式、售后服务的要求确定具备成交资格的卖家，再根据商品价格最低顺序决定成交的卖家，若商品价格相同，则买家继续按照以下顺序依次判断是否成交：

（1）媒体影响力最高。

（2）综合评价指数最高。

（3）店铺视觉值最高。

（4）店铺总媒体影响力最高。

（5）社会慈善最高。

（6）店铺总人气最高。

卖家若想具备成交资格，必须支持买家对物流方式、售后服务的要求；有概率为 15% 的顾客需要售后服务。

（五）犹豫不定人群成交规则

犹豫不定人群分团购、秒杀和促销三部分需求，按团购、秒杀、促销的顺序独立判断成交的卖家。

卖家成交条件：

（1）组织相应团购、秒杀和促销活动。

（2）促销后价格低于所有卖家的商品一口价最低价。

1. 团购

犹豫不定的人群有 50% 的概率会参与团购活动，参与团购的买家会自动选择团购价格最低的参团；系统根据是否达到最少成团数量判断是否成团，若成团则确定买卖双方交易完成。

只要有买家参团，无论最后是否成团，卖家的店铺人气和商品人气都会加 1；若成交，则店铺人气和商品人气都会加 2。

2. 秒杀

没有参与团购的犹豫不定的人群有 50% 的概率会参与秒杀活动，参与秒杀的买家会自动选择秒杀价格最低的店铺进行交易。

秒杀交易达成，则卖家店铺人气和商品人气都会加 4。

3. 促销

没有参与“团购”和“秒杀”的犹豫不定人群必定会参与三种促销中的一种，并选择优惠后价格最低的促销方式完成交易。

若团购价格或秒杀价格或促销优惠后价格相同，则买家继续按照以下顺序依次判断是否成交：

（1）媒体影响力最高。

（2）综合评价指数最高。

（3）店铺视觉值最高。

（4）店铺总媒体影响力最高。

（5）社会慈善最高。

（6）店铺总人气最高。

促销交易达成，则卖家店铺人气和商品人气都会加 2。卖家若想具备犹豫不定人群的成交资格，必须支持买家对物流方式的要求。

七、得分规则

每轮经营结束，轮末进行关账，系统自动提供“利润表”和“资产负债表”。系统会根据得分规则自动计算当轮每组卖家的得分。系统内所有计算均遵循四舍五入原则，并保留小数点后两位。

经营得分 =（1+ 总分 /100）× 所有者权益 × 追加股东投资比例

通过对得分规则的解析，企业经营者可以得知企业经营得分主要有 3 个影响因素，分别是总分、所有者权益和追加股东投资的比例。一般比赛过程中，企业是不允许追加股东投资比例的，所以在考虑经营得分时主要考虑总分和所有者权益。在平时训练中，为了给新手足够的企业经营操作空间，可以考虑为该企业追加股东投资。

企业如果想要取得较高的经营得分，必须通过提高总分和所有者权益来实现。竞赛一般以第 5 轮关账后的得分为最终成绩，经营结束时，按照第 5 轮末的经营得分决定企业经营的效果，排出名次。如果得分相同，则比较各自的所有者权益，高者胜出；如果中途破产，则按照破产先后顺序排名，后破产的排名比先破产的高；如果中途破产且同时破产的，则比较两者的所有者权益大小，权益大的排名靠前。

总分的构成项目如表 2-13 所示。

表2-13　总分的构成项目

项　　目	总　　分
未借民间融资	+20
开设B店	+100
营业成本分摊得分	+(1－营业成本/营业收入)×100
综合费用分摊得分	+(1－(销售费用+管理费用)/营业收入)×100
资金周转率得分	+营业收入/资产总计× 100
净利润率得分	+净利润/营业收入×100
资产报酬率（ROA）得分	+利润总额/资产总计×100
权益报酬率（ROE）得分	+净利润/所有者权益合计×100
资金流动性得分： 速动比QR=（货币资金+应收账款）/（短期借款+应付账款+应交税费） 流动比CR=流动资产合计/（短期借款+应付账款+应交税费）	CR<1 and QR<0.5　资金流动性差 －10 1.5<CR<2 and0.75<QR<1　资金流动性一般 +50 CR>=2 and QR>=1　资金流动性好 +100 其他比例均是 0分
资产负债率得分	+（1－负债合计/资产总计）×100

八、破产规则

在电子商务沙盘模拟经营过程中，出现以下情况时网店即宣告破产。网店所持有的现金不足以支付必须要支付的款项，造成现金断流，则网店破产。一般造成现金流断裂的原因包括不能支付应付账款、贷款本息、员工工资、租赁费、维修费、售后服务费、库存管理费、行政管理费、相关税费、物流费用及网店装修费用。

九、模拟经营时间表

模拟网店经营活动，每次都需要模拟 5 轮，具体时间安排如表 2-14 所示。

表2-14　经营时间表

经营流程	第一轮	第二轮	第三轮	第四轮	第五轮
学生进入系统或进入下一轮后“采购投标”结束之前	5分钟	5分钟	5分钟	5分钟	5分钟
从“采购投标”完成到“站外推广”结束之前	15分钟	15分钟	15分钟	15分钟	15分钟
等待产生订单	1 ~ 5分钟	1 ~ 5分钟	1 ~ 5分钟	1 ~ 5分钟	1 ~ 5分钟
从“站外推广”结束到本期运营结束	5分钟	5分钟	5分钟	5分钟	5分钟
从“进入下一期”到第二期“采购投标”结束之前	5分钟	5分钟	5分钟	5分钟	5分钟
从第二期“采购投标”结束到第二期“站外推广”结束之前	15分钟	15分钟	15分钟	15分钟	15分钟
等待产生订单	1 ~ 5分钟	1 ~ 5分钟	1 ~ 5分钟	1 ~ 5分钟	1 ~ 5分钟
从第二期“站外推广”结束到“关账”	5分钟	5分钟	5分钟	5分钟	5分钟
休息	5分钟	5分钟	5分钟	5分钟	
合计	60分钟	60分钟	60分钟	60分钟	60分钟
总计	300分钟				

十、系统设置

1. 系统初始设置（见表 2-15）

表2-15　系统初始设置

项　目	期　初　值
初始现金设置	500
行政管理费	10
供求比例	1.5
利润倍数	3
SEM限词个数	50
套餐最大商品数量	3
物流最大默认运费	10
最大商品预售数量	20
品牌人群价格上浮动	0.2
低价人群价格上浮动	0.1
犹豫人群价格上浮动	0.1
综合上浮动	0.2
增值税率	0.17
城建税率	0.07
教育附加税率	0.03
贷款权益倍数	2

续表

项　目	期 初 值
贷款基数	100
短贷利率(/期)	0.05
民间融资利率(/期)	0.15
长贷利率(/轮)	0.10
短贷还款期限(期)	2
民间融资还款期限(期)	2
长贷还款期限(轮)	3

2. 操作权限设置

教师在指导学生进行模拟经营的过程中，可以根据表 2-16 设置学生的操作权限，当然也可以根据实际需要修改操作权限的初始值。

表2-16　操作权限设置

设　置	项　目
允许	允许提示现金收支信息
允许	允许CEO（店长）操作
不允许	不允许追加股东投资
允许	允许长短贷共享额度

十一、规则与岗位工作要求

网店经营过程中，每位成员都有明确的岗位职责和具体的工作任务。网店成员应当熟练掌握个人职位所对应的经营规则，积极、高效地完成个人工作，发挥和督促网店员工积极完成本职工作，形成和谐团队，保证网店的高效运营。网店经营的各个岗位的工作任务、标准要求及应重点掌握的规则如表 2-17 所示。要想提高电子商务沙盘模拟经营的水平，必须尽快掌握所有规则要求。

表2-17　网店岗位工作要求与规则

职　位	工作任务	标准要求	重点掌握规则
店长	经营记录	台账正确、全面、及时	全部规则
	网店规划制定	目标妥当、团队达成一致	
	规划管理	措施得当、调整稳妥	
	经营流程控制	流畅、合理、时效性高	
	团队管理	团结、和谐、高效	
财务主管	经营记录	台账正确、全面、及时	融资规则 费用规则 纳税规则 商品采购规则 站外推广规则
	资金预算与执行	计划合理、资金不断流	
	融资管理	合理、适当、科学	
	财务报告	正确、及时	
	费用计算	及时、准确	

续表

职　　位	工作任务	标准要求	重点掌握规则
运营主管	经营记录	台账正确、全面、及时	办公场所选择规则 配送路线选择规则 店铺开设规则 装修规则 采购投标规则 订单分发规则 物流选择规则 货物签收规则
	办公场所设立	合理、适当、科学	
	配送中心设立	合理、适当、科学	
	店铺开设	合理、适当、科学	
	网店装修	合理、适当、科学	
	商品采购与入库	适配销售计划，及时准确	
	订单分发	及时、准确	
	物流选择	及时、准确、合理	
	货物出库与签收	合理、时效性高	
推广专员	经营记录	台账正确、全面、及时	商品发布规则 SEO优化规则 SEM推广规则 团购规则 秒杀规则 套餐规则 促销规则 站外推广规则 费用规则
	商品发布	及时、准确、合理	
	SEO优化	合理、适当、科学	
	SEM推广	合理、适当、科学	
	团购	把握时机，及时准确	
	秒杀	把握时机，及时准确	
	套餐	把握时机，及时准确	
	促销	把握时机，及时准确	
	站外推广	把握时机，及时准确	
	推广费用计算	核算正确	

任务二　网店经营基本操作

学习目标：

1. 熟悉网店经营各个环节的具体操作。
2. 理解各项工作的意义。
3. 学会操作电子商务沙盘软件。
4. 能够基本完成财务报表的制作。

模拟网店运营应当严格遵守运营规则，按照一定的运营流程进行。为了经营好网店，管理者应当做好预测、决策、预算、计划、控制、核算、分析等工作。预测、决策、预算、计划工作应当在每轮经营结束后、下轮运营之前进行，目的是使经营活动有序进行，防止出现意外情况。控制主要是在运营过程中，根据运营流程和事先的计划进行销售运作。核算是在经营结束后对当轮的经营情况进行盘点，编制各种报表，反映当轮的经营情况和轮末的财务状况。分析主要是在经营结束后，根据核实的结果与预算进行比较，找出差异，并对差异进行分析，以便以后更好地开展工作。网店模拟经营决策流程如图 2-4 所示。

在熟悉了经营规则之后，新组建的团队在店长的带领下准备创建网店。在电子商务沙盘模拟经营系统中，网店经营是按照任务清单的顺序开展工作的。任务清单代表了网店简化的工作流程，也是企业竞争模拟中各项工作需要严格遵守的顺序。在模拟运营时，由店长主持，指挥团队成员各司其职，带领团队一起来模拟电子商务企业经营实践，完成经营过程中的各项任务。在经营中要按照角色和流程，学习记录经营过程中各个要素的变化情况。

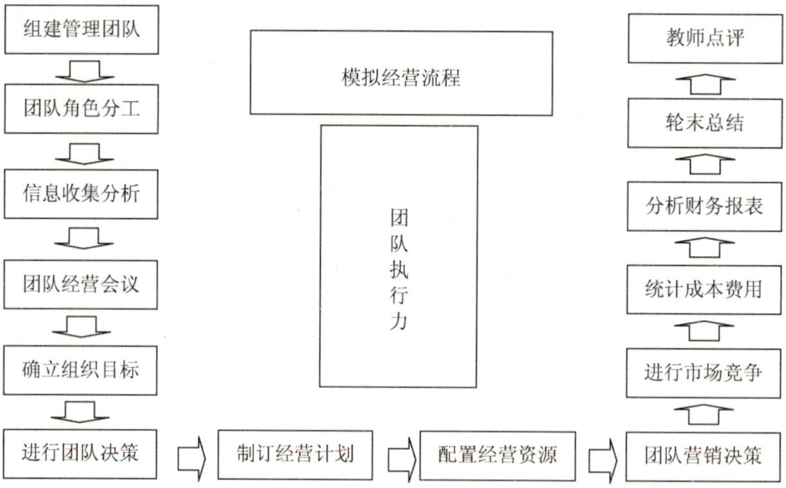

图2-4　网店模拟经营决策流程

一、轮度规划制定

常言道:“预则立，不预则废。”在开始新一轮的经营之前，企业需要召开新轮度规划会议。由店长召集团队成员，在认识网店自身条件、分析竞争对手的情况下，研究数据魔方中的市场需求信息，制定网店战略规划及各个职位的职能策略，制定出适应本轮度网店经营的规划、推广方案和营销策划方案等各项业务计划。

世界潜能大师博恩 · 崔西说过 :“成功等于目标，其他都是这句话的注解。”也就是说，成功者更关注自己的目标，而不是那些通向成功之路上的障碍。成功者的心中只有希望，他们看到的是目标，而在失败者眼中，他们看到的却是障碍，这种消极的想法让他们失去很多成功的机会，如图 2-5 所示。

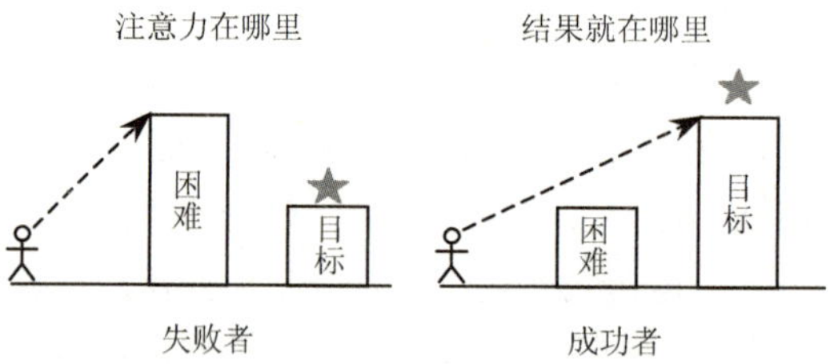

图2-5　注意力对结果的影响

【玩一玩】

大猩猩的错觉

人们一直认为身边事物的变化不会逃过自己的眼睛，但事实是我们经常未能注意到那些变化，直到发现时还在疑惑为什么我们会对翻天覆地的变化视而不见。即使那些精明的企业家也是如此，尽管他们每天都在研究市场与竞争对手的动向，可是直到一个里程碑式的企业矗立在所有人面前时，整个行业经常还在惊叹，它是什么时候在哪里冒出来的。

步骤 1：登录网址 http://v.youku.com/v_show/id_XMTg2MDI2MDE2.html，观看视频“大猩猩错觉”。

步骤 2：确立目标，穿白衣服的人一共传了几次球？

各经营小组，组内讨论，得出什么结论？

步骤 3：带着以下几个问题，重新观看视频。

①穿白衣服的人一共传了几次球？②看到大猩猩出没了吗？③背景颜色发生变化了吗？④是否看到一名队员离开（穿什么颜色的衣服）？

通过各经营小组，组内讨论，能得到什么启示？

美国著名的成功学大师安东尼·罗宾斯曾经提出过一个成功的万能公式：

成功 = 明确目标 + 规划设计 + 马上行动 + 检查修正 + 坚持到底

从这个公式可以看出，要想取得成功，首先要明确目标，有目标才知道自己要走的路，才能集中力量努力朝目标迈进。因此，在电子商务沙盘模拟经营的虚拟创业旅程知道了自己要走哪条路、如何走、走到哪里，企业经营就会由被动转为主动，由被人操纵转向自我负责，由空想转为力行，由退缩转为进取，由悲观转为乐观。

然后制定企业的经营规划，把握企业经营的大方向。一年之计在于春，没有春天的播种（新轮度规划），就没有秋天的收获（轮度利润的获得、所有者权益的增加）。根据规划方向和目标，再制订详细的计划，无论是在生活中还是在工作中，处处需要计划。有计划，可以让事情做得更好；无计划，则容易失去方向。企业经营更是如此，如果在经营过程中随意处置、无序操作，就会出现经营困难，最终导致企业破产。

新轮度规划涉及企业在新的一轮如何开展各项工作的问题，主要解决企业资源该如何投放和应变之道，它是一个动态变化的过程而不是静态的计划。通过制定新轮度规划，可以使各业务主管做到在经营过程中胸有成竹，知道自己在什么时候该干什么，有效预防经营过程中决策的随意性和盲目性，减少经营失误，让经营者突破障碍、开发潜能和自我实现，如图 2-6 所示。同时，在制定新轮度规划时，各业务主管已经就各项投资达成了共识，可以使各项经营活动有条不紊地进行，有效提高团队的合作精神，鼓舞士气，提高团队的战斗力和向心力，使团队成员之间更加团结、协调、和谐。一个完整的网店经营年度规划包括以下内容。

1. 企业经营环境分析

要做出科学合理的规划，企业应当结合目前和未来的市场需求、竞争对手可能的策略及本企业的实际情况进行。

（1）网店内部条件认知。从分析本网店成员的性格特征、习惯的经营思路入手，正确把握自己企业自身的经营特点、优势和劣势。

（2）网店外部环境分析。在进行规划时，企业首先应当对市场进行准确的预测，包括预测各个市场商品的需求状况和价格水平，预测竞争对手可能的目标市场和商品采购情况，预测各个竞争对手在新一轮的资金状况（资金的丰裕和不足将极大地影响企业的投资和商品采购）。

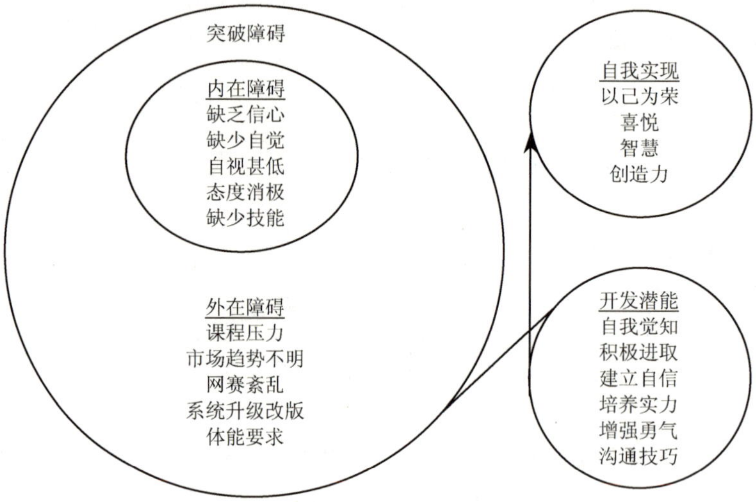

图2-6　轮度规划对经营者的影响

2. 轮度经营目标

各业务主管提出年度规划的初步设想及经营环境变化分析，大家就此进行论证，最后，在权衡各方利弊得失后，制定本轮度经营目标。

3. 经营策略、计划

根据经营目标确立办公场所和配送中心、经营商品类目和数量、营销方案、推广策略、物流计划、财务预算、资金计划、人群选择等。在具体经营策略或经营计划制定时，企业主要应当明确以下几个问题。

（1）企业的销售策略是什么？企业可能会考虑哪个类目商品价格高就进入哪个市场，也可能是哪个市场需求大就选择哪个商品类目，还可能两个因素都会考虑，企业应当根据销售策略明确自己的销售人群。

（2）企业的目标是什么？企业应当根据销售策略和各个类目商品的需求状况、价格水平、竞争对手的情况等明确企业的目标人群。

（3）什么时候获取目标人群订单？在明确了企业的目标市场后，还涉及什么时候获取目标人群订单的问题，企业应当结合资金状况和营销推广策略确定获取目标人群的时间节点及方式方法。

4. 实施步骤

根据经营目标和计划，落实各种策略、计划的具体步骤。

二、模拟网店日常运营

每一轮电子商务沙盘模拟经营活动操作如表 2-18 所示。

表2-18　电子商务沙盘操作汇总

序号	经营项目	操作要点	财务处理
轮初	新轮度规划会议	店长召集团队召开轮度规划会议	
	数据魔方分析	分析商品市场需求数据	
1	办公场所设立	办公城市、办公室类型选择，员工招聘	计入管理费用
2	配送中心设立	配送中心城市、类型选择与租赁，员工招聘	计入管理费用
3	店铺开设	C店开设、B店筹建	计入管理费用
4	网店装修	网店装修模板选择	计入管理费用
5	采购投标	商品采购	支付现金
6	商品入库	商品入库	
7	商品发布	填写商品基本信息、商品物流信息及售后保障信息，发布商品	
8	SEO优化	搜索引擎优化，优化标题关键词，每个商品最多7个关键词	
9	SEM推广	搜索引擎推广，设置所销售商品相关的关键词的竞价价格	计入销售费用
10	SEM管理	根据推广计划，针对每种商品可以设计不同的推广组	
11	团购	设置某种商品的团购活动	
12	秒杀	设置某种商品的秒杀活动	
13	套餐	设置某种商品的套餐活动	
14	促销	设置某种商品的促销活动	
15	站外推广	选择央视、网络广告联盟、百度三种媒体中的一种或多种进行推广	计入销售费用
16	订单分发	将订单进行整理、分类后，根据到达城市，选择适当的配送中心准备出库	
17	物流选择	将已经指定配送中心的订单进行整理、分类，选择适当的物流方式准备出库	
18	货物出库	根据订单的到货期限，合理安排商品出库	计入销售费用
19	货物签收	根据不同物流方式的运输周期，对在订单要求的到货期限之内到达的订单实施签收	计入营业收入（销售额–优惠额+运费（买家））/1.17
20	应收账款/应付账款	更新应收或应付账款账期，接收或支付本期到期的应收账款和应付账款	
21	短贷/民间融资	更新短期贷款账期或获得新的贷款	计入负债中的短期借款
	还本付息	还本付息	计入财务费用
22	支付工资	按期支付员工的工资	计入管理费用
23	支付相关费用	按期支付相应的租赁费、维修费、库存管理费、行政管理费	计入管理费用
		按期支付相应的售后服务费	计入销售费用
轮末	交税	缴纳相关税费	
	长贷	更新长期贷款账期，或者获得新的贷款	计入负债中的长期借款
	还本付息	支付利息或还本付息	计入财务费用
	关账	每轮经营结束，轮末进行关账	

（一）轮初工作

1. 新轮度规划会议

新的一轮开始之际，企业管理团队要制定（调整）企业战略，做出经营规划、营销规划方案等，是每个公司非常重要的大事。店长需要带领团队成员完成此项工作，并在店长经营记录表对应位置打“√”，如表 2-19 所示。

表2-19　店长经营记录表

序　　号	请按照顺序执行下列各项操作。每执行完一项操作，店长在相应的方格内打“√”		
	时间节点	第一期	第二期
轮初	新轮度规划会议		
	数据魔方分析		
1	办公场所设立		
2	配送中心设立		
3	店铺开设		
4	网店装修		
5	采购投标		
6	商品入库		
7	商品发布		
8	SEO优化		
9	SEM推广		
10	SEM管理		
11	团购		
12	秒杀		
13	套餐		
14	促销		
15	站外推广		
16	订单分发		
17	物流选择		
18	货物出库		
19	货物签收		
20	应收账款/应付账款		
21	短贷/民间融资		
	还本付息		
22	支付工资		
23	支付相关费用		
轮末	交税		
	长贷		
	还本付息		
	关账		

2. 数据魔方分析

数据魔方为卖家提供不同类目商品的市场需求信息（见图 2-7）及基于大数据的关键词的相关数据信息（见表 2-20）。卖家可以通过数据魔方进行市场分析，并分析每个关键词的相关数据，制定自己的经营策略。

市场需求信息是指数据魔方提供某类商品在不同城市的市场平均价格及 4 类不同需求人群的市场需求数量。

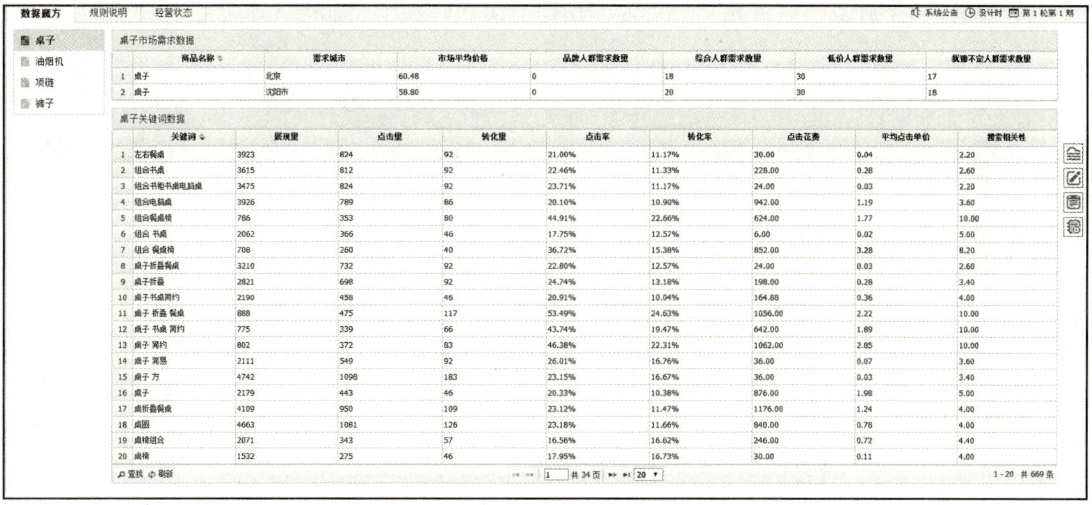

数据魔方　规则说明　经营状态　系统公告　设计时　第 1 轮第 1 期

桌子　油烟机　项链　裤子

桌子市场需求数据

	商品名称	需求城市	市场平均价格	品牌人群需求数量	综合人群需求数量	低价人群需求数量	犹豫不定人群需求数量
1	桌子	北京	60.48	0	18	30	17
2	桌子	沈阳市	58.80	0	20	30	18

桌子关键词数据

	关键词	展现量	点击量	转化量	点击率	转化率	点击花费	平均点击单价	搜索相关性
1	左右餐桌	3923	824	92	21.00%	11.17%	30.00	0.04	2.20
2	组合书桌	3615	812	92	22.46%	11.33%	228.00	0.28	2.60
3	组合书柜书桌电脑桌	3475	824	92	23.71%	11.17%	24.00	0.03	2.20
4	组合电脑桌	3926	789	86	20.10%	10.90%	942.00	1.19	3.60
5	组合餐桌椅	786	353	80	44.91%	22.66%	624.00	1.77	10.00
6	组合 书桌	2062	366	46	17.75%	12.57%	6.00	0.02	5.00
7	组合 餐桌椅	708	260	40	36.72%	15.38%	852.00	3.28	8.20
8	桌子折叠餐桌	3210	732	92	22.80%	12.57%	24.00	0.03	2.60
9	桌子折叠	2821	698	92	24.74%	13.18%	198.00	0.28	3.40
10	桌子书桌简约	2190	458	46	20.91%	10.04%	164.88	0.36	4.00
11	桌子 折叠 餐桌	888	475	117	53.49%	24.63%	1056.00	2.22	10.00
12	桌子 书桌 简约	775	339	66	43.74%	19.47%	642.00	1.89	10.00
13	桌子 简约	802	372	83	46.38%	22.31%	1062.00	2.85	10.00
14	桌子 简易	2111	549	92	26.01%	16.76%	36.00	0.07	3.60
15	桌子 方	4742	1098	183	23.15%	16.67%	36.00	0.03	3.40
16	桌子	2179	443	46	20.33%	10.38%	876.00	1.98	5.00
17	桌折叠餐桌	4109	950	109	23.12%	11.47%	1176.00	1.24	4.00
18	桌圆	4663	1081	126	23.18%	11.66%	840.00	0.78	4.00
19	桌椅组合	2071	343	57	16.56%	16.62%	246.00	0.72	4.40
20	桌椅	1532	275	46	17.95%	16.73%	30.00	0.11	4.00

查找　刷新　1　共 34 页　20　1 - 20　共 669 条

图2-7　市场需求信息

表2-20　关键词相关数据信息

项　　目	内　　容
关键词展现量（PV）	该关键词在展位上所展现的次数
关键词点击量（UV）	点击该关键词的不同IP地址的人数
关键词点击率（CTR）	点击该关键词的到达率，UV/PV
关键词转化量	该关键词最终达成的实际成交数量
关键词转化率（Click_ROI）	由关键词引入的点击量与该关键词最终达成的实际成交数量的比率
关键词搜索相关性	与该关键词历史的搜索次数、PV、UV、CTR、转化量、转化率等相关，由数据魔方给出该数据

（二）开店

1．办公场所的设立

选中办公场所类型，然后单击“下一步”按钮，如图 2-8 所示。

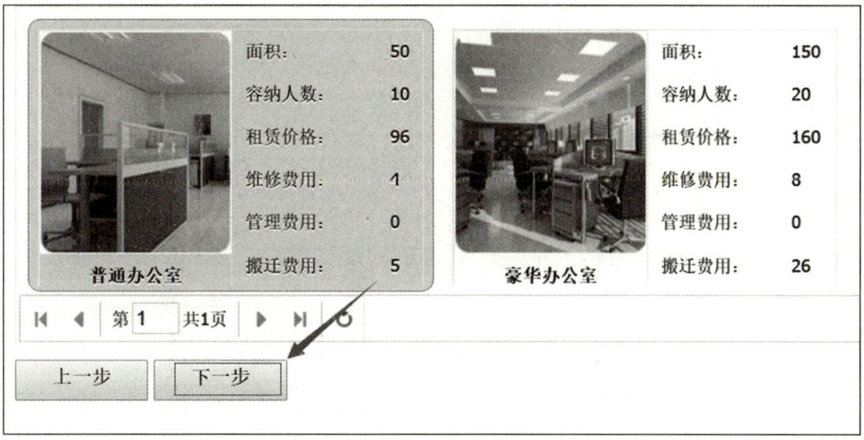

图2-8　办公场所类型选择

选中所需员工姓名，然后单击“完成”按钮完成招贤纳士，如图 2-9 所示。

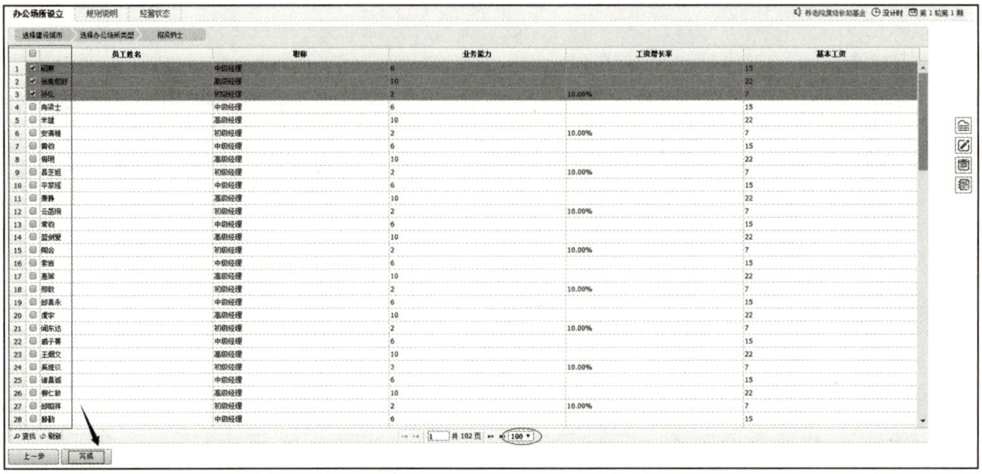

图2-9　员工招聘

至此，办公场所设立完成（相关示例如图 2-10 所示），支付相应的租赁费和建筑维修费。当然，店长可以根据实际经营需要对办公场所进行改建、搬迁或继续招聘员工。如果需要解雇员工，店长可以在辅助工具→员工管理下进行相关员工的解雇操作，如图 2-11 所示。

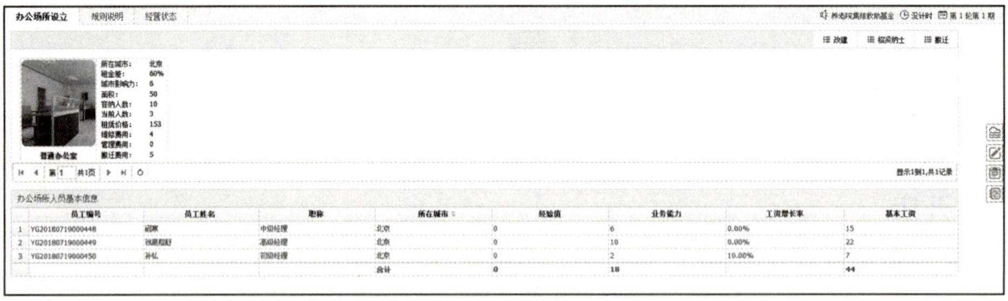

图2-10　办公场所设立完成示例

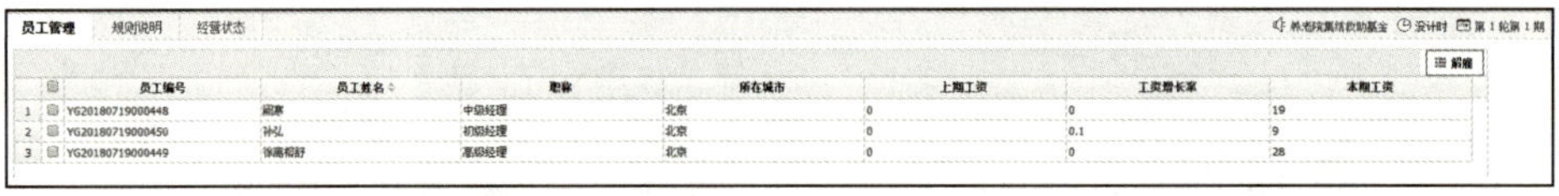

图2-11　员工解雇示例

2．配送中心设立

单击“租赁”按钮，选择合适的地点建立合适的配送中心，如图 2-12 所示。

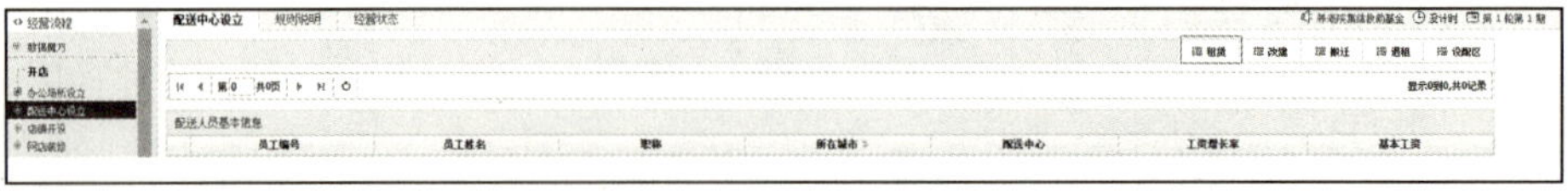

图2-12　配送中心租赁

选择适当体积的配送中心，单击“完成”按钮，如图 2-13 所示。

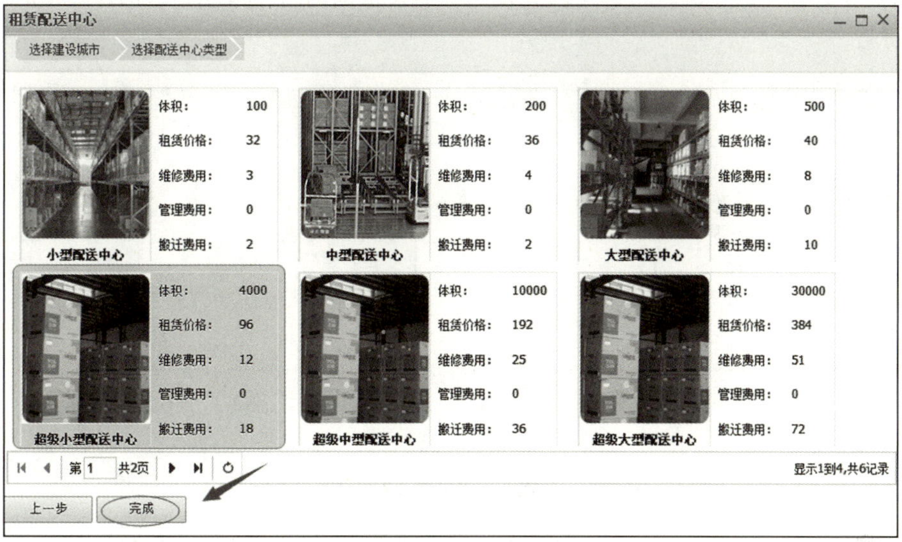

图2-13　配送中心类型选择

配送中心建设完成后，可以选中需要修改的配送中心，单击“改建”“搬迁”或“退租”按钮，分别进行改建、搬迁或退租操作，相关示例如图 2-14 所示。

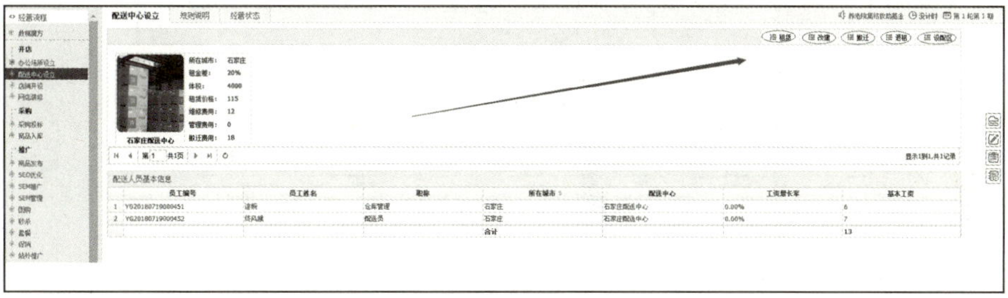

图2-14　配送中心其他操作

单击“设配区”按钮，设置配送中心配送范围和物流方式，相关示例如图 2-15 所示。

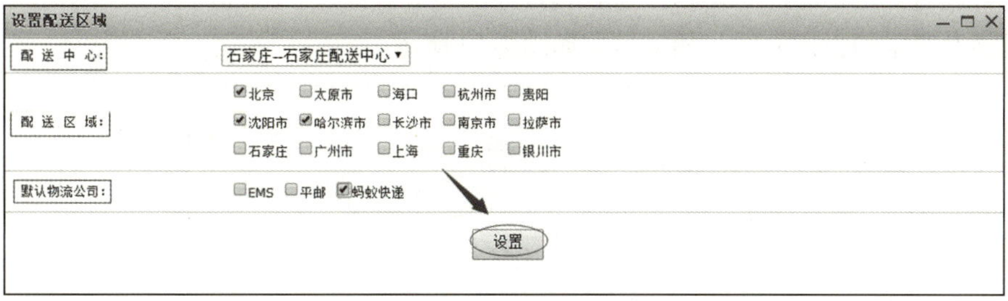

图2-15　设配区操作

3．店铺开设

单击“开设 C 店”选项卡，填写店铺名称、经营宗旨和店铺描述等信息，相关示例如图 2-16

所示。

B 店需要筹建 4 期（两轮）即可投入使用，店长根据网店经营规划，选择筹建的时间，如图 2-17 所示。

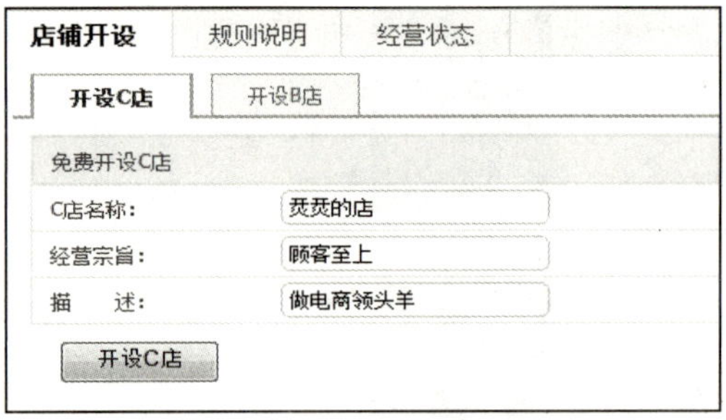

图2-16　C店铺开设

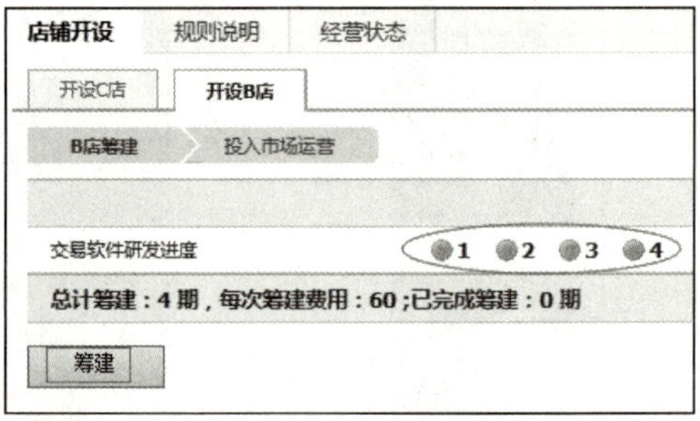

图2-17　B店铺筹建

4．网店装修

选择合适的装修方式对店铺进行装修，如图 2-18 所示。

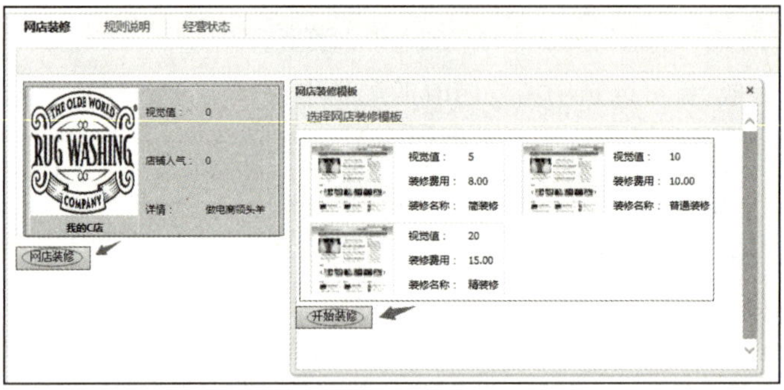

图2-18　店铺装修

（三）采购

1．采购投标

根据市场的需求量和资金选择采购，同时要考虑采购价格，出多少钱才能采购到；采购的总体积是否超过配送中心的总体积，一旦超过商品将无法入库。添加需要采购的商品设置采购信息，包括制定采购投标方案，相关示例如图 2-19 所示。

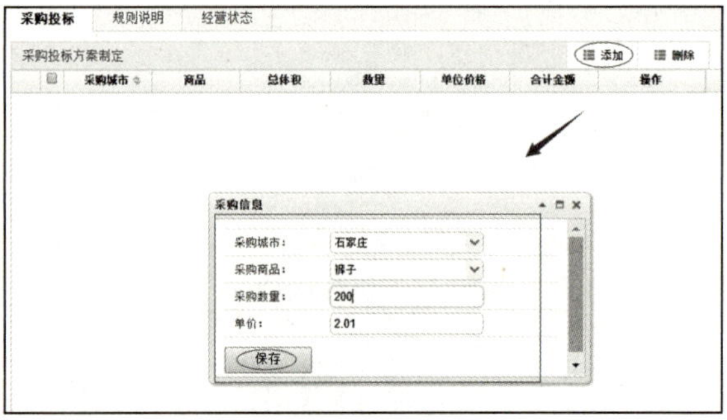

图2-19　添加采购信息

“修改 / 删除”采购信息：单击需要操作的采购投标信息后面的“编辑 / 删除”按钮，进行修改设置，相关示例如图 2-20 所示。

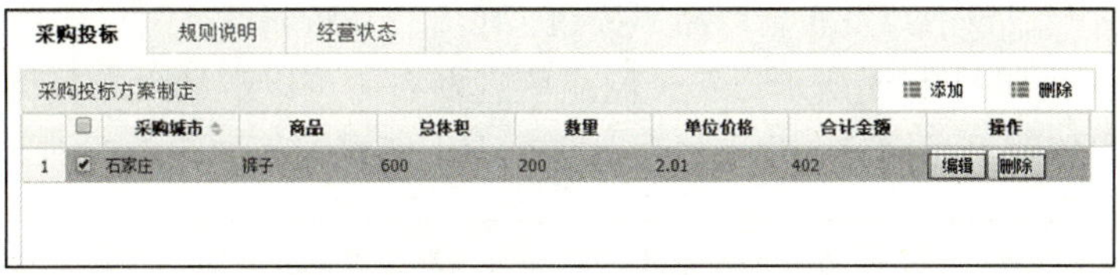

图2-20　修改/删除采购信息

投标：完成采购后，单击“投标”按钮，如不需采购则单击“跳过”按钮，相关示例如图 2-21 所示。

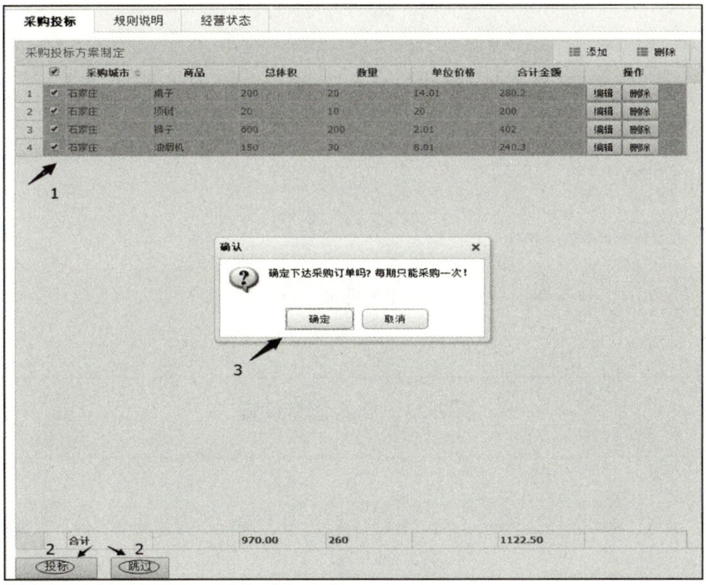

图2-21　采购投标

备注：要在规定的时间内递交采购投标，每期只能递交一次采购投标，且递交后无法修改采购投标方案。

2. 商品入库

选择采购中标的订单，进行商品入库。若配送中心体积过小可进行扩建，如果没有采购到商品，则选择“跳过入库”，相关示例如图 2-22 所示。

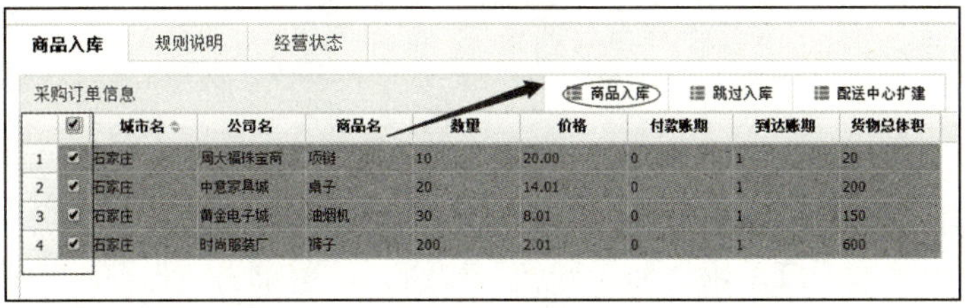

图2-22　商品入库

（四）推广

1．商品发布

完成商品入库后，单击“发布新商品”按钮，弹出“发布新商品”对话框，设置商品信息，单击“发布”按钮，如图 2-23 所示。一个商品信息发布后可以继续发布其他商品信息，对已经发布的商品可以修改商品信息，也可以对其进行上下架设置，如图 2-24 所示。

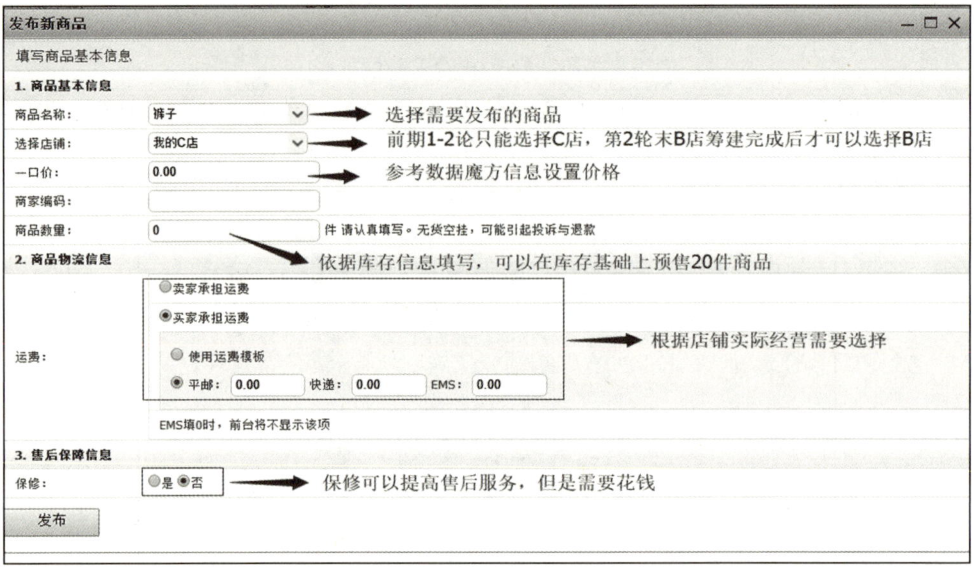

图2-23　商品信息设置

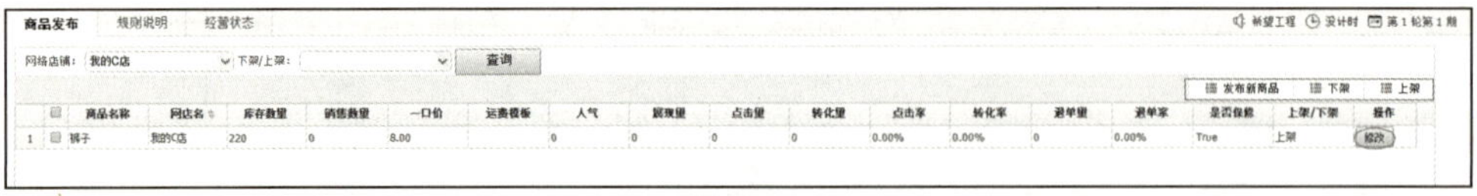

图2-24　商品信息修改与上下架

2．SEO 优化

选择需要优化的店铺商品，单击“SEO 优化”按钮，对相应的商品选择关键词，进行优化设置，相关示例如图 2-25 所示。

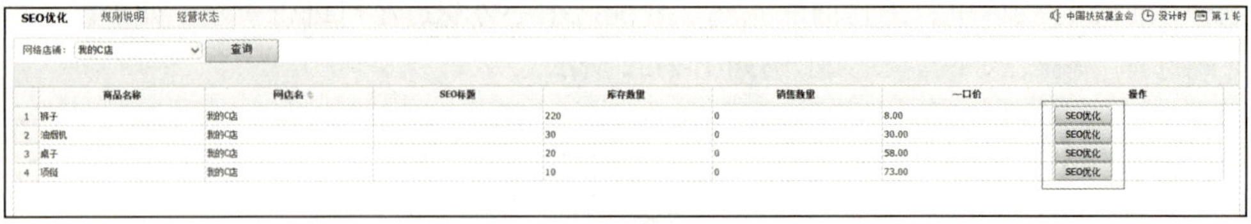

图2-25　选择SEO优化商品

在“我要淘词”中根据需要选择关键词类型（如选择转化率，单击“转化率”，转化率由高到低排列），勾选关键词后单击“加入标题”按钮，最后单击“保存”按钮，相关示例步骤如图 2-26 所示。当然，经营者也可以直接设置关键词。

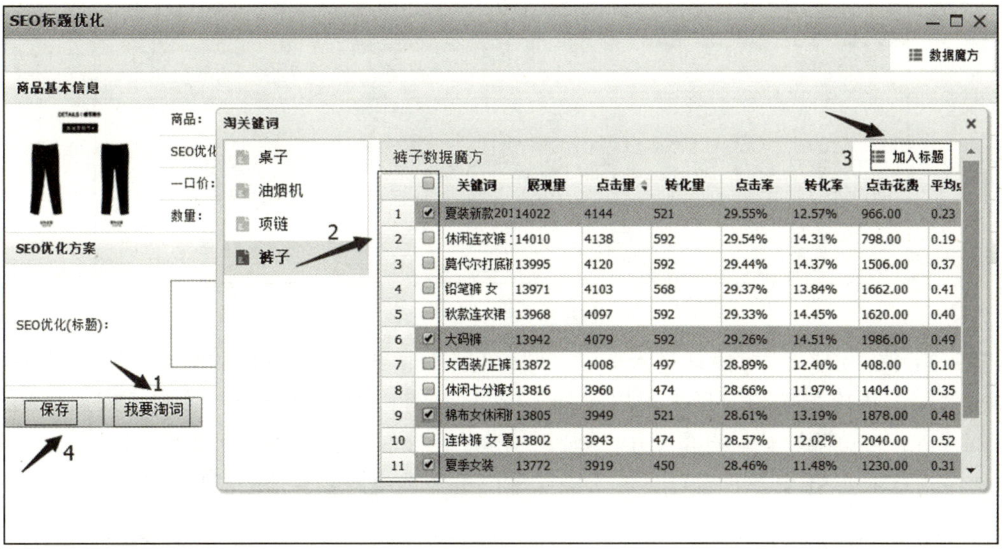

图2-26　淘词

3. SEM 推广

单击“新建推广计划”按钮，弹出“新推广计划”对话框，输入“推广计划名称”和“每期限额”后单击“保存”按钮，自动进入新建推广组，如图 2-27 所示。在开始推广前需要先进行充值，当然也可以随时提现推广资金。店长或推广专员可以根据店铺经营需要暂停 / 开始推广计划，即暂停 SEM 推广和重新开始 SEM 推广。

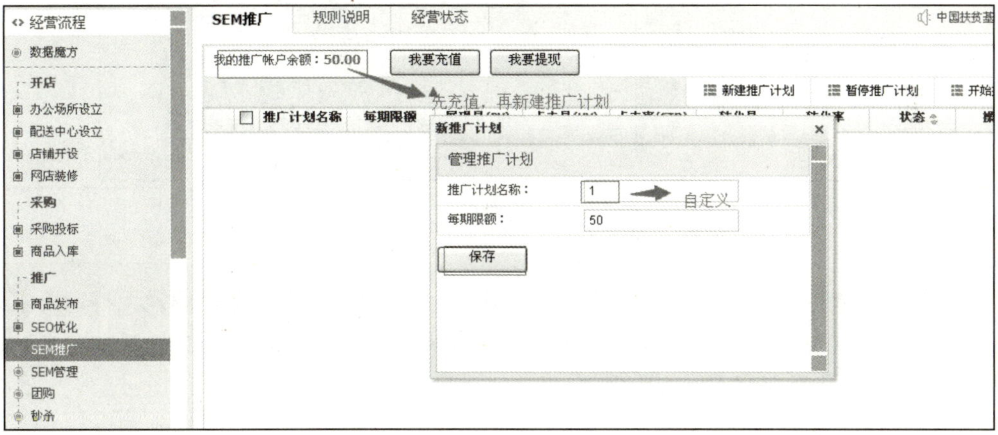

图2-27　推广计划操作

4. SEM 管理

单击“我要推广”按钮，弹出“新建推广组”对话框，输入“推广组名称”（如果有多个推广计划则需要选择相应推广计划），修改“默认竞价”，单击“保存”按钮，如图 2-28 所示。店长或推广专员可以根据店铺经营需要开始 / 暂停推广组。

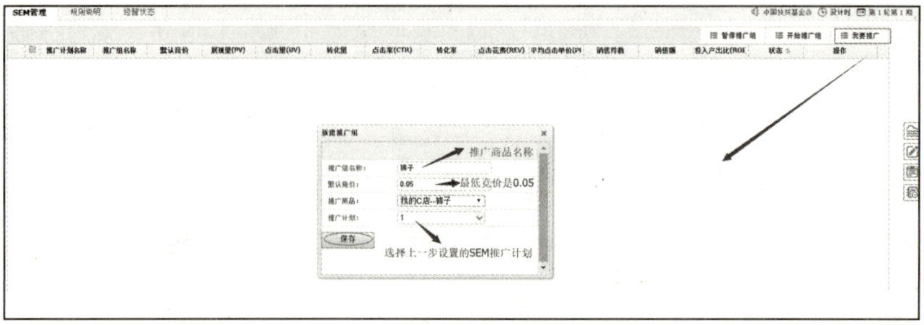

图2-28　新建推广组

推广组建立完成之后，默认进入推广关键词的淘词，也就是对弹出的淘词框勾选“关键词”后单击“加入推广”按钮，最多可以添加 50 个词。可以对关键词进行管理，即选择相应的关键词，进行“删除”或“批量出价”操作，相关示例如图 2-29 所示。当然，店长 / 推广专员可以选择放弃不做 SEM 推广促销。一个商品推广设置完成后，其他商品根据需要做类似操作。

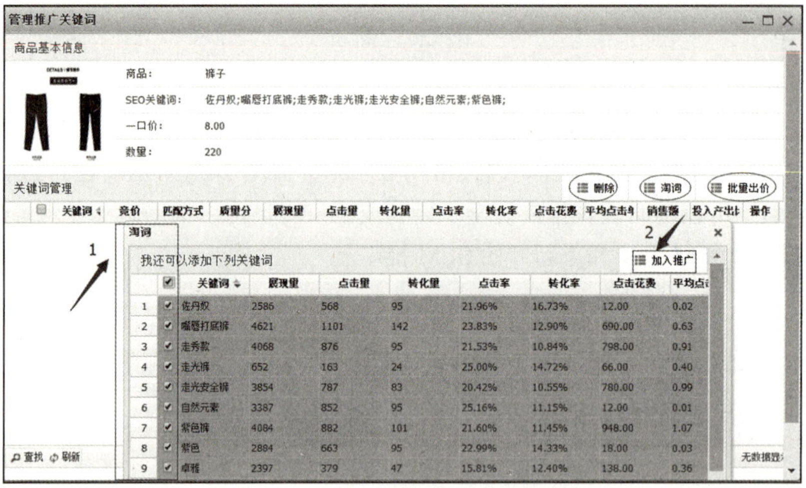

图2-29　管理推广关键词

5．团购

购买满一定数量的商品享受一定的折扣，最少 10 件起团，团购名称设置无特定要求，可设可不设，若一定要设置的话，简洁为宜，商品编码可以不设置，如图 2-30 所示。当然，店长 / 推广专员可以选择放弃不做团购促销。

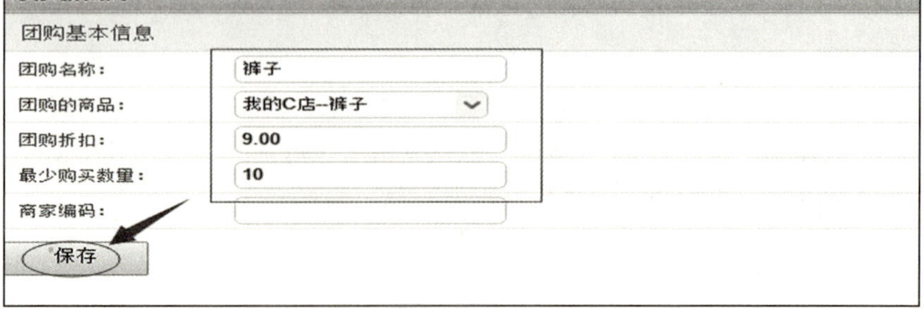

图2-30　团购

6. 秒杀

设置秒杀的商品，消费者购买时只需要支付半价。选中商品，然后单击“开启秒杀”按钮。如经营策略改变，则可以随时关闭秒杀，如图 2-31 所示。店长 / 推广专员可以选择放弃不做秒杀促销。

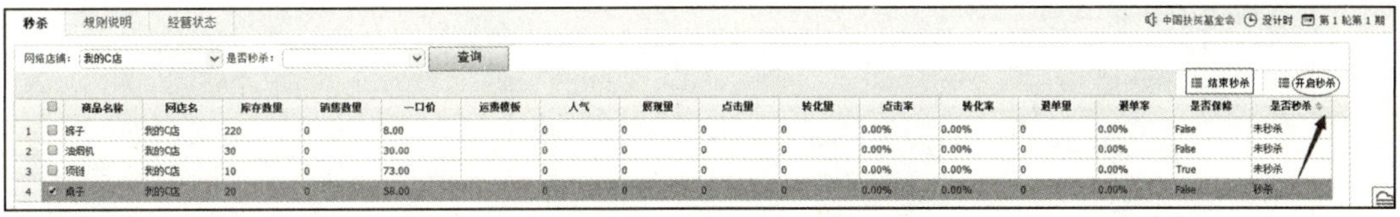

图2-31 秒杀

7. 套餐

添加搭配套餐时需先添加商品，设置好套餐名称、套餐件数、运费模板、售后保障信息等。如需设置单击“添加”按钮，添加套餐的商品设置，套餐商品必须要低于商品发布价格，如图 2-32 所示。当然，店长 / 推广专员可以选择放弃不做套餐促销。

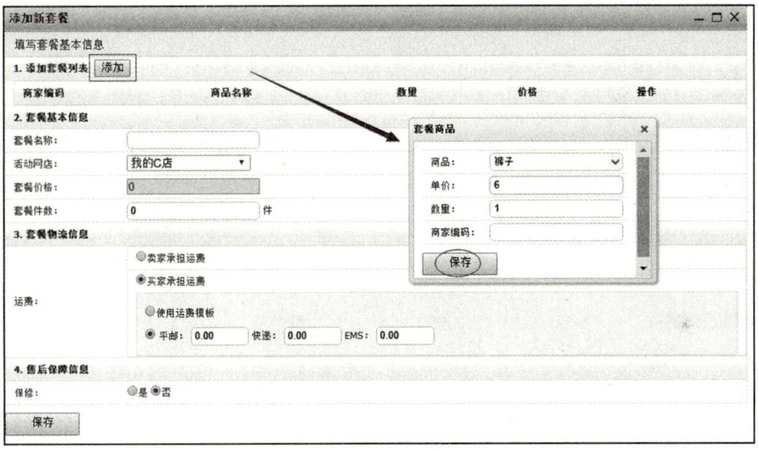

图2-32 套餐

8. 促销

（1）满就送：可设置金额满多少优惠多少。单击“添加”按钮添加新的促销信息，设置促销名称（促销名称设置无特定要求），选择活动限制范围和商品范围，填写金额要求及优惠金额，如图 2-33 所示。当然，店长 / 推广专员可以选择放弃不做满就送促销。

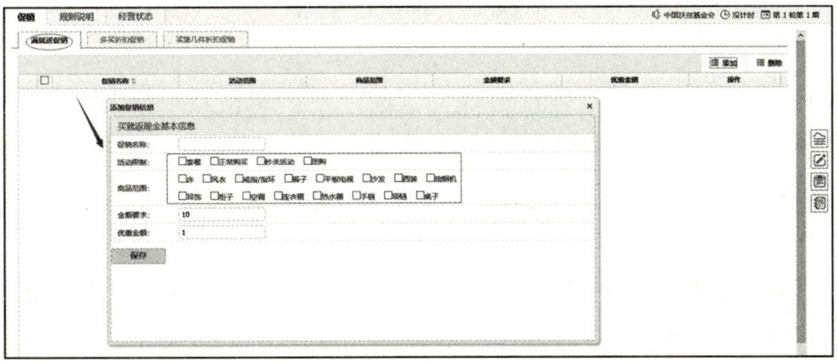

图2-33 满就送

（2）多买折扣：设置最低购买商品的件数，享受折扣。单击“添加”按钮添加新的促销信息，设置促销名称（促销名称设置无特定要求），选择活动限制范围和商品范围，填写购买最少件数及享受折扣，如图 2-34 所示。当然，店长 / 推广专员可以选择放弃不做多买折扣促销。

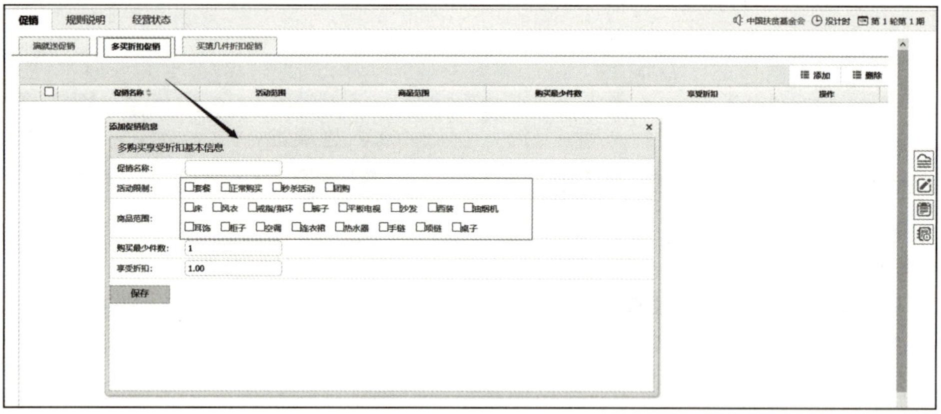

图2-34　多买折扣

（3）买第几件折扣促销：到达设定的件数那一件享受折扣。单击“添加”按钮添加新的促销信息，设置促销名称（促销名称设置无特定要求），选择活动限制范围和商品范围，填写购买第几件数折扣及享受折扣，如图 2-35 所示。当然，店长 / 推广专员可以选择放弃不做买第几件折扣促销。

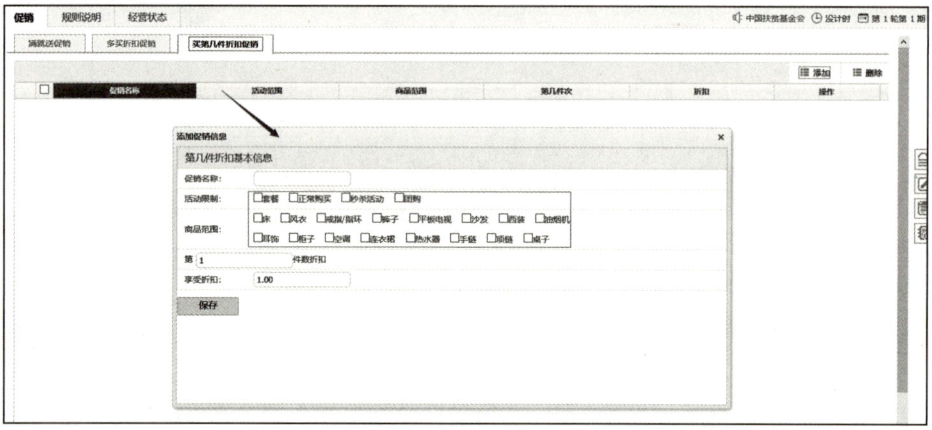

图2-35　买第几件折扣

9. 慈善

慈善捐助可以根据系统小广播信息投标，一般这个广播信息会被其他组的投标信息覆盖，所以建议采用第二种捐助方式，就是单击“事件列表”，选择某个时间段的慈善信息，进行相应的捐助行动。当然，店长 / 推广专员可以选择放弃不参加慈善捐助活动。

10. 站外推广

B 店完成以后才可以进行站外推广，前期都是跳过。如需设置，单击“添加”按钮，在弹出的对话框中设置推广信息，包括需要推广的商品、推广方式的选择，设定投标价格（最少 5

万元起投），最后递交媒体投标方案，如图 2-36 所示。当然，店长 / 推广专员可以选择放弃不做站外推广促销。

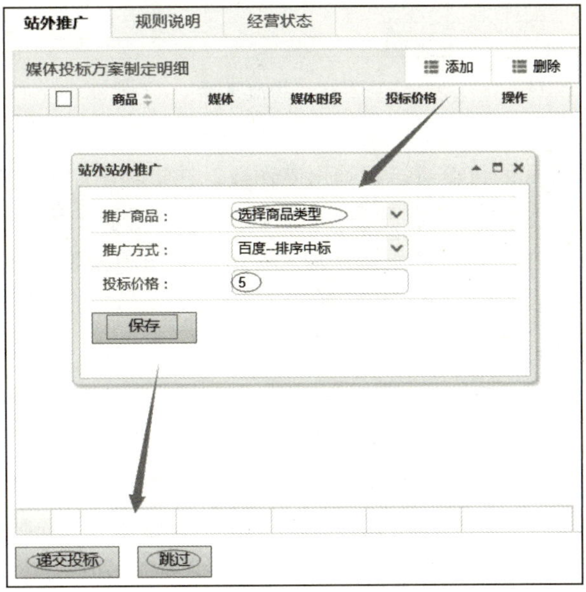

图2-36　站外推广

（五）运营

1. 订单分发

站外推广开标后，店铺的订单信息就生成了，在订单分发页面有订单统计（显示订单信息合计）、配送中心信息（查看配送中心各种商品的库存信息）、订单分发（选中某个或某几个订单进行订单的分发）、分批自动分发（可以为选中的订单自动分发）、全部自动分发（使订单全部分发），店长 / 运营主管根据店铺经营需要选择相应的操作，相关示例如图 2-37 所示。如果配送中心没有设置分配区操作，就不能完成订单分发操作。

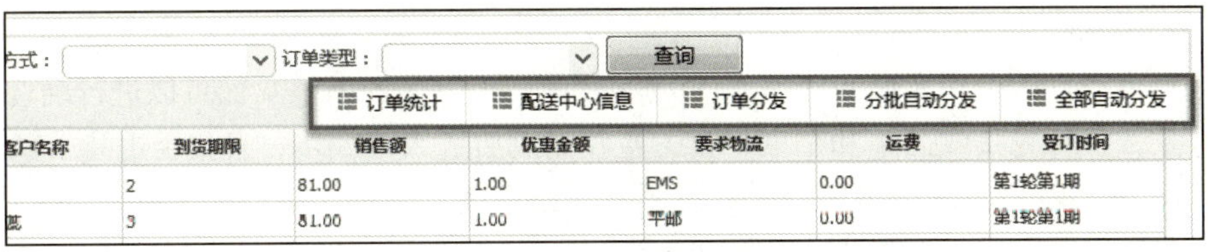

图2-37　订单分发

2. 物流选择

对已经分发完毕的订单进行物流方式的分配和选择，在物流选择页面有订单统计（显示订单信息合计）、配送中心信息（查看配送中心各种商品的库存信息）、安排物流（选择订单，进行订单物流配送方式选择）、分批自动安排（选择订单按照配送中心设定的物流配送方式进行配送）、全部自动分发（全部订单按照配送中心设定的物流配送方式进行配送），店长 / 运营主管根据店铺经营需要选择相应的操作，相关示例如图 2-38 所示。

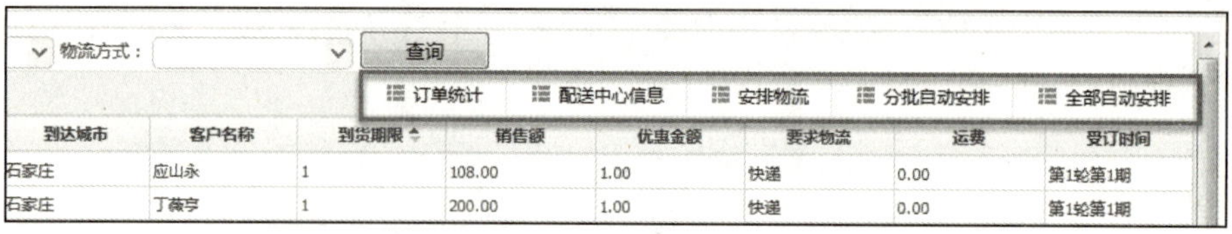

到达城市	客户名称	到货期限	销售额	优惠金额	要求物流	运费	受订时间
石家庄	应山永	1	108.00	1.00	快递	0.00	第1轮第1期
石家庄	丁薇亨	1	200.00	1.00	快递	0.00	第1轮第1期

图2-38　物流选择

3. 货物出库

对已经选择好物流方式的订单进行货物出库作业，在货物出库页面有订单统计（出库订单汇总）、配送中心信息（配送中心的各种商品的库存信息）、分批出库（进行选择的订单出库）、全部出库（按照商品配送中心设置的配送区域和物流方式进行发货）、修改出库仓库（更改配送中心的发货地址）、修改物流方式（更改商品配送时的物流方式），店长 / 运营主管根据店铺经营需要选择相应的操作，相关示例如图 2-39 所示。

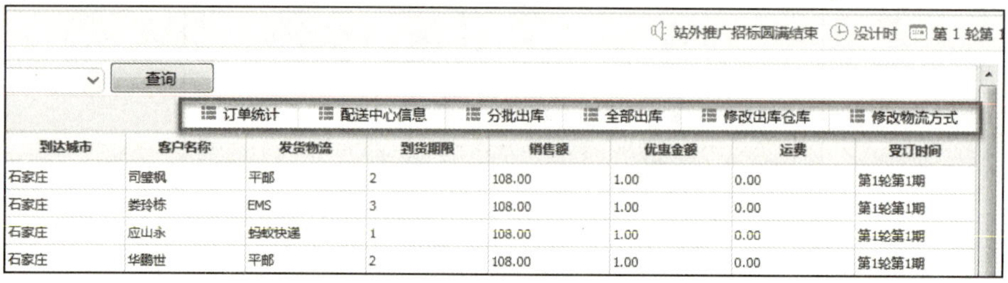

到达城市	客户名称	发货物流	到货期限	销售额	优惠金额	运费	受订时间
石家庄	司壁枫	平邮	2	108.00	1.00	0.00	第1轮第1期
石家庄	娄玲栋	EMS	3	108.00	1.00	0.00	第1轮第1期
石家庄	应山永	蚂蚁快递	1	108.00	1.00	0.00	第1轮第1期
石家庄	华鹏世	平邮	2	108.00	1.00	0.00	第1轮第1期

图2-39　货物出库

如果部分订单的货物不能出库可能由以下原因造成，一是店铺现金余额不足以支付剩余的物流费用；二是某些商品店铺上架时设置了预售，导致仓库里面没有足够的货物满足客户的订单需求。

小贴士：

如果店铺现金不足，不能继续出库，店长 / 运营主管可以对已经出库的商品进行确认签收操作。如果是快递方式出库的，货款当期到账，那么再返回到货物出库操作模块继续进行货物出库操作，如若遇到现金不足，可以重复上述操作。

4. 货物签收

对已经出库且运送到客户的订单进行货物签收作业，在货物签收页面可以进行确认签收（客户确认付款，执行完签收后）和结束签收（签收完成后进入下一步，且接受退货）两项操作，相关示例如图 2-40 所示。如果店铺没有需要签收的货物，就直接单击“结束签收”按钮，只有经过结束签收操作后，才能进行后续的经营。

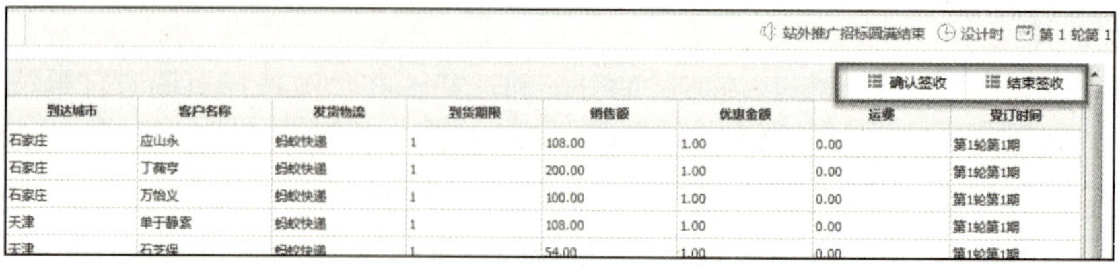

到达城市	客户名称	发货物流	到货期限	销售额	优惠金额	运费	受订时间
石家庄	应山永	蚂蚁快递	1	108.00	1.00	0.00	第1轮第1期
石家庄	丁薇亨	蚂蚁快递	1	200.00	1.00	0.00	第1轮第1期
石家庄	万怡义	蚂蚁快递	1	100.00	1.00	0.00	第1轮第1期
天津	单于静紊	蚂蚁快递	1	108.00	1.00	0.00	第1轮第1期
天津	[illegible]	蚂蚁快递	1	54.00	1.00	0.00	第1轮第1期

图2-40　货物签收

（六）财务

1. 应收账款 / 应付账款

完成应收账款 / 应付账款结算，如图 2-41 所示。如果没有该部分的应收账款或应付账款，那么忽略此步操作即可，直接进行下一步操作。

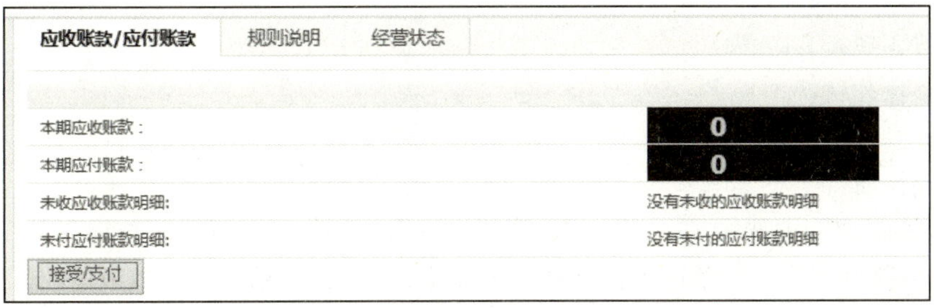

图2-41　应收账款/应付账款

2. 短贷 / 还本付息

（1）还本付息：扣除贷款的本金和利息，按钮为灰色时，表示本期不需要还款。

（2）新贷款：进行短期贷款或民间融资。

3. 支付工资

支付办公场所和配送中心所聘用员工的工资，相关示例如图 2-42 所示。

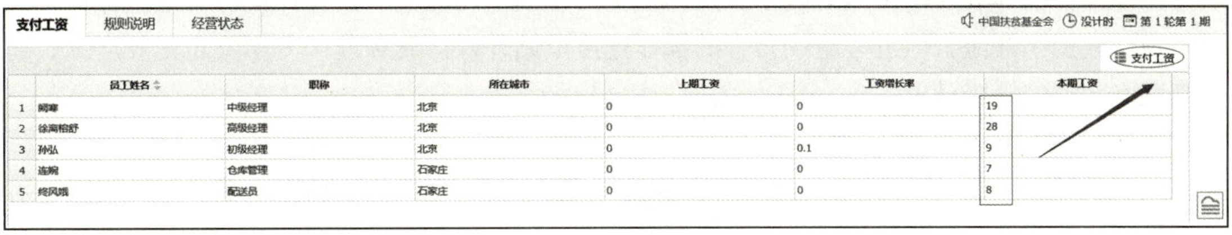

图2-42　支付工资

4. 支付相关费用

支付各项费用，包括租赁费、维修费、售后服务费、库存管理费和行政管理费。

5. 交税

支付税费，包括所得税、增值税、城市维护建设税和教育费附加税。下一轮第一期支付相关税费。

6. 长贷 / 还本付息

支付长贷本金和利息，只有先支付前期的本息才能进行新的贷款。如果进度圈显示灰色表示本期不需要还款。

7. 关账

查看财务报表及分数，关账结束意味着本轮运营结束，不能再进行相关业务操作。

8. 进入下一期 / 进入下一轮

期末单击“进入下一期”按钮或轮末单击“进入下一轮”按钮。

任务三　辅助工具运用

学习目标：

1. 熟悉辅助工具的具体操作。
2. 理解各项工具的功能。
3. 学会操作辅助工具。

1. 店铺管理

在“店铺管理”中选择“关闭店铺 / 开放店铺”，如图 2-43 所示。选择“关闭店铺”后，此店铺将不会获得订单，当然其他店铺也不能通过 ITMC 商城信息获取本店铺的经营信息。

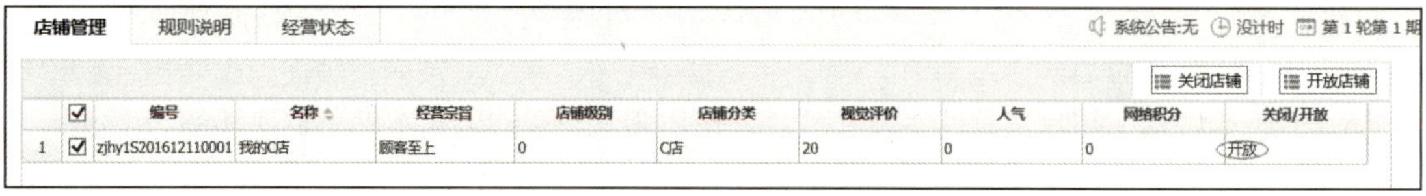

	编号	名称	经营宗旨	店铺级别	店铺分类	视觉评价	人气	网络积分	关闭/开放
1	zjhy1S201612110001	我的C店	顾客至上	0	C店	20	0	0	开放

图2-43　店铺管理

为了保护本店铺经营数据，很多经营者会在完成店铺运营基本操作后选择关闭店铺，待到站外媒体开标前开放店铺，然后在站外媒体结束后继续关闭店铺。这样做能够有效地保护本店铺的经营数据不外泄，但也考验经营者的操作速度及站外媒体开标前千万不要忘记开店铺，否则当期不会产生销售订单。

2. 员工管理

员工管理主要是对已招聘员工的解雇操作，相关示例如图 2-44 所示。店长 / 运营主管可以选择需要解雇的办公室员工信息，进行解雇操作，但办公室最少要有一名员工，不能全部解雇。与此同时，配送中心的配送员和仓库管理员不能解雇。

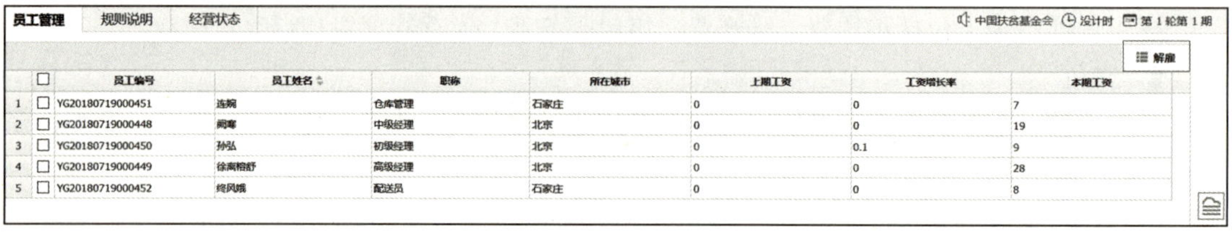

	员工编号	员工姓名	职称	所在城市	上期工资	工资增长率	本期工资
1	YG20180719000451	连婉	仓库管理	石家庄	0	0	7
2	YG20180719000448	阚骞	中级经理	北京	0	0	19
3	YG20180719000450	孙弘	初级经理	北京	0	0.1	9
4	YG20180719000449	徐离榕舒	高级经理	北京	0	0	28
5	YG20180719000452	终风娥	配送员	石家庄	0	0	8

图2-44　员工管理

备注：在支付员工工资前，如若进行员工解雇操作，被解雇的员工工资还是需要支付的。

3. 库存管理

店长 / 运营主管对采购的商品进行入库操作后，可以到库存管理模块查看各配送中心库存，相关示例如图 2-45 所示。库存管理显示商品信息、库存所在城市、库存数量、平均进价和总成本信息。

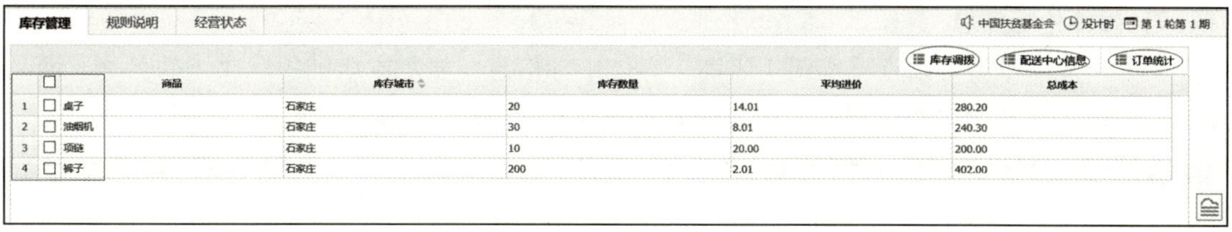

库存管理　规则说明　经营状态　中国扶贫基金会　设计时　第 1 轮第 1 期

库存调拨　配送中心信息　订单统计

	商品	库存城市	库存数量	平均进价	总成本
1	桌子	石家庄	20	14.01	280.20
2	油烟机	石家庄	30	8.01	240.30
3	项链	石家庄	10	20.00	200.00
4	裤子	石家庄	200	2.01	402.00

图2-45　库存管理

当然，店长 / 运营主管根据实际运营需要，可以在不同城市配送中心之间调拨货物，也可以以销售商品进行订单统计，如图 2-46 所示。库存调拨的物流费用计算与货物正常发货的物流费用计算方法一致。

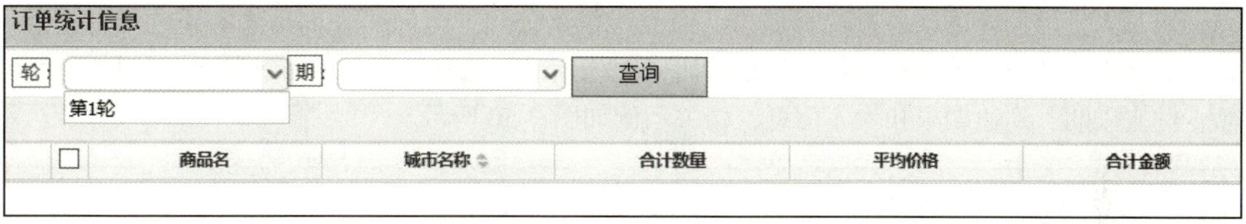

订单统计信息

轮　期　查询

第1轮

商品名	城市名称	合计数量	平均价格	合计金额

图2-46　订单统计

4. 仓库信息查询

店长 / 运营主管根据实际运营需要，选择查看各配送中心的库存信息，相关示例如图 2-47 所示。相同商品在不同配送中心的成本独立核算。

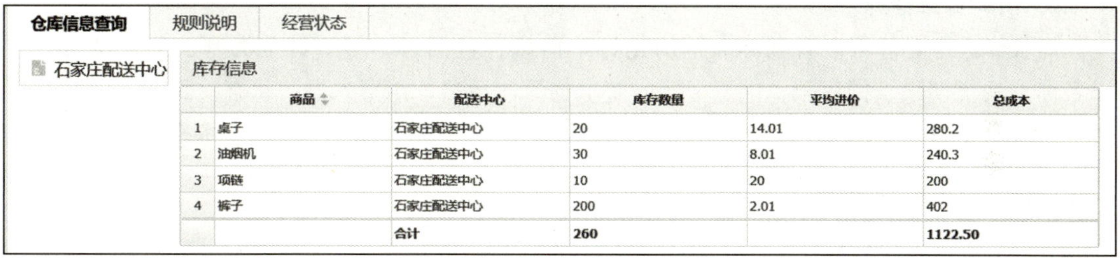

仓库信息查询　规则说明　经营状态

石家庄配送中心　库存信息

	商品	配送中心	库存数量	平均进价	总成本
1	桌子	石家庄配送中心	20	14.01	280.2
2	油烟机	石家庄配送中心	30	8.01	240.3
3	项链	石家庄配送中心	10	20	200
4	裤子	石家庄配送中心	200	2.01	402
		合计	260		1122.50

图2-47　仓库信息查询

5. 站外推广信息

店长 / 推广专员可以查看各组（店铺）当期媒体中标信息，包括中标账号、媒体名称、商品名称、时段名称、中标费用等信息，如图 2-48 所示。

6. ITMC 商城信息

店长 / 推广专员可以查看各店铺信息（指没有进行关闭店铺操作的店铺），包括 SEO 商品和 SEM 商品信息，可以单击某一店铺的具体商品，查看其商品详细信息。

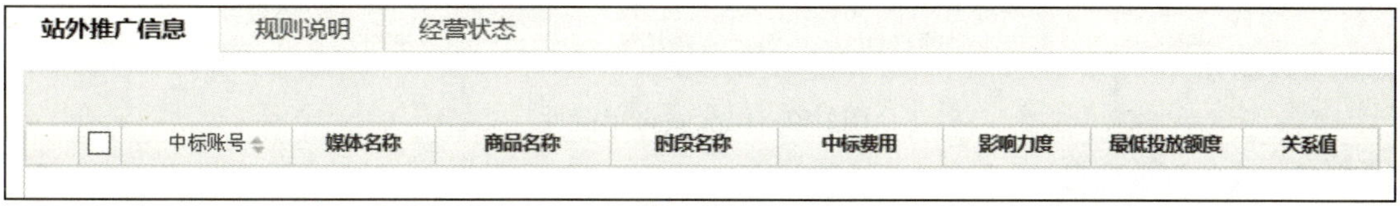

站外推广信息　规则说明　经营状态

中标账号	媒体名称	商品名称	时段名称	中标费用	影响力度	最低投放额度	关系值

图2-48　站外推广信息

7．媒体中标信息

店长 / 推广专员可以查看本组（店铺）媒体中标信息，显示本店铺中标媒体的名称、商品名称、时段名称和中标费用信息，相关示例如图 2-49 所示。

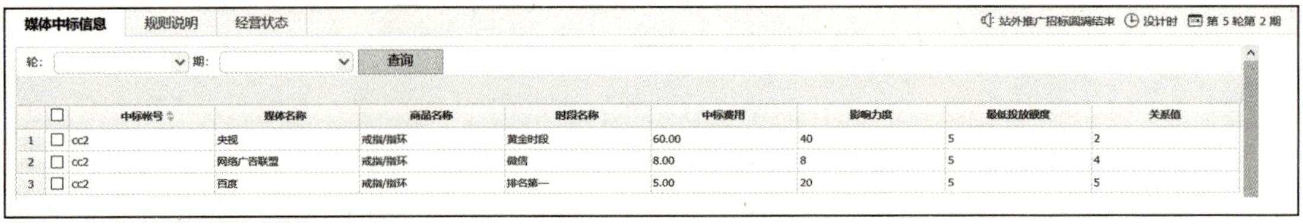

	中标帐号	媒体名称	商品名称	时段名称	中标费用	影响力度	最低投放额度	关系值
1	cc2	央视	戒指/指环	黄金时段	60.00	40	5	2
2	cc2	网络广告联盟	戒指/指环	微信	8.00	8	5	4
3	cc2	百度	戒指/指环	排名第一	5.00	20	5	5

图2-49　媒体中标信息

8．采购中标信息

店长 / 运营主管可以通过选择城市、商品、供货公司、时间，查询具体的采购中标信息，查看本组（店铺）采购中标信息，显示本店铺中标商品的名称、所在城市、数量、价格、总金额、付款账期、到达期限和入库信息，相关示例如图 2-50 所示。

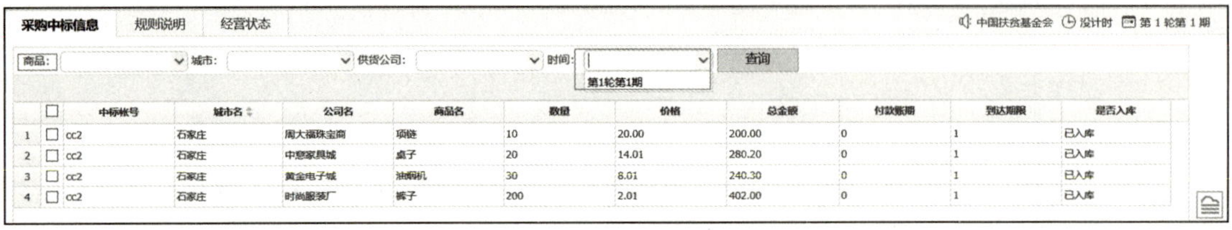

	中标帐号	城市名	公司名	商品名	数量	价格	总金额	付款账期	到达期限	是否入库
1	cc2	石家庄	周大福珠宝商	项链	10	20.00	200.00	0	1	已入库
2	cc2	石家庄	中意家具城	桌子	20	14.01	280.20	0	1	已入库
3	cc2	石家庄	黄金电子城	油烟机	30	8.01	240.30	0	1	已入库
4	cc2	石家庄	时尚服装厂	裤子	200	2.01	402.00	0	1	已入库

图2-50　采购中标信息

9．历轮订单信息

店长 / 运营主管可以看到本店铺历轮订单信息，包括订单号、订单类型、到达城市、客户名称、到货期限、销售额、优惠金额、要求物流、运费、消费人群、状态、到货进度及受订时间，如图 2-51 所示。

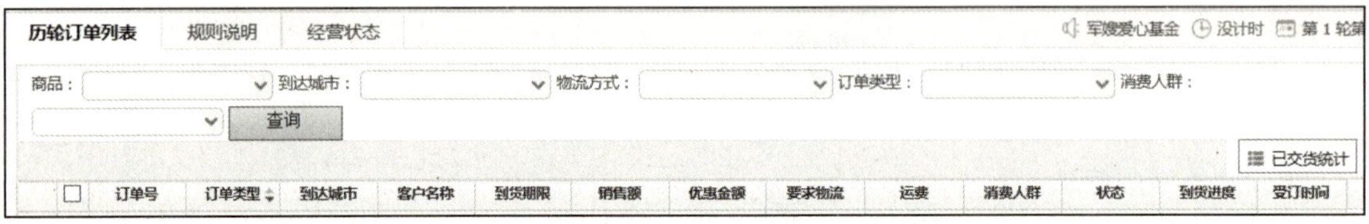

订单号	订单类型	到达城市	客户名称	到货期限	销售额	优惠金额	要求物流	运费	消费人群	状态	到货进度	受订时间

图2-51　历轮订单列表

店长 / 运营主管可以根据运营时间节点查看本店铺已交货订单汇总信息，如图 2-52 所示。

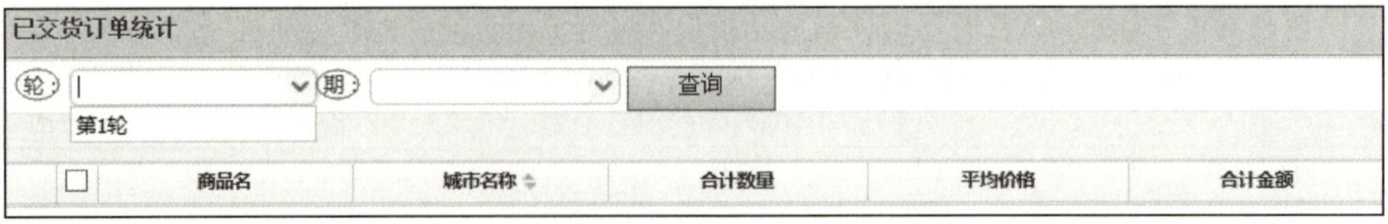

商品名	城市名称	合计数量	平均价格	合计金额

图2-52　已交货订单统计

10．我的订单信息

店长 / 运营主管可以看到本店铺本期订单信息，包括订单号、订单类型、到达城市、客户名称、到货期限、销售额、优惠金额、要求物流、运费、消费人群、状态、到货进度及受订时间，如图 2-53 所示。

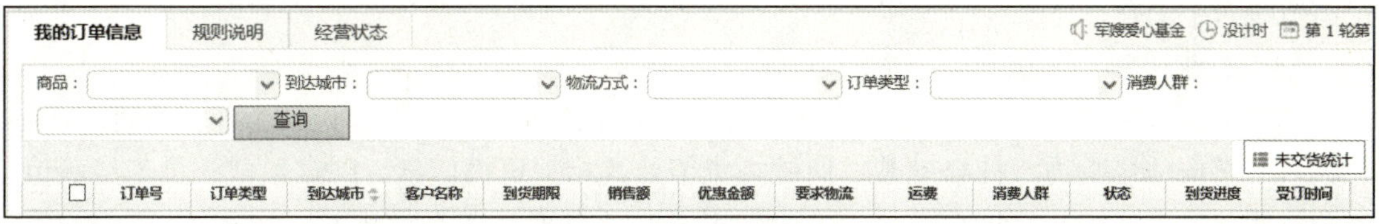

图2-53　我的订单信息

店长 / 运营主管可以根据运营时间节点查看本店铺未交货订单状态展示及未交货统计信息，如图 2-54 所示。

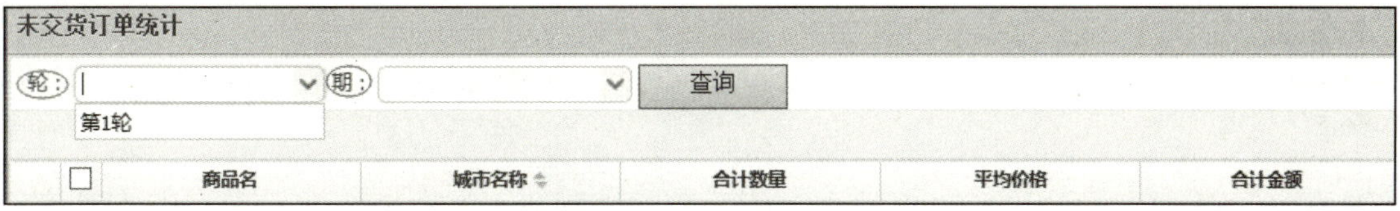

图2-54　未交货订单统计

11．追加股东投资

在正式比赛中是不允许此项操作的。但在平时上课或训练中，教师可以在教师端允许此项操作，学生可以在此填写需要追加的额度，完成对本店铺追加股东投资操作，如图 2-55 所示。

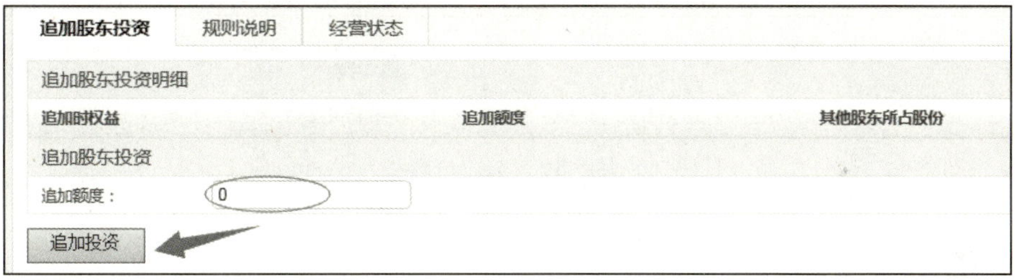

图2-55　追加股东投资

12．物流信息查询

店长 / 运营主管可以查看该种物流的路线信息（可以根据商品、发货城市、目的城市和物流方式进行查询，相关示例如图 2-56 所示）及折扣信息（见表 2-9）。

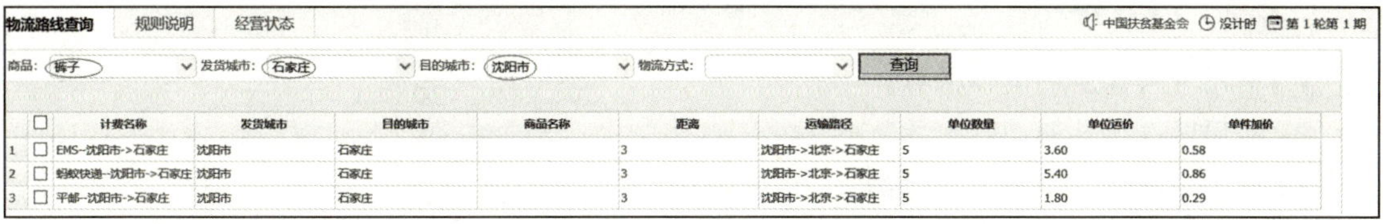

图2-56　物流线路信息

（1）物流线路查询。店长 / 运营主管可以查询城市间物流路线、价格、距离等信息，如图 2-57 所示。

（2）物流折扣管理。店长 / 运营主管可以查看各物流折扣信息，包括最少交易次数、最少成交金额及享受折扣额度，详见表 2-9。

13. 排行榜

店长 / 运营主管 / 财务主管 / 推广专员可以查看各店铺净利润、资产总计、慈善排行榜，了解竞争对手信息。

14. 企业信息

店长 / 运营主管 / 财务主管 / 推广专员可以查看本店铺企业信息，包括企业信誉度、店铺总人气、总媒体影响力、社会慈善、店铺视觉值及其相关班级信息，B2C 模式、员工经验值、办公场所驻地影响和员工业务能力；商品城市均价，不同商品在不同城市及运输方式下的均价；城市影响力信息，如图 2-57 所示。

企业信息　规则说明　经营状态　　系统公告:无

企业基本信息

企业信誉度	0	班级总信誉度	0
店铺总人气	0	班级店铺总人气	0
总媒体影响力	0	班级总媒体影响力	0
社会慈善	0	班级社会慈善	0
店铺视觉值	0	班级店铺视觉值	0
B2C模式	0	办公场所驻地影响	0
员工经验值	0	员工业务能力	0

商品城市均价

商品名称	城市	快递运输方式均价	EMS运输方式均价	平邮运输方式均价

城市影响力

城市	城市影响力

商品评价

商品名称	商品评价

图2-57　企业信息

任务四　店铺数据分析

学习目标：

1. 熟悉分析工具的具体操作。
2. 理解各项工具的功能。
3. 学会利用分析工具分析数据。

一、市场预测图

在电子商务企业模拟经营过程中，市场预测是各电商企业能够得到的关于商品市场需求预测的唯一可以参考的有价值的信息，对市场预测的分析与企业的营销方案策划息息相关。在市场预测中为卖家提供了不同类目商品的市场预测资料，包括各市场总需求量、价格情况和总价值需求。

卖家可以在经营分析模块下的市场预测图中选择需要查询的商品，从而得到相关数据。以桌子为例，如图 2-58、图 2-59、图 2-60 所示。

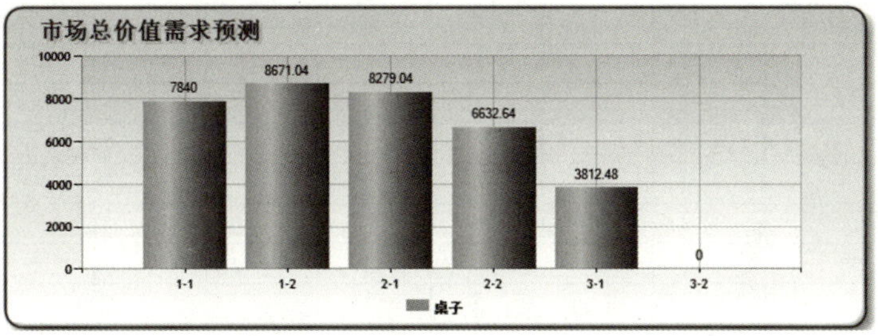

图2-58　办公家具市场总价值需求预测

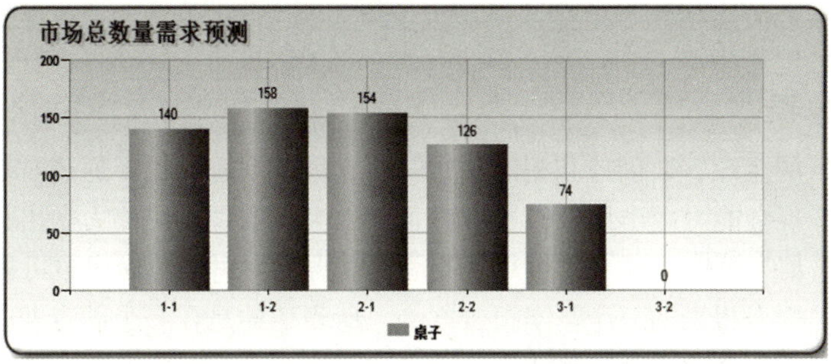

图2-59　办公家具市场总数量需求预测

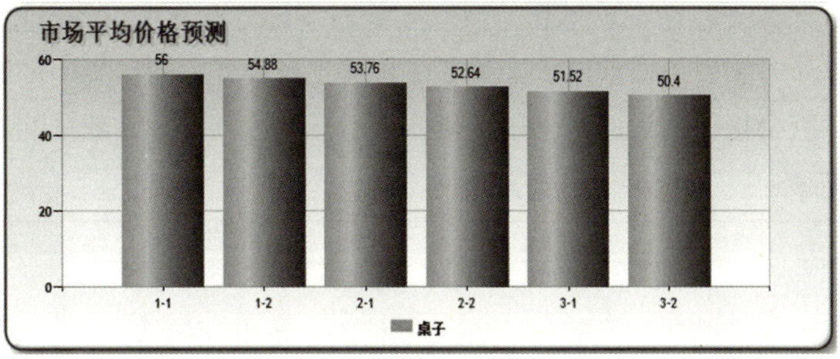

图2-60　办公家具市场平均价格预测

图 2-58、图 2-59、图 2-60 是第 1 ~ 3 轮桌子市场预测资料，图中的横坐标代表期，纵坐标上标注的数字分别代表商品总价值、总数量和平均价格，柱形的高度分别代表该商品某期的市场预测需求总价值、总量和平均价格。在市场预测图中，除了直观的图形可以帮助卖家获得需要的数据外，还清晰地表达了商品的生命周期和趋势。以桌子为例，随着时间的推移该商品在市场总数量和平均价格上的总体趋势都是逐期递减的，直到第三轮第二期退出市场。

【练一练】

根据桌子的生命周期示例（见表 2-21），描绘第 1 ~ 5 轮经营期商品的生命周期表（每种商品用不同颜色表示）。

表2-21　生命周期表

商品生命周期	1-1	1-2	2-1	2-2	3-1	3-2	4-1	4-2	5-1	5-2
桌子										
油烟机										
裤子										
项链										
床										
平板电视										
西装										
手链										
柜子										
热水器										
连衣裙										
戒指										
空调										

二、现金流量表

一个正常经营的企业，在创造利润的同时，还应创造现金收益，通过对现金流入来源的分析，就可以对创造现金能力做出评价，并可对企业未来获取现金的能力做出预测。现金流量表所揭示的现金流量信息可以从现金角度对企业偿债能力和支付能力做出更可靠、更稳健的评价。

现金流量表是财务报表的三个基本报告之一，所表达的是在一个固定期间内（可以查询每轮的现金动态）网店现金的增减变动情形。通过现金流量表，可以概括反映经营活动和筹资活动对网店现金流入流出的影响，可以准确把握网店资金的流向，为下一步的经营策略提供依据。

学生端网店的现金流量表经营分析工具，主要包含现金流量统计和现金流量明细两部分。其中现金流量统计主要是对经营期网店的现金流进行汇总统计，双击表中的某个财务科目，在现金流量明细表中就会根据使用的时间进行具体展示。以某网赛第一轮采购商品这个财务科目为例，如图 2-61 所示。

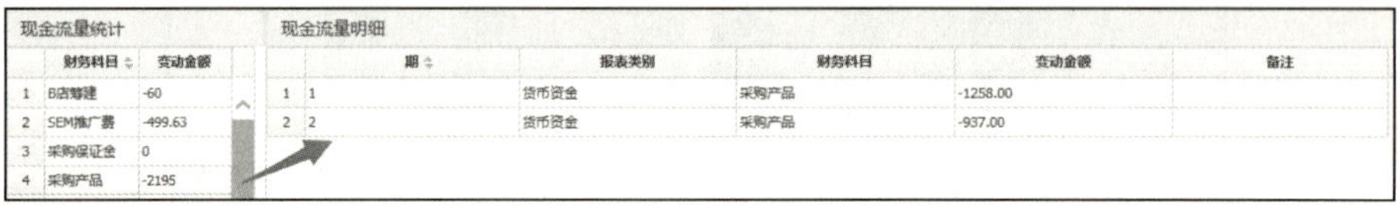

图2-61　现金流量表

三、财务报表

企业的财务状况由企业对外提供的主要财务报告——利润表和资产负债表来表述。通过分析财务报表来诊断企业的财务状况和经营成果，从而进行公司的下一步经营决策。具体见表 1-3（利润表）和表 1-4（资产负债表）。

四、市场占有率

通常，企业的销售绩效并未反映出相对于其竞争企业的经营状况如何。如果企业销售额增加了，可能是由于企业所处的整个经济环境的发展，或者可能是因为其市场营销工作较之其竞争者有相对改善。市场占有率正是剔除了一般的环境影响来考察企业本身的经营工作状况。如果企业的市场占有率升高，表明它较其竞争者的情况更好；如果下降，则说明相对于竞争者其绩效较差。

市场占有率是指在一定的时期内，企业所经营的商品在其市场的销售量或销售额占同类商品销售量或销售额的比重。在电子商务沙盘中，卖家可以按照经营时间（期或轮）查询所经营的商品（单品或所有）在各类人群的市场占有率，如图 2-62 所示。

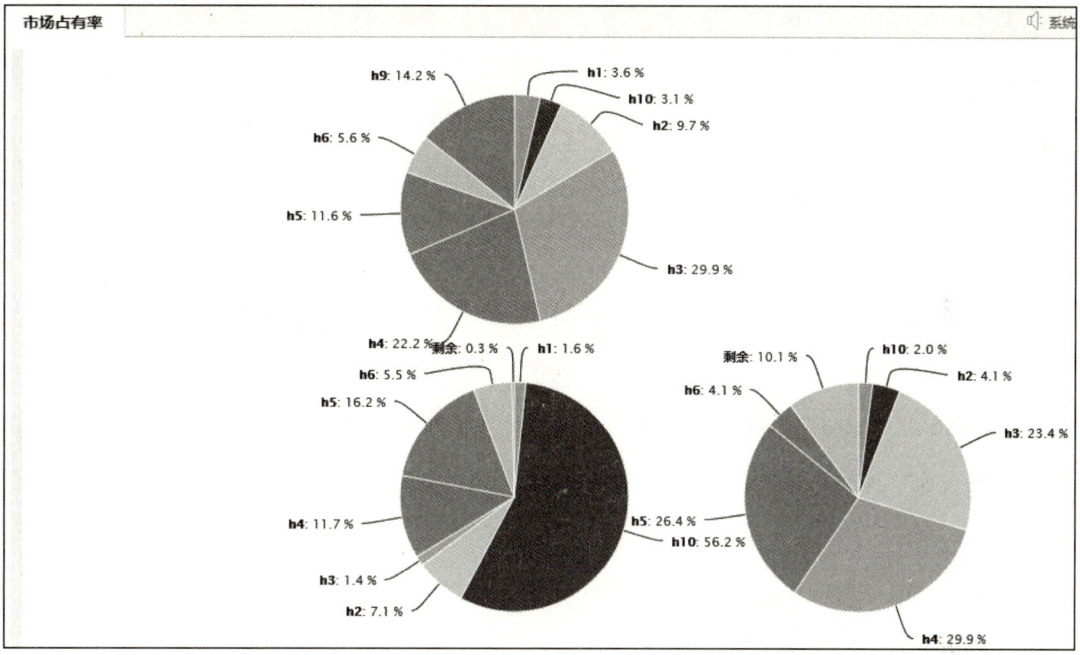

图2-62　市场占有率示意图

了解企业市场占有率之后，尚需正确解释市场占有率变动的原因。在电子商务沙盘中，市场占有率指标按销售数量统计，反映了企业在市场中销售商品的能力。其分析可以在两个方向上展开，一是横向分析，二是纵向分析。横向分析是对同一期间各企业市场占有率的数据进行对比，用于确定某企业在本期（轮）的市场地位。纵向分析是对同一企业不同时期（轮）市场占有率的数据进行对比，由此可以看到企业历年来市场占有率的变化，这也从一个侧面反映了企业成长的历程。

五、订单分析

1. 订单汇总统计

卖家可以在经营分析模块下的“订单汇总统计”工具中查询本店铺的订单信息。学生端可以查询每轮销售商品的销售额统计分析图，教师端可以通过订单信息统计查询每家店铺每轮的销售商品的销售量统计分析图。

2. 已交货订单统计

卖家可以在经营分析模块下的“已交货订单统计”工具中查询本店铺的已交货订单信息，

如图 2-63 所示。

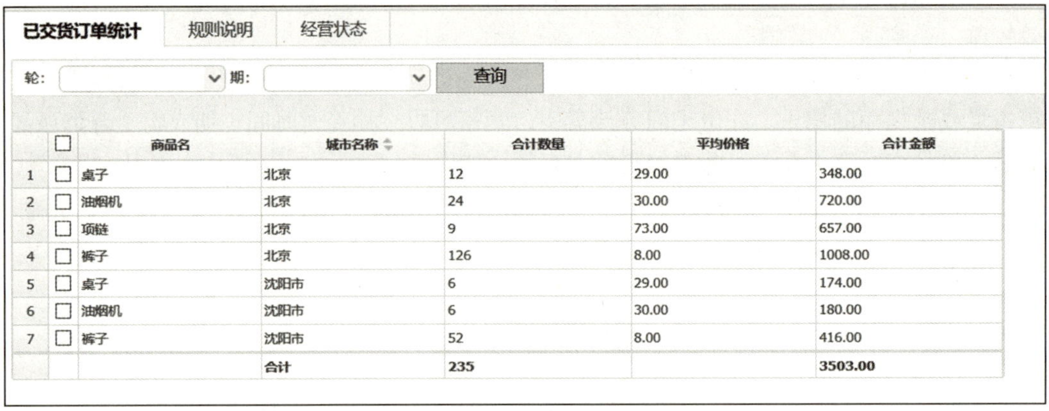

		商品名	城市名称	合计数量	平均价格	合计金额
1	□	桌子	北京	12	29.00	348.00
2	□	油烟机	北京	24	30.00	720.00
3	□	项链	北京	9	73.00	657.00
4	□	裤子	北京	126	8.00	1008.00
5	□	桌子	沈阳市	6	29.00	174.00
6	□	油烟机	沈阳市	6	30.00	180.00
7	□	裤子	沈阳市	52	8.00	416.00
			合计	235		3503.00

图2-63　已交货订单统计示意图

3. 未交货订单统计

卖家可以在经营分析模块下的“未交货订单统计”工具中查询本店铺的未交货订单信息，如图 2-64 所示。

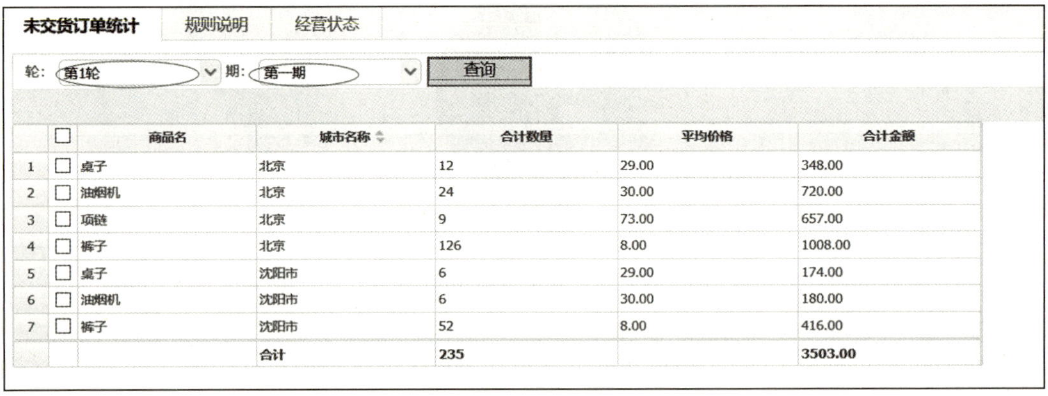

		商品名	城市名称	合计数量	平均价格	合计金额
1	□	桌子	北京	12	29.00	348.00
2	□	油烟机	北京	24	30.00	720.00
3	□	项链	北京	9	73.00	657.00
4	□	裤子	北京	126	8.00	1008.00
5	□	桌子	沈阳市	6	29.00	174.00
6	□	油烟机	沈阳市	6	30.00	180.00
7	□	裤子	沈阳市	52	8.00	416.00
			合计	235		3503.00

图2-64　未交货订单统计示意图

六、进店关键词分析

电子商务沙盘模拟经营的关键是 SEO、SEM 的引流与转化，其实做的就是一个数据，所以归根结底，就是怎么把关键词做起来。卖家可以在经营分析模块下的“进店关键词分析”工具中查询本店铺的进店关键词及关键词的点击量、转化量和成交转化率等信息。

七、驾驶舱

驾驶舱是指企业做决策时，所需要的数据及预警的措施，就像汽车 / 飞机的仪表盘，随时显示关键业务的数据指标及执行情况。在电子商务沙盘中，驾驶舱主要包含当前现金、负债率、各轮销售额趋势、人均利润率趋势和累计营业收入成本分析，通过详尽的指标体系，实时反映企业的运行状态，将采集的数据形象化、直观化、具体化。如图 2-65 ~ 图 2-69 所示是某网赛某小组第二轮第二期末的驾驶舱数据图。

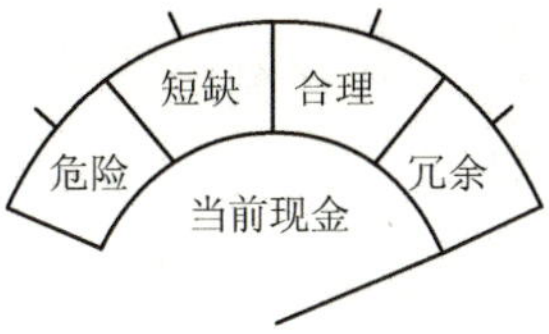

扫一扫，查看原图

图2-65　当前现金驾驶舱示意图

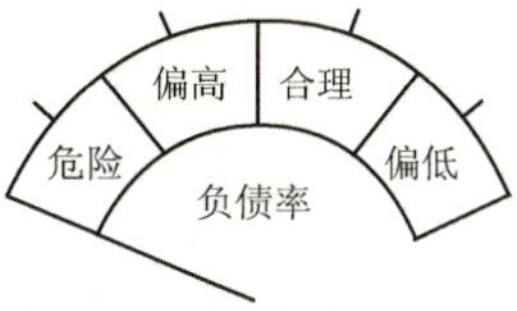

扫一扫，查看原图

图2-66　当前负债率驾驶舱示意图

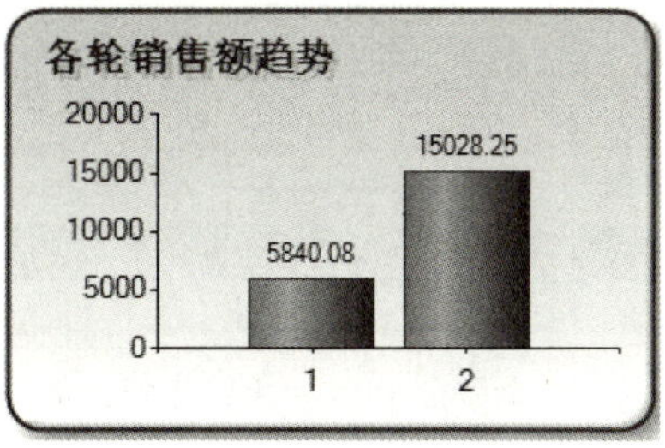

图2-67　各轮销售额趋势示意图

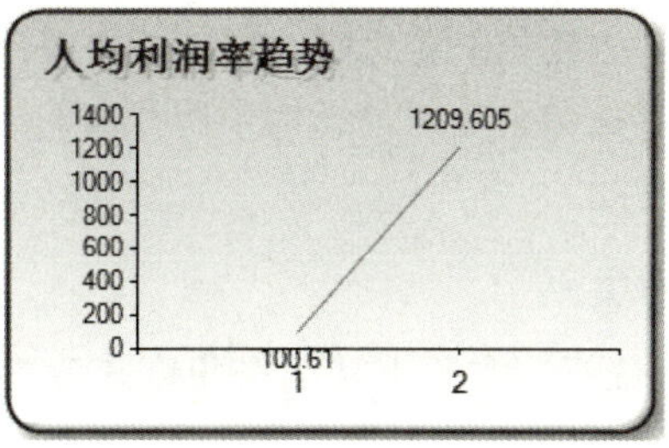

图2-68　人均利润率趋势示意图

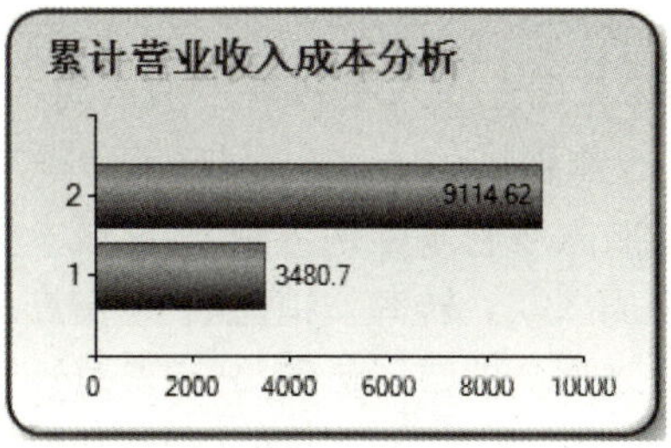

图2-69　累计营业收入成本分析示意图

八、杜邦分析

杜邦财务分析体系最初是由美国杜邦公司的经理创造的，故称为杜邦系统（The Du Pont system）。杜邦分析体系是利用各个主要财务比率之间的内在联系，综合地分析和评价企业财务状况和盈利能力的方法，它是以所有者权益报酬率为龙头，以总资产报酬率为核心的完整的财务指标分析体系。电子商务沙盘杜邦分析体系示例如图 2-70 所示。

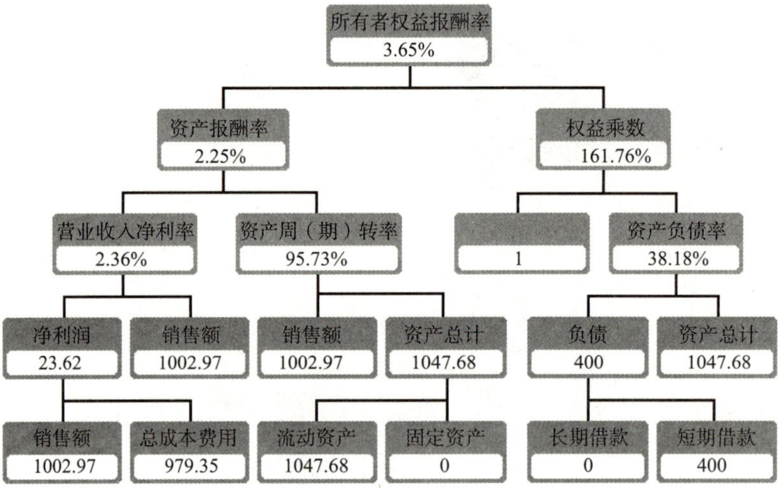

图2-70　电子商务沙盘杜邦分析体系示例

不同的财务比率之间存在各种各样的相互关联，揭示和发现这种关系，有利于人们更深入地分析不同企业间的财务比率为什么会有差异，造成企业某些财务比率不佳的直接原因是什么。杜邦财务分析体系就是通过几种主要的财务比率之间的相互关系，全面、系统、直观地反映出企业的财务状况和经营业绩，并揭示企业财务结构中所存在的问题和隐患，为内部管理者和外部投资者分析财务报表节省了时间。

（一）各财务指标之间的关系

由图 2-70 可以看出，杜邦分析法实际上从两个角度来分析财务：一是进行内部管理因素分析；二是进行资本结构和风险分析。

所有者权益报酬率 = 资产报酬率 × 权益乘数

其中：

资产报酬率 = 营业收入净利率 × 资产周（期）转率

权益乘数 =1 ÷（1 - 资产负债率）

营业收入净利率 = 销售额 ÷ 总成本费用

资产周（期）转率 = 销售额 ÷ 资产总计

资产负债率 = 负债 ÷ 资产总计

负债 = 长期借款 + 短期借款（短贷和民间融资）

所以：

所有者权益报酬率 = 营业收入净利率 × 资产周（期）转率 × 权益乘数

（二）杜邦分析图提供了下列主要财务指标关系的信息

1. 所有者权益报酬率分析

所有者权益报酬率是一个综合性最强的财务比率，是杜邦分析体系的核心，是反映企业为其所有者创造利润能力大小的重要指标，是企业投资、筹资等各种经营活动效率的综合体现。所有者权益报酬率由资产报酬率和权益乘数的乘积决定，提高二者的数值都可以提高所有者权益报酬率。但是，提高资产报酬率与提高权益乘数的意义却截然不同。资产报酬率反映的是企业利用现有资产创造利润的能力，它的提高是企业经营效率和资金利用效率的提高，表明投资者的投入在企业中得到了更加有效的利用，是企业管理人员对股东的真正贡献。而权益乘数的提高虽然也可以提高所有者权益报酬率，但这却是以提高股东的财务风险为代价的，因此它对提高股东权益价值的贡献不大，甚至可能起到相反的作用。

2．权益乘数分析

权益乘数表示企业的负债程度。权益乘数越大，企业的负债程度越高。权益乘数既能给企业带来较大的杠杆利益，同时也给企业带来较大的风险。当市场上的资金成本率低于企业的投资收益率时，企业应加大负债经营的比重，使企业获得较高的财务杠杆收益。但企业也因此承担了较高的财务风险，因为如果市场条件一旦恶化，即当市场上的资金成本率高于企业的投资收益率时，企业将会负担较重的利息和面临不能按期还债的危机。所以，权益乘数对企业来说是把双刃剑。

3．资产报酬率分析

资产报酬率是反映企业经营效率和盈利能力的最重要指标，它体现了企业全部资产的盈利能力和创新能力。资产报酬率由营业收入净利润率和总资产周转率的乘积决定，它的大小取决于营业收入净利润率和资产周（期）转率。因此，提高资产报酬率可以从提高营业收入净利润率和提高资产周（期）转率两方面入手。提高营业收入净利润率又可从两方面入手：一是提高销售额，二是降低销售成本和各种费用支出。提高资产周（期）转率实际上是要在资产总额不变的情况下，提高营业收入，这同样需要从两方面入手：一是降低单位商品成本，从而在资产周转期不变的情况下减少单位商品占用的资产，使同样的资产可以产生更多的营业收入；二是提高各类资产的周转率，缩短商品占用资产的时间，创造更多的营业收入。

4．营业收入净利润率分析

营业收入净利润率反映了企业净利润与营业收入之间的关系。一般来说，营业收入增加，企业的净利润也会随之增加，但要想提高销售净利润率，必须一方面提高营业收入，另一方面降低各种成本费用，这样才能使净利润的增长高于营业收入的增长，从而使销售净利润率得到提高。由此可见，提高营业收入净利润率必须在以下两个方面下功夫。

（1）开拓销售渠道，增加营业收入。在市场经济中，企业必须深入调查研究市场情况，了解市场的供需关系。在战略上，从长远的利益出发，尽力上架新商品；在策略上，保证商品的销售渠道，开拓 B 店，努力提高市场占有率。

（2）加强成本费用控制，降低耗费，增加利润。利用杜邦系统，可以分析企业的成本费用是否合理，以便发现企业在成本费用方面存在的问题，为加强成本费用管理提供依据。企业要想在激烈的市场竞争中立于不败之地，不仅要在营销与商品销售类目上下功夫，还要尽可能降低商品的成本，这样才能增强商品在市场上的竞争力。同时，要严格控制企业的管理费用、财务费用等各种期间费用，降低耗费，增加利润。如果企业所承担的利息费用过高，就应该进一步分析企业的资金结构是否合理，负债比率是否过高，因为不合理的资金结构也会影响企业所有者权益。

5. 资产状况分析

一是分析企业的资产结构是否合理，如流动资产与固定资产的比例是否合理，它不仅关系到企业的偿债能力，还会影响企业的获利能力。一般来说，流动资产直接体现了企业的偿债能力和变现能力，而长期资产则体现了企业的经营规模、盈利潜力等。合理的资产结构表现为企业对流动性与盈利性的兼顾，不偏颇。企业资产一般要求保持一定的流动性，如果流动资产比例过高，表明企业的资产没有被有效地使用，这种流动性的维持可能是以企业盈利能力的下降为代价而实现的。企业要及时发现流动资产中闲置资产的具体种类，到底是现金持有量过大出现现金闲置的现象，还是流动资产中存货和应收账款过多影响了企业的资金周转。另外，还应该分析企业固定资产中经营性固定资产与非经营性固定资产的比例。顾名思义，非经营性固定资产是指没有投入生产经营的固定资产，必然不会给企业带来收益。如果在总资产中非经营性固定资产的比例过高，将会影响企业的盈利能力。所以，在总资产不变的情况下，要尽可能减少非经营性固定资产的比例和数额。

二是结合营业收入，分析企业的资产周转情况。资产周转速度直接影响企业的盈利能力，如果企业资产周转较慢，就会占用大量资金，减少企业的利润。资产周转情况的分析，不仅要分析企业总资产周转率，更要分析企业的存货周转率和应收账款周转率等有关各资产组成部分的使用效率，判断影响资产周转的主要问题出在哪里。

【思考与探究】

模块内容： 学号： 姓名： 班级： 年 月 日
1. 通过本模块学习你掌握了哪些规则？
2. 你在经营过程中企业有无资金缺口？如有，如何解决？
3. 谈谈你对融资手段的认知？特别在经营开始阶段，如何分配民间融资和短期贷款额度？
4. 有什么办法可以吸引客户流量，获得订单？
5. 关键词优化和 SEM 推广有哪些操作技巧和注意事项？
6. 有哪些辅助分析工具可以帮助经营者了解竞争对手，把握店铺运营现状？
7. 你需要进一步了解或得到解答的问题是：
8. 为了更好地教与学，你有何建议？

模块三　制定经营战略

企业为什么需要战略？
根本原因是资源有限。
战略没有好坏，只有适合与不适合，
适合自己的战略就是好战略。
比起能力者，我更欣赏策略家！

任务一　经营环境分析

学习目标：

1. 理解企业经营的本质，掌握网店生存、发展和盈利法则。
2. 掌握 13 种商品的生命周期。
3. 正确把握市场走势，制作市场分析报告。

在理解了经营规则，明确了经营目标之后，企业还需要认识自身所处的经营环境，并正确评估企业在群体博弈中所处的地位，唯有如此，企业才能够制定并运用恰当的竞争策略来实现其经营目标。

一、经营环境分析的重要性

1．了解市场整体经济环境，用于指导策略制定

在电子商务沙盘中，经营者通过分析数据魔方，掌握每个时期的市场需求，从而衡量市场整体环境的好坏。同时，数据魔方给出每一种商品不同人群的市场需求及市场期望价格，有利于经营者制定总体经营战略及各部门的经营策略。

2．分析市场竞争的激烈程度，有利于风险预控

在经营过程中，经营者通过查看企业信息、排行榜、ITMC 商城及市场占有率等信息来知晓各企业商品销售的价格策略、促销政策等，从而判断竞争对手的经营意图、经营风格及人群竞争的激烈程度，据此分析市场竞争状况，为企业调整经营策略提供依据。

3. 分析环境有利于发现并把握市场机会

在经营过程中，经营者要善于发现并抓住市场机会。例如，经营者需要随时关注竞争对手价格策略，根据历史销售数据对本企业的销售策略进行适当调整，增加交易机会。

二、经营环境分析的内容

经营初期，各经营团队的经营策略可以说既是明确的，又是待定的。之所以说经营者策略是明确的，是因为各经营团队在开展经营活动之前，经营者一般会大致制定几套基本的经营方案及经营的基本思路，以避免经营过程中乱了阵脚。之所以说经营策略是待定的，是由于经营尚未开始，经营者对市场信息及竞争对手的信息尚未可知，对经营环境缺乏了解，因此具体的经营策略很难提前确定；并且在经营过程中，竞争环境不断变化，也需要经营者根据环境的变化适时、适当地调整企业经营策略。

在电子商务沙盘的经营过程中，按照经营过程的推进，经营团队可从以下 3 个面分析经营环境。

1. 经营初期环境分析

（1）竞争对手实力预估。合理预估竞争对手的实力，一方面有利于经营者调整好自身的经营心态，做到经营过程中遇事不慌乱；另一方面有利于经营者对前期经营策略的合理决策。例如，若预估竞争对手实力不强，则企业在扩张速度上可以更积极，而如果预估竞争对手实力相当竞争激烈，则企业在扩张速度上应该偏向保守。要注意的是即便竞争对手实力不强，为降低不可预见的风险，企业在初期也应选择保守经营。

（2）分析各人群市场的需求量及价格水平。对各类消费群体需求量的分析有助于经营者选择目标市场，制定合适的营销策略。

2. 经营过程中的环境分析

这一阶段的环境分析将贯穿于企业的整个经营期，包括从第一轮经营开始至第五轮经营结束，尤其是第一轮和第二轮的经营期，各种经营策略变化较多，市场竞争环境不确定性较大，因此更需要经营者关注竞争对手的经营策略，以便寻求企业发展机会。

（1）关注各组的经营状态。具体来看，经营者要关注竞争对手的价格策略、慈善策略、人群策略等。一是了解各组的价格策略，经营者可在“辅助工具”中的“ITMC 商城”查看各组的定价、促销情况，从而可以推断各组的价格策略及销售意图，特别是媒体招标开始时，相关数据可以看得最清晰和最真实；二是关注各小组的慈善策略，特别是第一轮第一期，经营者可在“辅助工具”中的“排行榜”和“企业信息”查看各小组的慈善情况，了解各小组的慈善投标金额，从而判断哪些小组是主打综合人群；三是关注各组的人群策略，经营者通过慈善信息及“经营分析”中的“市场占有率”确定各小组的主打销售人群和经营策略。

（2）寻求各商品消费人群的市场机会。各商品在零售市场上均有 4 类消费群体，企业经营过程中应适当关注各类消费群体的市场机会。通常在经营的第一轮、第二轮，由于需要关注的市场信息量并不大，各企业都会有比较充裕的时间关注各类消费群体的交易情况，并与对手展开博弈竞争。但在经营中后期，随着部分小组的破产退出，市场信息量加大，在有限的经营时间里，有些企业往往会忽略或无暇顾及对交易细节的分析，因此经营者应该在经营过程中有针对性地关注一些交易细分，寻求交易机会。

3. 每轮经营结束后的环境分析

每轮经营结束后，各企业应将重点放在对各组财务报表、市场占有率的分析研究上。经营者通过对财务报表数据的分析，并对各组经营绩效、发展潜力、竞争态势等进行预测，为下一轮经营策略的制定提供参考。

（1）各组财务报表分析。从财务报表中可以分析各组的经营状态，如可以获得各组的盈亏情况、商品库存情况、现金、贷款情况及权益等，掌握这些信息有利于了解各组的竞争地位及发展潜力。

（2）竞争态势分析。由于市场容量有限，一般来说，如果破产的企业越多，则后续的竞争程度越不激烈，影响竞争程度的因素还包括各企业的市场占有率、商品库存、综合指数、SEO 和 SEM 的转化率等。因此，每轮结束后，经营者需要分析竞争局面，了解剩余企业的数量、现有企业的所有者权益高低、商品库存、市场占有率、资金状况等因素，为下一轮的竞争态势进行预测。

（3）综合指数分析。企业经营者需要时时关注各企业的综合指数，原因在于：一方面，企业综合指数高低直接影响综合人群的交易；另一方面，企业综合指数的高低也会影响其他人群的成交，特别是前两轮。

需要注意，企业综合指数的计算公式为：

综合评价指数 =（卖家企业信誉度 / 整个市场总企业信誉度）×140+（卖家店铺总人气 / 整个市场店铺总人气）×60+（卖家企业总的媒体影响力 / 整个市场总媒体影响力）×100+（卖家社会慈善 / 整个市场社会总慈善）×100+（卖家店铺视觉值 / 整个市场店铺总视觉值）×100+ 卖家 B 店开设情况（完成为 20，未完成为 0）+ 卖家办公场所所在城市影响力 + 卖家员工经验值 + 卖家员工业务能力

可见，在企业原始积累的前两轮，综合指数主要和卖家企业信誉度、卖家店铺总人气、卖家社会慈善、卖家员工经验值、卖家员工业务能力有密切关系，特别是卖家企业信誉度、卖家店铺总人气和卖家社会慈善对综合指数的影响占主导地位。

（4）发展潜力分析。判定企业的发展潜力，需要综合考虑企业的整体经营状况，其中有三个指标比较重要。一是企业的综合指数，综合指数高有利于企业扩大综合人群的销售比例，获得高额的利润；二是企业所有者权益，所有者权益高说明企业前期经营业绩较好，且企业的融资能力较强；三是企业的商品库存，库存量说明了企业可供销售的商品数量多少，如果商品数量多且企业能够把商品销售出去，则一般具备较强的成长力。

三、商品生命周期

市场是企业运转的核心，对市场精确的、敏感的把握是决定模拟企业经营所用策略的根本，只有明白市场的特点，才能让计划更有针对性，才能在这个基础上去分析对手思路，最后决定虚拟公司用哪一种战略。例如，市场目标人群和商品的选择，销售什么商品，主攻哪一类人群，开局是什么，最终目标是什么等。

因此作为公司的市场总监肩负的责任巨大，市场分析预测的准确性关系到企业日后的经营效益，若一个决策失误轻则将带给企业一定的损失，重则有可能导致企业破产。下面以 10 组市场分析不同商品不同人群的需求量变化和价格走势。

在电子商务企业模拟经营过程中，各虚拟电子商务公司需要在规定的时间内经营 5 轮（10 期）。随着时间的推移，经营过程一共出现 13 种商品，商品进入市场后，它的销售量和利润都会随时间的推移而改变，呈现一个由少到多再到少的过程，就如同人的生命一样，由诞生、成长到成熟，最终走向衰亡，这就是商品的生命周期现象。

商品生命周期（Product Life Cycle，PLC）是指商品从进入市场开始，直到最终退出市场为止所经历的市场生命循环过程，也就是商品的市场寿命，如表 3-1 所示。商品退出市场，则标志着生命周期的结束。

表3-1　电子商务企业经营沙盘商品生命周期

商品生命周期	1-1	1-2	2-1	2-2	3-1	3-2	4-1	4-2	5-1	5-2
桌子	■	■	■	■	■					
油烟机	■	■	■	■	■					
裤子	■	■	■	■	■	■	■			
项链	■	■	■	■	■	■	■	■	■	
床		■	■	■	■	■	■	■	■	
平板电视			■	■	■	■	■	■	■	
西装				■	■	■	■	■	■	■
手链					■	■	■	■	■	■
柜子						■	■	■	■	■
热水器							■	■	■	■
连衣裙								■	■	■
戒指									■	■
空调										■

四、商品需求预测分析

1. 市场预测

众所周知，知己知彼方能百战不殆，市场预测是企业市场营销活动中不可缺少的环节，其预测结果的准确性将对企业经营决策的成败起到至关重要的作用。因此经营一家电子商务企业需要熟悉自身的业务能力，了解竞争对手，了解市场信息，特别是实训对抗之前，对系统公布的市场预测图要细心研究，测算未来一定时期内市场供求趋势，从而为企业的营销决策提供科学的依据。根据系统给出的各商品数据预测图，制作经营周期内 13 种商品的价格预测表和数量预测表，了解各商品的大致走势，如表 3-2、表 3-3 和图 3-1 所示。

表3-2　13种商品价格预测

时期 商品	1-1	1-2	2-1	2-2	3-1	3-2	4-1	4-2	5-1	5-2
桌子	56	54.88	53.76	52.64	51.52					
油烟机	32	29.44	27.2	24.96	23.04					
裤子	8	7.68	7.36	7.04	6.8	6.56	6.24			

续表

商品 \ 时期	1-1	1-2	2-1	2-2	3-1	3-2	4-1	4-2	5-1	5-2
项链	80	97.2	78.4	77.6	76.8	76	75.2	74.4	73.6	
床		40	36.8	34	31.2	28.8	26.4	24.4	22.4	
平板电视			24	21.6	19.44	17.52	15.84	14.14	12.72	
西装				16	36	72	14.08	13.6	13.12	12.48
手链					72	68.4	64.8	61.92	58.32	55.44
柜子						60	55.2	51	46.8	43.2
热水器							20	18	16.2	14.6
连衣裙								12	11.52	11.04
戒指									52	49.4
空调										36

表3-3　13种商品需求数量预测

商品 \ 时期	1-1	1-2	2-1	2-2	3-1	3-2	4-1	4-2	5-1	5-2
桌子	140	158	154	126	74					
油烟机	250	272	258	208	122					
裤子	1400	1406	1343	1211	1011	743	406			
项链	100	134	157	169	169	158	136	102	57	
床		130	163	182	187	178	154	117	66	
平板电视			210	240	250	240	210	160	90	
西装				670	695	688	651	583	483	353
手链					70	106	133	152	163	165
柜子						80	108	132	153	169
热水器							320	267	297	322
连衣裙								750	785	808
戒指									90	107
空调										80

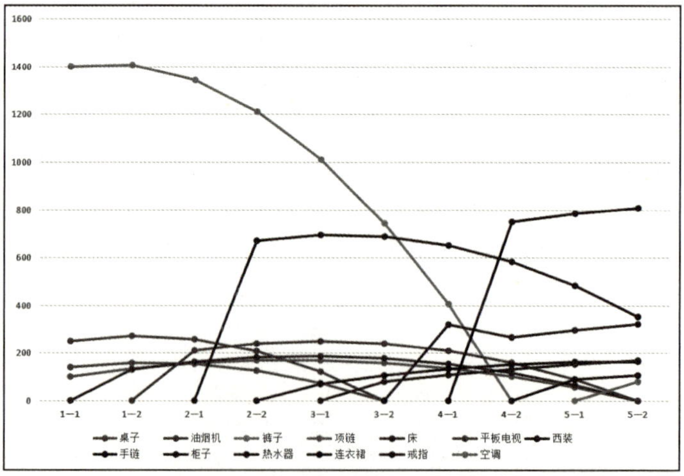

扫一扫，查看原图

图3-1　13种商品需求数量走势

从图 3-1 可以看出，市场上的商品在不断地进行更新换代，新的商品总会取代旧的商品，而每种商品在它的流行期间都会经历一个凸形的需求模型，从出现到黄金时期，再到被其他商品取代。

2. 数据魔方

通过其“数据魔方”平台，卖家可以直接获取行业不同类目商品的市场需求信息及基于大数据的关键词的相关数据信息。卖家可以通过数据魔方进行市场分析定位，并分析每个关键词的相关数据来优化商品标题，提升搜索排名，进而制定自己的经营策略。

经营开始时，数据魔方给出裤子、项链、桌子和油烟机的需求城市、市场平均价格、各类人群的具体需求数量（品牌人群、综合人群、低价人群和犹豫不定人群）。需要注意的是，市场预测图提供的只是该商品在本次经营活动过程中的大致走势，与实际需求数量还是有一定差距的，实际经营时各卖家应该以数据魔方提供的数值为准。例如，某次经营第一轮第一期时，项链的需求数量市场预测图给出的数据是 110，数据魔方提供的各类人群的数量总和是 110，卖家应该以数据魔方的数据作为参考依据，如图 3-2 所示。

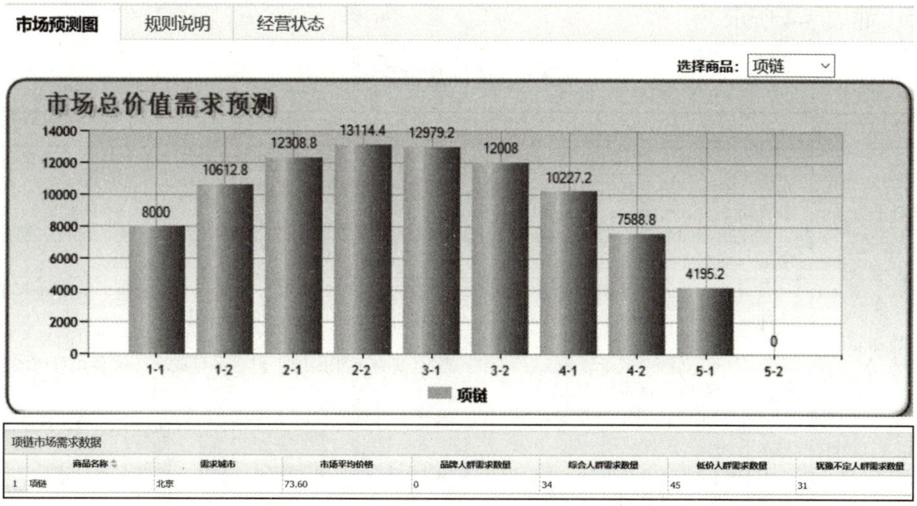

图3-2　市场预测和数据魔方数值比较

任务二　店铺定位

学习目标：

1. 了解市场定位的方式与原则。
2. 掌握 13 种商品的特征，利用“波士顿矩阵”对店铺进行商品定位。
3. 掌握 4 类人群的规律，选定网店目标人群。

根据现代营销理论，市场定位涉及三个层次的定位：商品定位、人群定位和公司定位。但是，对一位刚刚涉足网上交易的卖家来说，开始商品定位和人群定位为时尚早，需要急迫解决的是网店定位问题。对网店进行市场定位的过程就是寻找网店差别化的过程，即寻找差别、识别差别和显示差别的过程。

所谓市场定位，就是根据目标市场上同类商品的竞争状况，针对买家对该类商品某些特征或属性的重视程度，并结合自身的情况，为自己的店铺及所经营的商品塑造有针对性的、强有力的、与众不同的鲜明个性或形象，并将这种个性或形象生动有力地传递给目标顾客，求得顾客认同，从而使得顾客在众多网店中一眼就认出你的店铺。市场定位的实质是使自己的网店与其他网店严格区分开来，并且使顾客能够明显感觉和认识到这种差别，从而在顾客心目中形成特殊的地位。

一、市场定位的方式与原则

（一）市场定位方式

网店市场定位实际上是一种竞争策略，它显示了一种商品或一个网店与同类商品或同类网店之间的竞争关系。对网店的定位方式不同，它的竞争态势也不同。网店市场定位方式主要有以下几种，如表 3-4 所示。

表3-4　市场定位方式

定位方式	具体分析
避开对手	这是一种避开强有力的竞争对手的市场定位。优点是能够迅速在市场上站稳脚跟，并能在目标顾客群心中迅速树立起自己网店的形象。由于这种定位方式市场风险比较小，成功率较高，常常为大多数新手卖家所采用。 在电商沙盘经营过程中，新手往往采取保守的定价策略，控制自己的资金链，比较容易存活，但拿第一基本无望
与对手“对着干”	这是一种与市场上最强的竞争对手“对着干”的定位方式，也叫“迎头对位”。这种方式有时是一种危险战术，很容易导致失败，但一旦成功就会取得巨大的市场优势。 目前在经营开局阶段一般采用高价秒杀和低价策略，不论是高秒还是低价最终目的是人气和综合指数。一般高秒的风险比较大，操作不当2-1就有可能出局，但是一旦成功，就会取得市场和利润的回报，正所谓富贵险中求
二次定位	通常是指对销量不高、市场反应差的商品进行二次定位。这种定位旨在摆脱困境，重新获得增长与活力。 有些经验者为了避免第一轮的激烈竞争，一般在前期采用保守策略，后期发力，这对经营者捕捉市场能力、经营能力的要求较高

（二）市场定位原则

准确的市场定位是要掌握各类人群成交的原则，使自己提供的商品满足特定人群的需求。在进行市场定位时要遵循以下原则，如表 3-5 所示。

表3-5　市场定位原则

原　　则	具体分析
有度量的标准	定位选择的细分标准应该是可以衡量的，很难度量的标准是不可用的。它们有着相同的消费需求和类似的消费行为
一定的市场规模	目标市场必须具备一定的市场规模，有足够的需求量。因为，规模小的目标市场购买力相应也小，所能贡献的利润也少，如果投资过大，投入精力过多，就会得不偿失
市场要求精准的范围	目标市场内的潜在目标顾客必须具备几个基本相同的条件，如人群成交规则，这样才能明确地划分出目标市场的范围
市场应保存长期稳定	定位后的目标市场应该在一定时期内保持相对稳定，这样有利于经营者制定一些中长期营销措施，以保证长期稳定的利润

二、商品分析与定位

（一）商品分析

在对市场进行分析后，虚拟企业同样要对各个类目的商品有精确的、敏感的把握，只有明白每类商品的特点，才能让计划更有针对性，才能在这个基础上去分析对手的思路，最后决定企业用哪一种战略。

1. 商品需求数量特征

在电子商务沙盘虚拟市场对商品数量的需求上，生活必需品永远大于奢侈品的数量，如裤子和项链（见图 3-1）。但生活必需品的流行周期比奢侈品短，也就是说奢侈品的保值力更强（见表 3-1）。

2. 购买力决定商品需求

购买力决定了商品需求。例如，裤子、西装、连衣裙等成本价较低，相对的销售价格就比项链、手链低，所以裤子等商品对消费者的购买力要求就会相对较低，这类商品在流行时需求数量就会相对较大。

3. 商品具有生命周期

所有商品都具有特定的流行趋势，一般来讲都会是一个凸形的模型。消费者总是对新鲜事物感兴趣，在所有商品的需求模型中，最高点会出现在商品出现的第二期，后期市场出现替代品，新的商品也就分流了现有商品对消费者的吸引力，从而导致该商品在之后的需求持续下滑。

（二）商品定位

在实际经营过程中，很多人将经营不善归结为销售订单太少、SEM 推广费用太高、站外媒体费用太高、贷款能力不够等，但这些往往是表面现象。“商品定位”极易被忽视，很多学生在经营时业绩已经不佳，但仍然按照原来的思路操作，该进入的商品市场没有进入，该放弃的商品还在“鸡肋”式地经营，甚至到结束时，仍然没有明白“为什么我没有利润”。

电子商务沙盘的精髓在于深刻体验并理解网店运营中“采、供、销、人、财、物”之间的逻辑关系，从而引申到对计划、决策、战略、流程和团队合作等方面知识的认识。如不能透彻“剖析”各商品的定位，度量每个商品对企业的“贡献”并随时修正经营，无疑将使得企业经营陷入混乱的境地。

采用“波士顿矩阵”分析是一种进行“商品定位”的好方法，如图 3-3 所示。该方法主要考察两个指标：一是相对市场占有率。在电子商务沙盘模拟中，根据笔者的经验，某业务销售额在所有企业中居前 30%，可以认为是“高”市场份额，反之为“低”市场份额；二是市场增长率。市场增长率 =（本轮总销售额 – 上轮总销售额）/ 上轮总销售额 ×100%，若大于 30% 属“高”增长率，否则定义为“低”增长率。根据以上两个指标，将一个平面分成 4 个象限，分别定义为问题——种子业务、明星——增长业务、金牛——成熟业务及瘦狗——萎缩业务。

图3-3　波士顿矩阵

1. 问题——种子业务（问题业务）

该业务指的是高增长、低市场份额，这个领域中是一些投机商品，带有较大的风险。这些商品可能利润很高，但占有市场份额很少。发展问题业务，意味着企业需要投入大量的现金。问题业务非常贴切地描述了对待这类业务的态度，必须慎重回答“是否继续或扩大投资，发展该业务”这个问题。只有符合企业发展长远目标、企业具有的资源优势、能够增强企业核心竞争力的业务才能得到肯定的回答。

2. 明星——增长业务

这个领域中的商品处于快速增长的市场且占有支配地位的市场份额，但是否会产生正向资金流，取决于采购费、推广费用、物流费用等对资金的需求量。明星业务是由问题业务发展起来的，可以视为高速增长市场中的领导者，它将成为企业未来的金牛业务。因为市场还在高速成长，企业必须继续投资，以保持与市场同步增长，并击退竞争对手。企业如果没有明星业务，就失去了希望。

3. 金牛——成熟业务

处在这个领域中的商品会产生大量现金，但未来的增长前景是有限的。它是成熟市场中的领导者，是企业现金的来源。由于市场已经成熟，企业不必大量投资来扩展市场规模；同时作为市场中的领导者，该业务享有规模经济和高边际利润的优势，因而给企业带来大量的现金流。企业往往用金牛业务来支付账款和支付其他业务需要的现金。

4. 瘦狗——萎缩业务

该业务不能产生大量的现金，也不需要投入资金，其未来没有发展的希望。通常这类业务是微利甚至亏损的。但可能由于情感的因素，很多企业经营者不愿放弃，或者因为其他业务没有开发出来，只能依靠现有的瘦狗业务勉强度日。正确的做法是采用收缩战略，及时转移到更有利的领域中。

【议一议】

在电子商务沙盘 5 轮的经营期内，13 种商品归属“波士顿矩阵”中的哪一类？

三、目标人群定位

顾客（买家）是商品的消费者，是店铺创造最大收益的最根本的来源。没有顾客，店铺就不会有销售额，就不会有利润；谁能留住顾客，谁就能得利，谁就能赢得更多的顾客，谁就是市场竞争中的王者。

目标人群是指目标顾客群体，比如你的商品所面对的终端潜在顾客群体就是目标人群。目标人群定位就是要留住的顾客群体。开店初期，首先要解决的就是卖什么和卖给谁的问题，也就是找商品和找顾客，而商品决定了消费的顾客群，同时顾客的群体特征也决定了他们要购买什么商品。确立目标顾客群后，就可以深入地去分析了解顾客群体，了解他们的购物习惯（规则），知己知彼方能掌握全局。

电子商务沙盘系统给出了 4 类顾客人群，分别是综合评价人群、品牌人群、犹豫不定人群和低价人群。人群的成交顺序：品牌人群→低价人群→综合评价人群→犹豫不定人群。

1. 密集单一人群

企业只销售一种商品，并向某一特定的顾客群体提供该商品。没有一种商品的生命周期包含 5 轮经营周期，该策略在实际网店运营过程中可行性不高，不建议使用，如表 3-6 所示。

表3-6　密集单一人群

商品 人群	桌子	油烟机	裤子	项链	床	平板电视	西装	手链	柜子	热水器	连衣裙	戒指	空调
综合人群													
品牌人群													
低价人群													
犹豫人群													

2. 有选择的专门化

选择若干人群，这些人群符合公司发展需要且都能盈利，如表 3-7 所示。由于没有一种商品的生命周期包含 5 轮经营周期，为了保证策略的实施，在原先（蓝色）商品生命周期结束前，用新商品（黑色）替代原商品继续实施有选择的专门化策略。

表3-7　有选择的专门化

商品 人群	桌子	油烟机	裤子	项链	床	平板电视	西装	手链	柜子	热水器	连衣裙	戒指	空调
综合人群													
品牌人群													
低价人群													
犹豫人群													

3. 市场专门化

为满足某类顾客群体的各种需要，实行同一类销售策略，如表 3-8 所示。

表3-8 市场专门化

商品 人群	桌子	油烟机	裤子	项链	床	平板电视	西装	手链	柜子	热水器	连衣裙	戒指	空调
综合人群													
品牌人群													
低价人群													
犹豫人群													

4. 商品专门化

网店向各类顾客群体集中销售一种商品，由于没有一种商品的生命周期同时包含 5 轮经营周期，为了保证策略的实施，在原先（蓝色）商品生命周期结束前，用新商品（黑色）替代原商品继续实施商品专门化策略，如表 3-9 所示。

表3-9 商品专门化

商品 人群	桌子	油烟机	裤子	项链	床	平板电视	西装	手链	柜子	热水器	连衣裙	戒指	空调
综合人群													
品牌人群													
低价人群													
犹豫人群													

5. 完全覆盖所有人群

用各种商品满足各类顾客群体需要，如表 3-10 所示。

表3-10 完全覆盖所有人群

商品 人群	桌子	油烟机	裤子	项链	床	平板电视	西装	手链	柜子	热水器	连衣裙	戒指	空调
综合人群													
品牌人群													
低价人群													
犹豫人群													

任务三 营销推广策略

学习目标：

1. 理解关键词优化规则。
2. 掌握 SEM 关键词推广规则，提高转化率。
3. 理解站外推广获取品牌流量的法则。
4. 掌握店铺促销的各种手段，促进消费者的购买欲望。

一、关键词优化（SEO）

很多学生在抱怨店铺没有流量的时候往往忽视了一个最根本的问题，那就是最基本的搜索引擎优化中最基础的商品标题优化，也就是关键词优化（SEO）。这点如果都没做好，何谈流量？所以卖家要做的就是从基础的商品标题优化开始。

（一）标题优化的重要性

SEO 标题优化到底有多么重要呢？举个简单的例子，当你打开淘宝网或其他网购平台时，你看到那琳琅满目的商品也许会犯愁，因为在商品的海洋里不知道自己需要的商品在哪里，那么这时候你也许会想到直接搜索需要的商品。那么当你搜索时，一定会想到的是商品的名称或属性，而商品的名称和属性就是下面要讲的 SEO 标题优化。

SEO 标题优化是网店搜索排名优化的一部分，标题优化的好处是提高搜索展现量，让商品充分展示在顾客眼前。标题优化具体来说，就是对店铺商品的标题进行符合规则化的优化，使之能够在众多同类商品中排名靠前，增加曝光率、点击量以提升转化率的过程。

标题优化主要包括：标题长度的控制、关键字分布、关键字词频及关键字组合技巧等。在店铺搜索中，标题优化尤其重要，不过在优化时一定要注意电子商务沙盘系统的规则。

SEO 标题优化的重要性有以下几点：

（1）标题优化做得好，可以从系统搜索那里获得大量流量。

（2）一旦做好标题优化，排名相对稳定，流量相对稳定。

（3）搜索商品标题进入的流量都是优质的。

（4）从系统搜索那里获得的流量都是免费的。

（5）做好商品标题优化，开直通车的时候更会得心应手，因为原理都是一样的。

（二）标题优化规则

前面已经介绍了商品标题优化的好处。那么在做商品标题时，是不是关键词越多越好，标题越长越好呢？下面来看看商品标题优化的规则及搜索规律。

1. 商品标题编写原则

（1）标题要尽量简单直接，能突出卖点；要让买家即使瞄一眼，也能知道商品的特点，知道它是一件什么商品。

（2）每个商品标题最多 7 个关键词，每个关键词最少 2 个字，并限定在 10 个字以内；如果所设关键词超过 7 个，则保存前 7 个。

2. 商品标题的编写规范

（1）标题中不要故意堆砌一些无关的词。

（2）避免使用大量的类似 / 重复标题。尽量让自己的商品标题多样化，多加些商品的属性关键词。

（3）不要使用特殊符号，关键词之间分别用分号隔开。

（三）关键词组合策略

关键词的优化组合构成热销的商品标题。那么如何把收集的关键词组合成商品标题呢？

1．关键词的分类

一级关键词：一般由 2 ~ 3 个字组成，优点是搜索量巨大；缺点是竞争度也很大。例如，男装、空调、棉衣、珍珠等。

二级关键词：一般由 4 ~ 5 个字组成，优点是搜索量比较大；缺点是竞争度也比较大。例如，文件柜钢、衣架落地、棉衣女装、制冷空调等。

长尾关键词：一般由 5 个字或多个词组合，优点是精准度高、竞争较小；缺点是搜索量不大。例如，天然琥珀耳环、棉衣女装清仓、网吧电脑桌椅等。

顶级关键词：精准搜索，优点是精准度高、竞争小，且容易排名；缺点是比较难找。例如，文件柜铁皮柜书柜、铁皮柜文件柜抽屉、美的电风扇落地扇、珍珠养殖淡水珍珠白色、手链白蜜天然琥珀等。

2．关键词组合方式

一般情况下，标题应按照以下方式组合：营销关键词 + 意向性关键词 + 属性卖点词 + 类目关键词 + 长尾关键词。

营销关键词：如包邮、特价、卖疯了、皇冠信誉、正品。

意向性关键词：如雪纺连衣裙、小码女装、NIKE 篮球鞋。

属性卖点词：如休闲、瘦身、修腰。

类目关键词：如 iPhone6（手机类）、羊绒衫（女装类）。

例如，一家男装店在网站打出以下关键词组合：包邮 七匹狼商务 休闲长款男装 男式白色带帽立领外套。

营销关键词——包邮。

意向性关键词——七匹狼商务。

属性卖点词——休闲长款类。

类目关键词——男装。

长尾关键词——男式白色带帽立领外套。

其顺序不是一成不变的，要活学活用，最关键的是组合后的标题读起来顺畅。

（四）流量获取

自然流量又称为主动流量。如何获得淘宝的自然流量，相信是每个卖家都极其关注的问题，因为它关系到店铺能否正常运行。如果要获得自然搜索流量，最便捷的方法就是获得好的排名，而要获得好的排名就需要了解排名规则。

基于某关键词的模拟买家的一次搜索，设 N 为组数，SEO 商品排名得分前 $N\times0.6$ 名的卖家的商品会被展现，数据魔方的该关键词的展现量会加 $N\times0.6$（不足 $N\times0.6$ 家时加实际家数），前 $N\times0.6$ 名卖家的商品的展现量会各加 1；SEO 商品排名得分前 $N\times0.4$ 名的卖家的商品会被点击，数据魔方的该关键词的点击量会加 $N\times0.4$（不足 $N\times0.4$ 家时加实际家数），前 $N\times0.4$ 名卖家的商品的点击量会各加 1；模拟买家按照本次模拟搜索代表人群（4 类人群的一种）的成交条件与 SEO 商品排名进入前 $N\times0.4$ 名的卖家进行撮合交易，如果有符合条件的会有一个订单成交，数据魔方的该关键词的转化量会加 1，该卖家商品的转化量会加 1。

SEO 商品排名得分如图 3-4 所示。

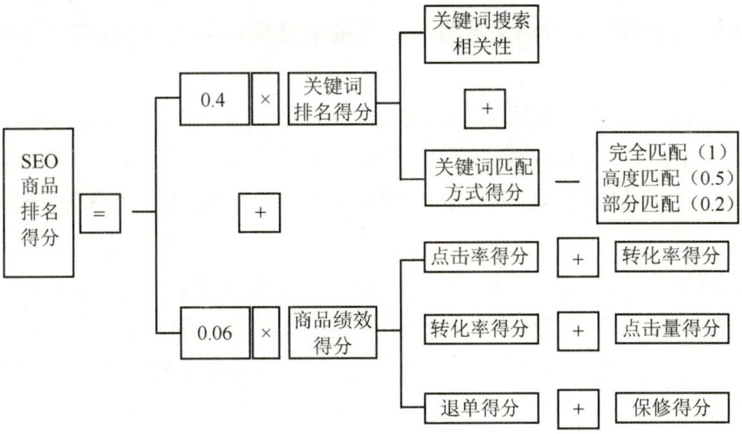

图3-4　SEO商品排名得分

二、关键词推广（SEM）

直通车（SEM）是卖家们一个非常好的引流工具，在商品销量比较小的情况下，自然搜索流量比较少，想获得更多展现或更多的流量可以使用直通车。直通车相当于搜索引擎的竞价排名，通过付费的方式，可以获得更好的展示机会。同搜索引擎竞价排名一样，卖家可以针对每个竞价词自由定价，同时可以看到排名位置，并按照实际被点击次数付费。

1．关键词的设置

直通车作为电子商务沙盘系统的一个精准营销工具，其核心就是围绕关键词来展开的。直通车关键词一直是一个重点和难点，关键词设置得好不仅能让流量飞升，而且还能大大降低直通车的费用，所以每个直通车手们一定要重视起来。

通常在优化一个直通车账户时可把关键词分为三类，如表 3-11 所示。

表3-11　SEM关键词分类

类　别	具体分析
精准词（长尾词）	非常精准地体现了买家的购买意图，但是搜索量非常少
热门词	搜索量非常大，和商品也很相关，同时竞争非常激烈，转化率一般不错，这类词主要以商品名词为主
广泛词	这是最容易被卖家忽略的，或者是不敢用，或者是用了很烧钱的一类词。这些关键词分为三类，一类是流行词，如母亲节、情人节，这些词是根据一些节日或当前流行的词设定的，特点是周期很短，只是某个时期的搜索量非常大；另一类是热搜词，如包邮、新款等，这些词都有很大的搜索量；最后一类是属性词，如纯棉、修身等，这些词都是和商品相关的属性，搜索量也非常大

（1）关键词要全面详细。每个商品的关键词越多，可以吸引的潜在买家就越多，不一定非

要排第一位，只要把出价设置合理是不会白烧钱的。而设置的词应该按照一个规则去做，即热词：精准词 =3∶7。热词是必需的，但是要巧妙地运用，这个时候要看清楚自己要推广的商品有什么特点、是什么款式和品牌的，找出准确的词。因为精确搜索的买家更清楚自己要买什么，所以要把目光放到这些精确搜索的买家身上，可能关键词的展现量和点击量没那么高，但转化率是会比较高的。

（2）优化关键词。进行关键词的优化，一般来说有两种情况：一是展现量很高，出价很高，但是点击量很低；二是关键词的出价太低，导致没有展现量和点击量。这种可能也非常大，很多卖家找了很多精准词但是因出价太低，导致排名太靠后，没有机会出现，这个时候就要适当地提高出价。

（3）选择关键词的技巧。买家搜索了关键词并点击类目之后，还会通过一些属性进行筛选。如果你的商品和买家选择的属性相符，那么你的商品排名会更靠前，这个筛选功能又让你的词更加精准了一步。所以这里提醒卖家们，一定要把商品的属性全部完善，要把所有属性都写上，这样才可以增加商品的展现机会，让更多的人搜索到。

2. 流量获取

在应用直通车时，还是主张不要盲目地去弄，而要理性地、有针对性地做。直通车推广是一个长期坚持的过程，需要卖家付出大量的心血去经营，但是有很多卖家常常忙于店铺的规划，没有时间和精力进行直通车推广的调整，导致直通车烧钱现象。

基于某关键词的模拟买家的一次搜索，SEM 商品排名得分前 $N\times0.4$ 名的卖家的商品会被展现，数据魔方的该关键词的展现量会加 $N\times0.4$（不足 $N\times0.4$ 家时加实际家数），前 $N\times0.4$ 名卖家的商品的展现量会各加 1；SEM 商品排名得分前 $N\times0.3$ 名的卖家的商品会被点击，数据魔方的该关键词的点击量会加 $N\times0.3$（不足 $N\times0.3$ 家时加实际家数），前 $N\times0.3$ 名卖家的商品的点击量会各加 1；模拟买家按照本次模拟搜索代表人群（4 类人群的一种）的成交条件与 SEM 商品排名进入前 $N\times0.3$ 名的卖家进行撮合交易，如果有符合条件的会有一个订单成交，数据魔方的该关键词的转化量会加 1，该卖家商品的转化量会加 1。

卖家实际为某个 SEM 关键词的一次点击所付的费用 = 该关键词排名下一名的竞价价格 ×（下一名的质量得分 / 你的质量得分）+0.01。

SEM 商品排名得分如图 3-5 所示。

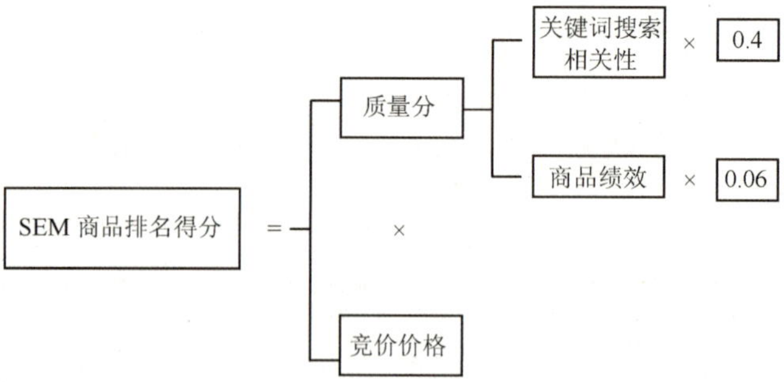

图3-5　SEM商品排名得分

三、站外推广

站外推广就是通过对企业网络营销站点的宣传吸引用户访问，同时树立企业网上品牌形象，为企业营销目标的实现打下坚实的基础。

品牌人群流量来源：站外媒体引流。根据公司经营需求，卖家可以对已经筹建完成的 B 店发布的商品，选择央视、网络广告联盟、百度三种媒体中的一种或多种进行推广，用来吸引品牌人群的购买需求，增加店铺人气及商品人气。

1. 成交规则

品牌人群成交规则：通过媒体影响力、商品一口价、商品评价及城市影响力计算出品牌人群成交指数，根据买家对物流方式、发票、售后服务的要求确定具备成交资格的卖家，从而计算出每个具备成交资格的卖家的品牌人群成交百分比（即卖家在订单交易过程中获得订单的概率），系统根据品牌人群成交百分比确定成交卖家。

2. 计算方法

品牌人群成交指数 =（媒体影响力 / 市场总媒体影响力）×60+ 商品均价 /（商品一口价 + 商品均价）×10+（商品评价 / 符合要求的卖家商品评价）×20+（城市影响力 / 符合要求的卖家城市影响力）×10

品牌人群成交百分比 = 品牌人群成交指数 / 符合要求的品牌人群成交指数之和

3. 成交条件

卖家若想具备成交资格，其商品必须做站外推广；卖家商品必须为 B 店的商品；卖家企业信誉度不能为负数；必须支持买家对物流方式、售后服务的要求；有概率为 15% 的顾客需要售后服务。

四、店内促销

简单地说，促销就是促进销售。通过这种方式，在短期内激励买家进行购买，以达到扩大销售的目的。卖家策划促销活动有以下几方面作用。

（1）缩短商品入市的进程。新品促销是一种常见的手段，它可以使新品很快地打开市场。当新品有了购买的记录后，人气就容易积累起来，从而能更快地增加销量，被更多的买家所接受。人们都有从众心理，看到交易记录为 0，即使自己喜欢，但没有看到别人购买就容易怀疑自己的眼光或怀疑商品而犹豫不决，一旦有很多人购买就很容易打消顾虑。

（2）激励买家初次购买，达到使用目的。一般而言，促销都是让利给买家，这样的让利并非时时都有，往往会给人“机不可失，时不再来”的感觉，利用了买家怕错失良机的心理，促使他们尽快决定尝试购买。

（3）提高销量。网店的业绩越好，信誉越高，购买记录就越多，而购买记录越多，越容易卖出商品。现在很多买家十分重视店铺信誉，信誉高的店铺比信誉低的店铺更容易卖出商品。

店内促销活动是运营网店最基本的促销活动，目前 ITMC 电子商务沙盘系统常见的促销工具有团购、秒杀、套餐及其他促销手段（满就送、多买折扣、买第几件折扣）。

需要注意的是，直通车可以增加卖家店铺的人流量，“满就送”等促销方式和套餐、团购的效果则比较弱，仅限于让顾客进入店铺，只有看到促销信息并对促销感兴趣才会产生效果，所以“满就送”和团购只是促销方式，真正的意义不是提高人流量而是促进消费者的购买欲望，人流量不过是副商品。借助秒杀可以给网店聚集大量的人气，但如果秒杀后的成交价格过低的话，则会产生大量的 0 账期订单，反而对网店经营带来巨大的负面影响。

【思考与探究】

模块内容： 学号： 姓名： 班级： 年 月 日
1. 谈谈你对网店经营的本质、生存、发展和盈利的认知？
2. 你对 13 种商品生命周期有何认知，你将如何利用这一点提高自己经营网店的能力？
3. 如何利用 SEO 优化获取免费的流量？
4. 如何进行 SEM 推广，提高转化率？
5. 掌握 4 类人群的规律，利用促销手段提高客户的购买欲望，你是怎么理解的？
6. 教师的授课方法对你的学习是否有帮助？
7. 你需要进一步了解或得到解答的问题是：
8. 为了更好地教与学，你有何建议？

模块四　电子商务沙盘实战模拟

电子商务沙盘毕竟是一个模拟环境，虽然和真正的网店运营有着很大的区别，但是通过沙盘挑战和训练，我们要学会对各种变化迅速做出反应，拿出对策，培养在任何困难和压力面前都永不屈服的精神。只有掌握了这种技巧，才能在各种挑战中立于不败之地。

经营沙盘，开阔思维。
体验职位，放飞梦想。
亲力亲为，知错能进。
换位思考，合作进取。
你若不坚强，没人帮你分担。
你若不努力，没人给你让路。
使我痛苦者，必使我强大。

任务一　谋而后动，开拓进取——第一轮经营

学习目标：

1. 理解市场需求，掌握各个经营环节的具体操作。
2. 完成第一轮模拟经营，团队协作，创造良好开局。

模拟电子商务企业运营应当严格遵守运营规则，按照一定的运营流程进行。为了经营好企业，管理者应当做好预测、决策、预算、计划、控制、核算、分析等工作。预测、决策、预算、计划工作应当在每轮经营结束后、下轮运营之前进行，目的是使经营活动有序进行，防止出现意外情况。控制主要是在运营过程中，根据运营流程和事先的计划进行销售经营。核算是在经营结束后对当轮的经营情况进行盘点，编制各种报表，反映当期的经营情况和轮末的财务状况。分析主要是在经营结束后，根据核实的结果与预算进行比较，找出差异，并对差异进行分析，以便以后更好地开展工作。

许多人在初次接触沙盘时，往往不知道该怎样在沙盘上操作，常常出现手忙脚乱的情况。本章结合电子商务沙盘系统企业运营规则，解决运营过程中的操作问题。下面开始新一轮的模

拟经营，每个轮度按照统一的时间安排开展企业经营活动。各企业按照顺序进行经营操作，记录并填写相关表格。

一、创建网店

组建小组团队，完成网店创立的准备工作。请发挥团队的智慧，为自己的网店取个名字，设计响亮的创业口号，先声夺人，并把创意记录在表 4-1 中。

表4-1　创立网店表

网店名称		组别	
创业口号			
团队分工	职务	姓名	主要职责
主要成员	店长		
	推广专员		
	运营主管		
	财务主管		

网店经营仅仅靠口号可不行，需要有注册资金，否则一切都是空想。为了公平起见，每家企业获得的注册资本都是 500 万元，有了资金的保证，就可以放心大胆地开始经营了，第一轮第一期期初资产负债表如表 4-2 所示。

表4-2　第一轮第一期期初资产负债表

资产负债表							
资　　产				负债及所有者权益			
项　　目	表达式	上轮值	当轮值	项　　目	表达式	上轮值	当轮值
流动资产				流动负债			
货币资金	+	0.00	500	短期借款	+	0.00	0.00
其他应收款	+	0.00	0.00	应付账款	+	0.00	0.00
应收账款	+	0.00	0.00	预收账款	+	0.00	0.00
存货				应交税费	+	0.00	0.00
原材料	+	0.00	0.00	流动负债合计	=	0.00	0.00
在途物资	+	0.00	0.00	非流动负债			
库存商品	+	0.00	0.00	长期借款	+	0.00	0.00
发出商品	+	0.00	0.00	非流动负债合计	=	0.00	0.00
流动资产合计	=	0.00	500	负债合计	=	0.00	0.00
非流动资产				所有者权益			
固定资产原值				实收资本	+	0.00	500
土地和建筑	+	0.00	0.00	未分配利润	+	0.00	0.00
机器和设备	+	0.00	0.00				
减：累计折旧	-	0.00	0.00				
固定资产账面价值	=	0.00	0.00				
在建工程	+	0.00	0.00				
非流动资产合计	=	0.00	0.00	所有者权益合计	=	0.00	500
资产总计	=	0.00	500	负债和所有者权益总计	=	0.00	500

二、轮度经营

（一）第一轮第一期经营

1．第一轮第一期规划

网店经营团队召开新的一期规划会议，网店的管理层需要根据对经营环节的分析，制定或调整企业的战略，做出经营规划、投资方案和营销策划方案等，填写第一轮第一期计划书，如表 4-3 所示。

表4-3　第一轮第一期计划书

类　　别	内　　容	具体分析
本轮经营目标	经营效果	
经营规划	业务计划	
	投资方案	
	营销策划	
计划落实记录		

2．开始经营

（1）数据魔方分析。数据魔方为卖家提供不同类目商品的市场需求信息，即某类商品在不同城市的市场平均价格及 4 类不同需求人群的市场需求数量和基于大数据的关键词的相关数据信息，如表 4-4 所示。

表4-4　第一轮第一期市场需求数据

商品名称	需求城市	市场平均价格	品牌人群需求数量	综合人群需求数量	低价人群需求数量	犹豫不定人群需求数量
桌子	沈阳	60.48	0	18	30	17
	北京	58.8	0	20	30	18
油烟机	北京	30.08	0	32	61	31
	沈阳	33.92	0	38	60	33
项链	北京	73,6	0	34	45	31
裤子	北京	8.08	0	192	316	178
	沈阳	7.28	0	210	261	166

备注：本章节提供的市场数据都是基于某次经营 10 人组经营数据，该数据仅供参考，实际数据以实际经营数值为准。

（2）供货市场分析。在电子商务沙盘系统中，只要经营的组数确定，那么每期的市场供应数值基本上是确定不变的，第一轮第一期市场供给数据如表 4-5 所示。

表4-5　第一轮第一期市场供给数据

公　　司	商　品	促销方式	数量（件）	单位体积	最低价格（元/件）
黄金电子城	油烟机	数量大于：70 信誉度大于：60 享受账期：0 享受折扣：0.90	375	5	8
时尚服装厂	裤子	数量大于：70 信誉度大于：60 享受账期：0 享受折扣：0.90	2100	3	2
中意家具城	桌子	数量大于：300 信誉度大于：200 享受账期：0 享受折扣：0.60	210	10	14
周大福珠宝商	项链	数量大于：150 信誉度大于：120 享受账期：0 享受折扣：0.85	150	2	20

（3）经营活动。按照经营操作顺序进行具体的经营活动，并将活动情况记录在表4-6 ~ 表4-9 中。

表4-6　采购计划

商　品	采购数量	采购价格	采购预计资金	单位体积	预计体积	配送中心
油烟机				5		
裤子				3		
桌子				10		
项链				2		
合计						

表4-7　资金预算表

序　号	请按照顺序执行下列各项操作，在相应空格内填入资金需求计划			
	项　　目	具体开支目录	表　达　式	金　　额
期初	期初资金		+	
1	办公场所设立	改建 搬迁 租赁费 建筑维修费	–	
2	配送中心设立	改建 搬迁 租赁费 建筑维修费	–	
3	店铺开设	B店筹建	–	
4	网店装修	网店装修模板选择	–	
5	采购投标	商品采购	–	
6	SEM推广	推广保证金（充值）	–	
7	站外推广	媒体推广（投标）	–	
8	货物出库	物流费	–	
9	短贷/民间融资	短期借贷	+	
	还本付息	利息	–	
10	支付工资	工资	–	
11	支付相关费用	租赁费、维修费、库存管理费、行政管理费	–	
		售后服务费	–	
12	慈善	捐款	–	

续表

序　号	请按照顺序执行下列各项操作，在相应空格内填入资金需求计划			
	项　　目	具体开支目录	表　达　式	金　　额
轮末	交税	税费	–	
	长贷	长期借贷	+	
	还本付息	利息	–	
借贷资金需求合计				
经营资金需求合计				

表4-8　第一轮第一期经营活动记录表

序号	请按照顺序执行下列各项操作。每执行完一项操作，店长在相应的方格内打“√”		
	经 营 项 目	操 作 要 点	第一期
期初	新期规划会议	店长召集团队召开轮度规划会议	
	数据魔方分析	分析商品市场需求数据	
1	办公场所设立	办公城市、办公室类型选择，员工招聘	
2	配送中心设立	配送中心城市、类型选择与租赁，员工招聘	
3	店铺开设	C店开设、B店筹建	
4	网店装修	网店装修模板选择	
5	采购投标	商品采购	
6	商品入库	商品入库	
7	商品发布	填写商品基本信息、商品物流信息及售后保障信息，发布商品	
8	SEO优化	搜索引擎优化，优化标题关键词，每个商品最多7个关键词	
9	SEM推广	搜索引擎推广，设置所销售商品相关的关键词的竞价价格	
10	SEM管理	根据推广计划，针对每种商品可以设计不同的推广组	
11	团购	设置某种商品的团购活动	
12	秒杀	设置某种商品的秒杀活动	
13	套餐	设置某种商品的套餐活动	
14	促销	设置某种商品的促销活动	
15	站外推广	选择央视、网络广告联盟、百度三种媒体中的一种或多种进行推广	
16	订单分发	将订单进行整理、分类后，根据到达城市，选择适当的配送中心准备出库	
17	物流选择	将已经指定配送中心的订单进行整理、分类，选择适当的物流方式准备出库	
18	货物出库	根据订单的到货期限，合理安排商品出库	
19	货物签收	根据不同物流方式的运输周期，对在订单要求的到货期限之内到达的订单实施签收	
20	应收账款/应付账款	更新应收或应付账款账期，接收或支付本期到期的应收账款和应付账款	
21	短贷/民间融资	更新短期贷款账期或获得新的贷款	
	还本付息	还本付息	
22	支付工资	按期支付员工的工资	
23	支付相关费用	按期支付相应的租赁费、维修费、库存管理费、行政管理费	
		按期支付相应的售后服务费	
24	慈善	捐款	
轮末	交税	缴纳相关税费	
	长贷	更新长期贷款账期，或者获得新的贷款	
	还本付息	支付利息或还本付息	
	关账	每轮经营结束，轮末进行关账	

表4-9　库存管理

商　　品	库存数量	所在仓库	未发单需求	差　　额
油烟机				
裤子				
桌子				
项链				

（4）第一期期末相关报表。填写表 4-10 ~ 表 4-14。

表4-10　第一轮第一期产品核算表

商　　品	销售数量	销　售　额	成　　本	毛　　利
油烟机				
裤子				
桌子				
项链				
合计				

表4-11　第一轮第一期现金流量表

序号	请按照顺序执行下列各项操作，在相应空格内填入资金变动变化			
	项　　目	具体开支目录	表　达　式	金　　额
期初	期初资金		+	
1	办公场所设立	改建 搬迁 租赁费 建筑维修费	−	
2	配送中心设立	改建 搬迁 租赁费 建筑维修费	−	
3	店铺开设	B店筹建	−	
4	网店装修	网店装修模板选择	−	
5	采购投标	商品采购	−	
6	SEM推广	推广保证金（充值）	−	
7	站外推广	媒体推广（投标）	−	
8	货物出库	物流费	−	
9	货物签收	回款资金	+	
10	短贷/民间融资	短期借贷	+	
	还本付息	利息	−	
11	支付工资	工资	−	
12	支付相关费用	租赁费、维修费、库存管理费、行政管理费	−	
		售后服务费	−	
13	慈善	捐款	−	
轮末	交税	税费	−	
	长贷	长期借贷	+	
	还本付息	利息	−	
合计				

表4-12　第一轮第一期市场分析

目标人群		各小组市场占有率									
		A1	A2	A3	A4	A5	A6	A7	A8	A9	A10
综合人群	油烟机										
	裤子										
	桌子										
	项链										
	总占比										
低价人群	油烟机										
	裤子										
	桌子										
	项链										
	总占比										
犹豫不定人群	油烟机										
	裤子										
	桌子										
	项链										
	总占比										
品牌人群	油烟机										
	裤子										
	桌子										
	项链										
	总占比										

表4-13　企业信息

企业信誉度		班级企业信誉度	
店铺总人气		班级店铺总人气	
总媒体影响力		班级总媒体影响力	
社会慈善		班级社会慈善	
店铺视觉值		班级店铺视觉值	
B2C模式		班级办公场所驻地影响	
员工经验值		班级员工业务能力	

表4-14　排行榜

项目小组	A1	A2	A3	A4	A5	A6	A7	A8	A9	A10
净利润										
总资产										
慈善										

（二）第一轮第二期经营

1．第一轮第二期规划

网店经营团队召开新的一期规划会议，网店的管理层需要根据对第一期经营环节和竞争对手的分析做出相应调整，填写第一轮第二期计划书，如表 4-15 所示。

表4-15　第一轮第二期计划书

类　别	内　容	具体分析
本轮经营目标	经营效果	
经营规划	业务计划	
	投资方案	
	营销策划	
计划落实记录		

2. 开始经营

（1）数据魔方分析。数据魔方为卖家提供不同类目商品的市场需求信息，即某类商品在不同城市的市场平均价格及 4 类不同需求人群的市场需求数量和基于大数据的关键词的相关数据信息，如表 4-16 所示。

表4-16　第一轮第二期市场需求数据

商品名称	需求城市	市场平均价格	品牌人群需求数量	综合人群需求数量	低价人群需求数量	犹豫不定人群需求数量
床	沈阳	36.8	0	20	25	15
	北京	41.2	0	20	25	17
桌子	沈阳	52.68	0	21	29	21
	北京	56.53	0	23	35	25
油烟机	北京	26,5	0	37	67	33
	沈阳	31,5	0	46	54	31
项链	沈阳	75,24	0	20	32	18
	北京	83.16	0	20	26	16
裤子	北京	7.68	0	233	323	196
	沈阳	6.99	0	158	291	184

备注：本章节提供的市场数据都是基于某次经营 10 人组经营数据，该数据仅供参考，实际数据以实际经营数值为准。

（2）供货市场分析。在电子商务沙盘系统中，只要经营的组数确定，那么每期的市场供应数值基本上是确定不变的，第一轮第二期市场供给数据如表 4-17 所示。

表4-17　第一轮第二期市场供给数据

公　司	商　品	促销方式	数量（件）	单位体积	最低价格（元/件）
黄金电子城	油烟机	数量大于：200 信誉度大于：200 享受账期：0 享受折扣：0.80	408	5	7.36
时尚服装厂	裤子	数量大于：300 信誉度大于：200 享受账期：0 享受折扣：0.60	2109	3	1.92
中意家具城	床	数量大于：300 信誉度大于：200 享受账期：0 享受折扣：0.60	195	10	10

续表

公　　司	商　品	促 销 方 式	数量（件）	单 位 体 积	最低价格（元/件）
中意家具城	桌子	数量大于：100 信誉度大于：100 享受账期：0 享受折扣：0.90	237	10	13.72
周大福珠宝商	项链	数量大于：70 信誉度大于：60 享受账期：0 享受折扣：0.90	201	2	19.8

（3）经营活动。按照经营操作顺序进行具体的经营活动，并将活动情况记录在表 4-18 ~ 表 4-22 中。

表4-18　第一轮第二期间谍活动表

项 目 小 组		A1	A2	A3	A4	A5	A6	A7	A8	A9	A10
定价与数量	床										
	桌子										
	油烟机										
	项链										
	裤子										
促销策略											

表4-19　采购计划

商　　品	采 购 数 量	采 购 价 格	采购预计资金	单 位 体 积	预 计 体 积	配 送 中 心
油烟机				5		
裤子				3		
床				10		
桌子				10		
项链				2		
合计						

表4-20　资金预算表

序号	请按照顺序执行下列各项操作，在相应空格内填入资金需求计划			
	项　　目	具体开支目录	表　达　式	金　　额
期初	期初资金		+	
1	办公场所设立	改建 搬迁 租赁费 建筑维修费	−	
2	配送中心设立	改建 搬迁 租赁费 建筑维修费	−	
3	店铺开设	B店筹建	−	
4	网店装修	网店装修模板选择	−	
5	采购投标	商品采购	−	
6	SEM推广	推广保证金（充值）	−	

续表

7	站外推广	媒体推广（投标）	–	
8	货物出库	物流费	–	
9	短贷/民间融资	短期借贷	+	
	还本付息	利息	–	
10	支付工资	工资	–	
11	支付相关费用	租赁费、维修费、库存管理费、行政管理费	–	
		售后服务费	–	
12	慈善	捐款	–	
轮末	交税	税费	–	
	长贷	长期借贷	+	
	还本付息	利息	–	
借贷资金需求合计				
经营资金需求合计				

表4-21　第一轮第二期经营活动记录表

序号	请按照顺序执行下列各项操作。每执行完一项操作，店长在相应的方格内打“√”		
	经 营 项 目	操 作 要 点	第二期
期初	新期规划会议	店长召集团队召开轮度规划会议	
	数据魔方分析	分析商品市场需求数据	
1	办公场所设立	办公城市、办公室类型选择，员工招聘	
2	配送中心设立	配送中心城市、类型选择与租赁，员工招聘	
3	店铺开设	C店开设、B店筹建	
4	网店装修	网店装修模板选择	
5	采购投标	商品采购	
6	商品入库	商品入库	
7	商品发布	填写商品基本信息、商品物流信息及售后保障信息，发布商品	
8	SEO优化	搜索引擎优化，优化标题关键词，每个商品最多7个关键词	
9	SEM推广	搜索引擎推广，设置所销售商品相关的关键词的竞价价格	
10	SEM管理	根据推广计划，针对每种商品可以设计不同的推广组	
11	团购	设置某种商品的团购活动	
12	秒杀	设置某种商品的秒杀活动	
13	套餐	设置某种商品的套餐活动	
14	促销	设置某种商品的促销活动	
15	站外推广	选择央视、网络广告联盟、百度三种媒体中的一种或多种进行推广	
16	订单分发	将订单进行整理、分类后，根据到达城市，选择适当的配送中心准备出库	
17	物流选择	将已经指定配送中心的订单进行整理、分类，选择适当的物流方式准备出库	
18	货物出库	根据订单的到货期限，合理安排商品出库	
19	货物签收	根据不同物流方式的运输周期，对在订单要求的到货期限之内到达的订单实施签收	
20	应收账款/应付账款	更新应收或应付账款账期，接收或支付本期到期的应收账款和应付账款	
21	短贷/民间融资	更新短期贷款账期或获得新的贷款	
	还本付息	还本付息	
22	支付工资	按期支付员工的工资	

续表

序号	请按照顺序执行下列各项操作。每执行完一项操作，店长在相应的方格内打“√”		
	经营项目	操作要点	第二期
23	支付相关费用	按期支付相应的租赁费、维修费、库存管理费、行政管理费	
		按期支付相应的售后服务费	
24	慈善	捐款	
轮末	交税	缴纳相关税费	
	长贷	更新长期贷款账期，或者获得新的贷款	
	还本付息	支付利息或还本付息	
	关账	每轮经营结束，轮末进行关账	

表4-22　库存管理

商　　品	库存数量	所在仓库	未发单需求	差　　额
油烟机				
裤子				
床				
桌子				
项链				

（4）第一轮轮末相关报表。填写表 4-23 ~ 表 4-27。

表4-23　第一轮第二期产品核算表

商　　品	销售数量	销　售　额	成　　本	毛　　利
油烟机				
裤子				
床				
桌子				
项链				
合计				

表4-24　第一轮第二期现金流量表

序号	请按照顺序执行下列各项操作，在相应空格内填入资金变动变化			
	项　　目	具体开支目录	表　达　式	金　　额
期初	期初资金		+	
1	办公场所设立	改建 搬迁 租赁费 建筑维修费	−	
2	配送中心设立	改建 搬迁 租赁费 建筑维修费	−	
3	店铺开设	B店筹建	−	
4	网店装修	网店装修模板选择	−	
5	采购投标	商品采购	−	
6	SEM推广	推广保证金（充值）	−	

续表

7	站外推广	媒体推广（投标）	−	
8	货物出库	物流费	−	
9	货物签收	回款资金	+	
10	短贷/民间融资	短期借贷	+	
	还本付息	利息	−	
11	支付工资	工资	−	
12	支付相关费用	租赁费、维修费、库存管理费、行政管理费	−	
		售后服务费	−	
13	慈善	捐款	−	
轮末	交税	税费	−	
	长贷	长期借贷	+	
	还本付息	利息	−	
合计				

表4-25　第一轮第二期市场分析

目标人群		各小组市场占有率									
		A1	A2	A3	A4	A5	A6	A7	A8	A9	A10
综合人群	油烟机										
	裤子										
	床										
	桌子										
	项链										
	总占比										
低价人群	油烟机										
	裤子										
	床										
	桌子										
	项链										
	总占比										
犹豫不定人群	油烟机										
	裤子										
	床										
	桌子										
	项链										
	总占比										
品牌人群	油烟机										
	裤子										
	床										
	桌子										
	项链										
	总占比										

表4-26　企业信息

企业信誉度		班级企业信誉度	
店铺总人气		班级店铺总人气	
总媒体影响力		班级总媒体影响力	
社会慈善		班级社会慈善	
店铺视觉值		班级店铺视觉值	
B2C模式		班级办公场所驻地影响	
员工经验值		班级员工业务能力	

表4-27　排行榜

项目小组	A1	A2	A3	A4	A5	A6	A7	A8	A9	A10
净利润										
总资产										
慈善										

三、轮末总结研讨

团结就是力量，这句话至今仍然是许多企业制胜的法宝。一个集体如果不团结就像一盘散沙，只有团结一心、众志成城才能克服种种困难，战胜对手。在模拟经营的各个环节，都需要多个岗位的共同协作。

前进的过程必然会有许多挫折和问题。遇到挫折时是“越挫越勇”还是“失望放弃”？发现问题时是“携手共进”还是“相互指责”？企业经营不佳时是“妙手回春”还是“坐以待毙”？经营过程中是“诚实守信”还是“投机取巧”？不同的思想状态、不同的选择方式、不同的应对策略，必然有不同的结果。

1. 财务分析

根据网店经营财务报表情况填写表 4-28 和表 4-29。

表4-28　第一轮利润表

利润表			
项目	表达式	上轮值	当轮值
营业收入	+	0.00	
减：营业成本	–	0.00	
营业税金及附加	–	0.00	
销售费用	–	0.00	
管理费用	–	0.00	
财务费用	–	0.00	
营业利润	=	0.00	
加：营业外收入	+	0.00	
减：营业外支出	–	0.00	
利润总额	=	0.00	
减：所得税费用	–	0.00	
净利润	=	0.00	

表4-29　第一轮资产负债表

资产负债表							
资　产				负债及所有者权益			
项　目	表达式	上轮值	当轮值	项　目	表达式	上轮值	当轮值
流动资产				流动负债			
货币资金	+	0.00	500	短期借款	+	0.00	
其他应收款	+	0.00		应付账款	+	0.00	
应收账款	+	0.00		预收账款	+	0.00	
存货				应交税费	+	0.00	
原材料	+	0.00		流动负债合计	=	0.00	
在途物资	+	0.00		非流动负债			
库存商品	+	0.00		长期借款	+	0.00	
发出商品	+	0.00		非流动负债合计	=	0.00	
流动资产合计	=	0.00	500	负债合计	=	0.00	
非流动资产				所有者权益			
固定资产原价				实收资本	+	0.00	500
土地和建筑	+	0.00		未分配利润	+	0.00	
机器和设备	+	0.00					
减：累计折旧	−	0.00					
固定资产账面价值	=	0.00					
在建工程	+	0.00					
非流动资产合计	=	0.00		所有者权益合计	=	0.00	500
资产总计	=	0.00	500	负债和所有者权益总计	=	0.00	500

2. 小组述职

述职环节要求：

（1）CEO（店长）组织本轮度述职工作。

（2）每个角色本着实事求是的原则，就自己现任职务履职的成绩、问题和经验进行阐述。

（3）时间限定在 1 分钟内，全部人员完成述职限定在 5 分钟内。

这是你们自主当家的第一轮，感觉如何？是不是有收益的一轮？你们的战略执行得怎样？将你的感想记录下来和团队分享，如表 4-30 所示。

表4-30　第一轮总结与反思

1. 学会了什么？记录知识点：
2. 企业经营遇到了哪些问题？
3. 计划评价：
4. 下一轮准备如何改进？

任务二　调查研究，提高实力——第二轮经营

学习目标：

1. 学会读懂市场，掌握调查竞争对手的方法。
2. 完成第二轮模拟经营，会运用数据，有效使用策略、技巧。

一、轮度经营

（一）第二轮第一期经营

1. 第二轮第一期规划

新的一期即将开始，填写表 4-31。

表4-31　第二轮第一期计划书

类　别	内　容	具体分析
本轮经营目标	经营效果	
经营规划	业务计划	
	投资方案	
	营销策划	
计划落实记录		

2. 开始经营

（1）数据魔方分析，如表 4-32 所示。

表4-32　第二轮第一期市场需求数据

商品名称	需求城市	市场平均价格	品牌人群需求数量	综合人群需求数量	低价人群需求数量	犹豫不定人群需求数量
床	北京	35.33	0	24	32	22
	沈阳	36.06	0	26	33	20
桌子	沈阳	53.22	0	20	35	21
	北京	58.06	0	21	38	25
油烟机	太原	29.38	0	19	28	18
	北京	25.3	0	16	26	17
	沈阳	29.38	0	20	29	17
	石家庄	28.56	0	17	27	17
平板电视	石家庄	25.68	0	17	33	17
	沈阳	23.76	0	21	33	22
	北京	24.72	0	23	27	16
项链	北京	80.75	0	16	34	20
	沈阳	81.54	0	27	34	22
裤子	北京	7.36	0	95	125	85
	沈阳	7.8	0	84	161	90
	太原	7.21	0	103	146	83
	石家庄	7.88	0	109	135	77

备注：本章节提供的市场数据都是基于某次经营 10 人组经营数据，该数据仅供参考，实际数据以实际经营数值为准。

（2）供货市场分析。在电子商务沙盘系统中，只要经营的组数确定，那么每期的市场供应数值基本上是确定不变的，第二轮第一期市场供给数据如表 4-33 所示。

表4-33　第二轮第一期市场供给数据

公　　司	商　　品	促 销 方 式	数量（件）	单 位 体 积	最低价格（元/件）
黄金电子城	油烟机	数量大于：100 信誉度大于：100 享受账期：0 享受折扣：0.90	387	5	6.8
黄金电子城	平板电视	数量大于：200 信誉度大于：200 享受账期：0 享受折扣：0.80	315	6	6
时尚服装厂	裤子	数量大于：300 信誉度大于：200 享受账期：0 享受折扣：0.60	2014	3	1.84
中意家具城	床	数量大于：200 信誉度大于：200 享受账期：0 享受折扣：0.80	244	10	9.2
中意家具城	桌子	数量大于：200 信誉度大于：200 享受账期：0 享受折扣：0.80	231	10	13.44
周大福珠宝商	项链	数量大于：160 信誉度大于：150 享受账期：0 享受折扣：0.85	235	2	19.6

（3）经营活动。按照经营操作顺序进行具体的经营活动，并将活动情况记录在表 4-34 ~ 表 4-38 中。

表4-34　第二轮第一期间谍活动表

项目小组		A1	A2	A3	A4	A5	A6	A7	A8	A9	A10
定价与数量	油烟机										
	平板电视										
	裤子										
	床										
	桌子										
	项链										
促销策略											

表4-35　采购计划

商　　品	采购数量	采购价格	采购预计资金	单位体积	预计体积	配送中心
油烟机				5		
平板电视				6		
裤子				3		
床				10		
桌子				10		
项链				2		
合计						

表4-36　资金预算表

序号	请按照顺序执行下列各项操作，在相应空格内填入资金需求计划			
	项　　目	具体开支目录	表　达　式	金　　额
期初	期初资金		+	
1	办公场所设立	改建 搬迁 租赁费 建筑维修费	–	
2	配送中心设立	改建 搬迁 租赁费 建筑维修费	–	
3	店铺开设	B店筹建	–	
4	网店装修	网店装修模板选择	–	
5	采购投标	商品采购	–	
6	SEM推广	推广保证金（充值）	–	
7	站外推广	媒体推广（投标）	–	
8	货物出库	物流费	–	
9	短贷/民间融资	短期借贷	+	
	还本付息	利息	–	
10	支付工资	工资	–	

续表

序号	请按照顺序执行下列各项操作，在相应空格内填入资金需求计划			
	项　　目	具体开支目录	表 达 式	金　　额
11	支付相关费用	租赁费、维修费、库存管理费、行政管理费	−	
		售后服务费	−	
12	慈善	捐款	−	
轮末	交税	税费	−	
	长贷	长期借贷	+	
	还本付息	利息	−	
借贷资金需求合计				
经营资金需求合计				

表4-37　第二轮第一期经营活动记录表

序号	请按照顺序执行下列各项操作。每执行完一项操作，店长在相应的方格内打“√”		
	经 营 项 目	操 作 要 点	第 一 期
期初	新期规划会议	店长召集团队召开轮度规划会议	
	数据魔方分析	分析商品市场需求数据	
1	办公场所设立	办公城市、办公室类型选择，员工招聘	
2	配送中心设立	配送中心城市、类型选择与租赁，员工招聘	
3	店铺开设	C店开设、B店筹建	
4	网店装修	网店装修模板选择	
5	采购投标	商品采购	
6	商品入库	商品入库	
7	商品发布	填写商品基本信息、商品物流信息及售后保障信息，发布商品	
8	SEO优化	搜索引擎优化，优化标题关键词，每个商品最多7个关键词	
9	SEM推广	搜索引擎推广，设置所销售商品相关的关键词的竞价价格	
10	SEM管理	根据推广计划，针对每种商品可以设计不同的推广组	
11	团购	设置某种商品的团购活动	
12	秒杀	设置某种商品的秒杀活动	
13	套餐	设置某种商品的套餐活动	
14	促销	设置某种商品的促销活动	
15	站外推广	选择央视、网络广告联盟、百度三种媒体中的一种或多种进行推广	
16	订单分发	将订单进行整理、分类后，根据到达城市，选择适当的配送中心准备出库	
17	物流选择	将已经指定配送中心的订单进行整理、分类，选择适当的物流方式准备出库	
18	货物出库	根据订单的到货期限，合理安排商品出库	
19	货物签收	根据不同物流方式的运输周期，对在订单要求的到货期限之内到达的订单实施签收	
20	应收账款/应付账款	更新应收或应付账款账期，接收或支付本期到期的应收账款和应付账款	
21	短贷/民间融资	更新短期贷款账期或获得新的贷款	
	还本付息	还本付息	
22	支付工资	按期支付员工的工资	
23	支付相关费用	按期支付相应的租赁费、维修费、库存管理费、行政管理费	
		按期支付相应的售后服务费	

续表

序号	请按照顺序执行下列各项操作。每执行完一项操作，店长在相应的方格内打“√”		
	经营项目	操作要点	第一期
24	慈善	捐款	
轮末	交税	缴纳相关税费	
	长贷	更新长期贷款账期，或者获得新的贷款	
	还本付息	支付利息或还本付息	
	关账	每轮经营结束，轮末进行关账	

表4-38　库存管理

商　品	库存数量	所在仓库	未发单需求	差　额
油烟机				
平板电视				
裤子				
床				
桌子				
项链				

（4）第一期期末相关报表。填写表 4-39 ~ 表 4-43。

表4-39　第二轮第一期产品核算表

商　品	销售数量	销售额	成　本	毛　利
油烟机				
平板电视				
裤子				
床				
桌子				
项链				
合计				

表4-40　第二轮第一期现金流量表

序号	请按照顺序执行下列各项操作，在相应空格内填入资金变动变化			
	项　目	具体开支目录	表达式	金　额
期初	期初资金		+	
1	办公场所设立	改建 搬迁 租赁费 建筑维修费	−	
2	配送中心设立	改建 搬迁 租赁费 建筑维修费	−	
3	店铺开设	B店筹建	−	
4	网店装修	网店装修模板选择	−	
5	采购投标	商品采购	−	
6	SEM推广	推广保证金（充值）	−	

续表

7	站外推广	媒体推广（投标）	−	
8	货物出库	物流费	−	
9	货物签收	回款资金	+	
10	短贷/民间融资	短期借贷	+	
	还本付息	利息	−	
11	支付工资	工资	−	
12	支付相关费用	租赁费、维修费、库存管理费、行政管理费	−	
		售后服务费	−	
13	慈善	捐款	−	
轮末	交税	税费	−	
	长贷	长期借贷	+	
	还本付息	利息	−	
合计				

表4-41　第二轮第一期市场分析

目标人群		各小组市场占有率									
		A1	A2	A3	A4	A5	A6	A7	A8	A9	A10
综合人群	油烟机										
	平板电视										
	裤子										
	床										
	桌子										
	项链										
	总占比										
低价人群	油烟机										
	平板电视										
	裤子										
	床										
	桌子										
	项链										
	总占比										
犹豫不定人群	油烟机										
	平板电视										
	裤子										
	床										
	桌子										
	项链										
	总占比										
品牌人群	油烟机										
	平板电视										
	裤子										
	床										
	桌子										
	项链										
	总占比										

表4-42　企业信息

企业信誉度		班级企业信誉度	
店铺总人气		班级店铺总人气	
总媒体影响力		班级总媒体影响力	
社会慈善		班级社会慈善	
店铺视觉值		班级店铺视觉值	
B2C模式		班级办公场所驻地影响	
员工经验值		班级员工业务能力	

表4-43　排行榜

项目小组	A1	A2	A3	A4	A5	A6	A7	A8	A9	A10
净利润										
总资产										
慈善										

（二）第二轮第二期经营

1. 第二轮第二期规划

网店经营团队召开新的一期规划会议，网店的管理层需要根据对第二轮第一期经营环节和竞争对手的分析做出相应调整，填写第二轮第二期计划书，如表 4-44 所示。

表4-44　第二轮第二期计划书

类　别	内　容	具体分析
本轮经营目标	经营效果	
经营规划	业务计划	
	投资方案	
	营销策划	
计划落实记录		

2. 开始经营

（1）数据魔方分析。数据魔方为卖家提供不同类目商品的市场需求信息，即某类商品在不同城市的市场平均价格及 4 类不同需求人群的市场需求数量和基于大数据的关键词的相关数据信息，如表 4-45 所示。

表4-45　第二轮第二期市场需求数据

商品名称	需求城市	市场平均价格	品牌人群需求数量	综合人群需求数量	低价人群需求数量	犹豫不定人群需求数量
床	北京	33.66	0	17	26	16
	沈阳	36.04	0	15	28	18
	石家庄	33.66	0	19	26	16

续表

桌子	沈阳	53.17	0	18	23	17
	北京	55.8	0	19	27	18
油烟机	石家庄	26.71	0	20	32	19
	北京	22.96	0	22	29	20
	沈阳	26.71	0	19	32	17
平板电视	沈阳	19.44	0	13	26	16
	北京	22.9	0	20	27	18
	石家庄	20.09	0	16	25	15
	太原	20.09	0	17	26	13
项链	北京	79.15	0	23	45	24
	沈阳	77.6	0	29	36	23
裤子	北京	6.69	0	78	133	67
	石家庄	7.04	0	92	126	89
	太原	7.76	0	84	135	81
	沈阳	7.18	0	65	138	79
西装	北京	16	0	36	74	41
	石家庄	15.84	0	38	70	44
	沈阳	15.52	0	38	75	46
	太原	15.2	0	48	76	41

备注：本章节提供的市场数据都是基于某次经营 10 人组经营数据，该数据仅供参考，实际数据以实际经营数值为准。

（2）供货市场分析。在电子商务沙盘系统中，只要经营的组数确定，那么每期的市场供应数值基本上是确定不变的，第二轮第二期市场供给数据如表 4-46 所示。

表4-46　第二轮第二期市场供给数据

公　　司	商　　品	促销方式	数量（件）	单位体积	最低价格（元/件）
黄金电子城	油烟机	数量大于：150 信誉度大于：120 享受账期：0 享受折扣：0.85	312	5	6.24
黄金电子城	平板电视	数量大于：100 信誉度大于：100 享受账期：0 享受折扣：0.90	360	6	5.4
时尚服装厂	裤子	数量大于：300 信誉度大于：200 享受账期：0 享受折扣：0.60	1816	3	1.76
时尚服装厂	西装	数量大于：100 信誉度大于：100 享受账期：0 享受折扣：0.90	1005	3	4
中意家具城	床	数量大于：150 信誉度大于：120 享受账期：0 享受折扣：0.85	273	10	8.5
中意家具城	桌子	数量大于：160 信誉度大于：150 享受账期：0 享受折扣：0.85	189	10	13.16
周大福珠宝商	项链	数量大于：200 信誉度大于：200 享受账期：0 享受折扣：0.80	253	2	19.4

（3）经营活动。按照经营操作顺序进行具体的经营活动，并将活动情况记录在表 4-47 ~ 表 4-50 中。

表4-47　第二轮第二期间谍活动表

项目小组		A1	A2	A3	A4	A5	A6	A7	A8	A9	A10
定价与数量	油烟机										
	平板电视										
	裤子										
	西装										
	床										
	桌子										
	项链										
促销策略											

表4-48　采购计划

商　　品	采购数量	采购价格	采购预计资金	单位体积	预计体积	配送中心
油烟机				5		
平板电视				6		
裤子				3		
西装				3		
床				10		
桌子				10		
项链				2		

表4-49　资金预算表

序号	请按照顺序执行下列各项操作，在相应空格内填入资金需求计划			
	项　　目	具体开支目录	表　达　式	金　　额
期初	期初资金		+	
1	办公场所设立	改建 搬迁 租赁费 建筑维修费	−	
2	配送中心设立	改建 搬迁 租赁费 建筑维修费	−	
3	店铺开设	B店筹建	−	
4	网店装修	网店装修模板选择	−	
5	采购投标	商品采购	−	
6	SEM推广	推广保证金（充值）	−	
7	站外推广	媒体推广（投标）	−	
8	货物出库	物流费	−	
9	短贷/民间融资	短期借贷	+	
	还本付息	利息	−	

10	支付工资	工资	−	
11	支付相关费用	租赁费、维修费、库存管理费、行政管理费	−	
		售后服务费	−	
12	慈善	捐款	−	
轮末	交税	税费	−	
	长贷	长期借贷	+	
	还本付息	利息	−	
借贷资金需求合计				
经营资金需求合计				

表4-50　第二轮第二期经营活动记录表

序号	请按照顺序执行下列各项操作。每执行完一项操作，店长在相应的方格内打“√”		
	经 营 项 目	操 作 要 点	第 二 期
期初	新期规划会议	店长召集团队召开轮度规划会议	
	数据魔方分析	分析商品市场需求数据	
1	办公场所设立	办公城市、办公室类型选择，员工招聘	
2	配送中心设立	配送中心城市、类型选择与租赁，员工招聘	
3	店铺开设	C店开设、B店筹建	
4	网店装修	网店装修模板选择	
5	采购投标	商品采购	
6	商品入库	商品入库	
7	商品发布	填写商品基本信息、商品物流信息及售后保障信息，发布商品	
8	SEO优化	搜索引擎优化，优化标题关键词，每个商品最多7个关键词	
9	SEM推广	搜索引擎推广，设置所销售商品相关的关键词的竞价价格	
10	SEM管理	根据推广计划，针对每种商品可以设计不同的推广组	
11	团购	设置某种商品的团购活动	
12	秒杀	设置某种商品的秒杀活动	
13	套餐	设置某种商品的套餐活动	
14	促销	设置某种商品的促销活动	
15	站外推广	选择央视、网络广告联盟、百度三种媒体中的一种或多种进行推广	
16	订单分发	将订单进行整理、分类后，根据到达城市，选择适当的配送中心准备出库	
17	物流选择	将已经指定配送中心的订单进行整理、分类，选择适当的物流方式准备出库	
18	货物出库	根据订单的到货期限，合理安排商品出库	
19	货物签收	根据不同物流方式的运输周期，对在订单要求的到货期限之内到达的订单实施签收	
20	应收账款/应付账款	更新应收或应付账款账期，接收或支付本期到期的应收账款和应付账款	
21	短贷/民间融资	更新短期贷款账期或获得新的贷款	
	还本付息	还本付息	
22	支付工资	按期支付员工的工资	
23	支付相关费用	按期支付相应的租赁费、维修费、库存管理费、行政管理费	
		按期支付相应的售后服务费	
24	慈善	捐款	

续表

序号	请按照顺序执行下列各项操作。每执行完一项操作，店长在相应的方格内打“√”		
	经 营 项 目	操 作 要 点	第 二 期
轮末	交税	缴纳相关税费	
	长贷	更新长期贷款账期，或者获得新的贷款	
	还本付息	支付利息或还本付息	
	关账	每轮经营结束，轮末进行关账	

表4-51　库存管理

商　　品	库存数量	所在仓库	未发单需求	差　　额
油烟机				
平板电视				
裤子				
西装				
床				
桌子				
项链				

（4）第二轮轮末相关报表，填写表 4-52 ～表 4-56。

表4-52　第二轮第二期产品核算表

商　　品	销售数量	销　售　额	成　　本	毛　　利
油烟机				
平板电视				
裤子				
西装				
床				
桌子				
项链				
合计				

表4-53　第二轮第二期现金流量表

序号	请按照顺序执行下列各项操作，在相应空格内填入资金变动变化			
	项　　目	具体开支目录	表　达　式	金　　额
期初	期初资金		+	
1	办公场所设立	改建 搬迁 租赁费 建筑维修费	−	
2	配送中心设立	改建 搬迁 租赁费 建筑维修费	−	
3	店铺开设	B店筹建	−	
4	网店装修	网店装修模板选择	−	
5	采购投标	商品采购	−	

续表

6	SEM推广	推广保证金（充值）	−	
7	站外推广	媒体推广（投标）	−	
8	货物出库	物流费	−	
9	货物签收	回款资金	+	
10	短贷/民间融资	短期借贷	+	
	还本付息	利息	−	
11	支付工资	工资	−	
12	支付相关费用	租赁费、维修费、库存管理费、行政管理费	−	
		售后服务费	−	
13	慈善	捐款	−	
轮末	交税	税费	−	
	长贷	长期借贷	+	
	还本付息	利息	−	
合计				

表4-54　第二轮第二期市场分析

目标人群		各小组市场占有率									
		A1	A2	A3	A4	A5	A6	A7	A8	A9	A10
综合人群	油烟机										
	平板电视										
	裤子										
	西装										
	床										
	桌子										
	项链										
	总占比										
低价人群	油烟机										
	平板电视										
	裤子										
	西装										
	床										
	桌子										
	项链										
	总占比										
犹豫人群	油烟机										
	平板电视										
	裤子										
	西装										
	床										
	桌子										
	项链										
	总占比										

续表

目标人群		各小组市场占有率									
		A1	A2	A3	A4	A5	A6	A7	A8	A9	A10
品牌人群	油烟机										
	平板电视										
	裤子										
	西装										
	床										
	桌子										
	项链										
	总占比										

表4-55　企业信息

企业信誉度		班级企业信誉度	
店铺总人气		班级店铺总人气	
总媒体影响力		班级总媒体影响力	
社会慈善		班级社会慈善	
店铺视觉值		班级店铺视觉值	
B2C模式		班级办公场所驻地影响	
员工经验值		班级员工业务能力	

表4-56　排行榜

项目小组	A1	A2	A3	A4	A5	A6	A7	A8	A9	A10
净利润										
总资产										
慈善										

二、轮末总结研讨

1. 财务分析

根据网店经营财务报表情况填写表 4-57 和表 4-58。

表4-57　第二轮利润表

利润表			
项　目	表达式	上轮值	当轮值
营业收入	+		
减：营业成本	−		
营业税金及附加	−		
销售费用	−		
管理费用	−		
财务费用	−		
营业利润	=		
加：营业外收入	+		

续表

减：营业外支出	−		
利润总额	=		
减：所得税费用	−		
净利润	=		

表4-58　第二轮资产负债表

资产负债表							
资　　产				负债及所有者权益			
项　　目	表达式	上轮值	当轮值	项　　目	表达式	上轮值	当轮值
流动资产				流动负债			
货币资金	+			短期借款	+		
其他应收款	+			应付账款	+		
应收账款	+			预收账款	+		
存货				应交税费	+		
原材料	+			流动负债合计	=		
在途物资	+			非流动负债			
库存商品	+			长期借款	+		
发出商品	+			非流动负债合计	=		
流动资产合计	=			负债合计	=		
非流动资产				所有者权益			
固定资产原值				实收资本	+		
土地和建筑	+			未分配利润	+		
机器和设备	+						
减：累计折旧	−						
固定资产账面价值	=						
在建工程	+						
非流动资产合计	=			所有者权益合计	=		
资产总计	=			负债和所有者权益总计	=		

2. 小组述职

述职环节要求：

（1）CEO（店长）组织本轮度述职工作。

（2）每个角色本着实事求是的原则，就自己现任职务履职的成绩、问题和经验进行阐述。

（3）时间限定在 1 分钟内，全部人员完成述职限定在 5 分钟内。

现在已经是第二轮结束，你肯定获得了很多不同于第一轮的感受，渐渐从感性走向理性。将你的感想记录下来和团队分享，如表 4-59 所示。

表4-59 第二轮总结与反思

1. 学会了什么？记录知识点：
2. 企业经营遇到了哪些问题？
3. 计划评价：
4. 下一轮准备如何改进？

任务三 差异竞争，多元发展——第三轮经营

学习目标：

1. 理解市场分析，掌握寻找市场的突破口，准确预算。
2. 完成第三轮模拟经营，结合经营数据找到解决经营中遇到的问题的方法。

一、轮度经营

（一）第三轮第一期经营

1. 第三轮第一期规划

新的一期即将开始，填写表 4-60。

表4-60 第三轮第一期计划书

类 别	内 容	具体分析
本轮经营目标	经营效果	
经营规划	业务计划	
	投资方案	
	营销策划	
计划落实记录		

2．开始经营

（1）数据魔方分析，如表 4-61 所示。

表4-61　第三轮第一期市场需求数据

商品名称	需求城市	市场平均价格	品牌人群需求数量	综合人群需求数量	低价人群需求数量	犹豫不定人群需求数量
床	北京	32.76	0	16	27	13
	沈阳	29.02	0	20	28	18
	石家庄	33.38	0	16	25	16
桌子	石家庄	52.04	0	7	11	6
	北京	54.61	0	7	11	6
	沈阳	56.16	0	6	13	7
油烟机	北京	21.2	0	12	18	10
	沈阳	23.04	0	12	18	12
	石家庄	23.73	0	11	20	10
平板电视	北京	18.86	0	18	33	16
	石家庄	18.27	0	19	28	19
	沈阳	19.44	0	15	27	13
	太原	19.83	0	15	32	19
项链	沈阳	72.96	0	15	23	14
	石家庄	81.41	0	16	24	15
	北京	70.66	0	16	29	16
手链	北京	66.96	0	8	10	6
	沈阳	72.72	0	6	11	6
	石家庄	76.32	0	7	10	6
裤子	北京	7.28	0	44	79	53
	沈阳	7.34	0	58	76	47
	哈尔滨	7.21	0	43	80	48
	广州	6.66	0	48	75	43
	石家庄	7.34	0	48	74	38
	太原	7.21	0	36	74	47
西装	广州	15.67	0	34	50	26
	沈阳	14.9	0	30	53	32
	石家庄	15.36	0	38	56	31
	北京	14.75	0	40	50	31
	太原	14.28	0	33	51	33
	哈尔滨	14.28	0	37	50	36

备注：本节提供的市场数据都是基于某次经营 10 人组经营数据，该数据仅供参考，实际数据以实际经营数值为准。

（2）供货市场分析。在电子商务沙盘系统中，只要经营的组数确定，那么每期的市场供应数值基本上是确定不变的，第三轮第一期市场供给数据如表 4-62 所示。

表4-62　第三轮第一期市场供给数据

公　　司	商　　品	促 销 方 式	数量（件）	单 位 体 积	最低价格（元/件）
黄金电子城	油烟机	数量大于：300 信誉度大于：200 享受账期：0 享受折扣：0.60	183	5	5.76
黄金电子城	平板电视	数量大于：100 信誉度大于：100 享受账期：0 享受折扣：0.90	375	6	4.86
时尚服装厂	裤子	数量大于：160 信誉度大于：150 享受账期：0 享受折扣：0.85	1516	3	1.7
时尚服装厂	西装	数量大于：100 信誉度大于：100 享受账期：0 享受折扣：0.90	1042	3	3.84
中意家具城	床	数量大于：70 信誉度大于：60 享受账期：0 享受折扣：0.90	280	10	7.8
中意家具城	桌子	数量大于：300 信誉度大于：200 享受账期：0 享受折扣：0.60	111	10	12.88
周大福珠宝商	项链	数量大于：150 信誉度大于：120 享受账期：0 享受折扣：0.85	253	2	19.2
周大福珠宝商	手链	数量大于：70 信誉度大于：60 享受账期：0 享受折扣：0.90	105	2	18

（3）经营活动。按照经营操作顺序进行具体的经营活动，并将活动情况记录在表 4-63 ~ 表 4-67 中。

表4-63　第三轮第一期间谍活动表

项 目 小 组		A1	A2	A3	A4	A5	A6	A7	A8	A9	A10
定价与数量	油烟机										
	平板电视										
	裤子										
	西装										
	床										
	桌子										
	项链										
	手链										
促销策略											

表4-64　采购计划

商　　品	采 购 数 量	采 购 价 格	采购预计资金	单 位 体 积	预 计 体 积	配 送 中 心
油烟机				5		
平板电视				6		
裤子				3		
西装				3		
床				10		
桌子				10		
项链				2		
手链				2		
合计						

表4-65　资金预算表

序号	请按照顺序执行下列各项操作，在相应空格内填入资金需求计划			
	项　目	具体开支目录	表 达 式	金　额
期初	期初资金		+	
1	办公场所设立	改建 搬迁 租赁费 建筑维修费	–	
2	配送中心设立	改建 搬迁 租赁费 建筑维修费	–	
3	店铺开设	B店筹建	–	
4	网店装修	网店装修模板选择	–	
5	采购投标	商品采购	–	
6	SEM推广	推广保证金（充值）	–	
7	站外推广	媒体推广（投标）	–	
8	货物出库	物流费	–	
9	短贷/民间融资	短期借贷	+	
	还本付息	利息	–	
10	支付工资	工资	–	
11	支付相关费用	租赁费、维修费、库存管理费、行政管理费	–	
		售后服务费	–	
12	慈善	捐款	–	
轮末	交税	税费	–	
	长贷	长期借贷	+	
	还本付息	利息	–	
借贷资金需求合计				
经营资金需求合计				

表4-66　第三轮第一期经营活动记录表

序号	请按照顺序执行下列各项操作。每执行完一项操作，店长在相应的方格内打“√”		
	经 营 项 目	操 作 要 点	第 一 期
期初	新期规划会议	店长召集团队召开轮度规划会议	
	数据魔方分析	分析商品市场需求数据	
1	办公场所设立	办公城市、办公室类型选择，员工招聘	
2	配送中心设立	配送中心城市、类型选择与租赁，员工招聘	
3	店铺开设	C店开设、B店筹建	
4	网店装修	网店装修模板选择	
5	采购投标	商品采购	
6	商品入库	商品入库	
7	商品发布	填写商品基本信息、商品物流信息及售后保障信息，发布商品	
8	SEO优化	搜索引擎优化，优化标题关键词，每个商品最多7个关键词	
9	SEM推广	搜索引擎推广，设置所销售商品相关的关键词的竞价价格	
10	SEM管理	根据推广计划，针对每种商品可以设计不同的推广组	
11	团购	设置某种商品的团购活动	

续表

序号	请按照顺序执行下列各项操作。每执行完一项操作，店长在相应的方格内打“√”		
	经 营 项 目	操 作 要 点	第 一 期
12	秒杀	设置某种商品的秒杀活动	
13	套餐	设置某种商品的套餐活动	
14	促销	设置某种商品的促销活动	
15	站外推广	选择央视、网络广告联盟、百度三种媒体中的一种或多种进行推广	
16	订单分发	将订单进行整理、分类后，根据到达城市，选择适当的配送中心准备出库	
17	物流选择	将已经指定配送中心的订单进行整理、分类，选择适当的物流方式准备出库	
18	货物出库	根据订单的到货期限，合理安排商品出库	
19	货物签收	根据不同物流方式的运输周期，对在订单要求的到货期限之内到达的订单实施签收	
20	应收账款/应付账款	更新应收或应付账款账期，接收或支付本期到期的应收账款和应付账款	
21	短贷/民间融资	更新短期贷款账期或获得新的贷款	
	还本付息	还本付息	
22	支付工资	按期支付员工的工资	
23	支付相关费用	按期支付相应的租赁费、维修费、库存管理费、行政管理费	
		按期支付相应的售后服务费	
24	慈善	捐款	
轮末	交税	缴纳相关税费	
	长贷	更新长期贷款账期，或者获得新的贷款	
	还本付息	支付利息或还本付息	
	关账	每轮经营结束，轮末进行关账	

表4-67　库存管理

商　　品	库存数量	所在仓库	未发单需求	差　　额
油烟机				
平板电视				
裤子				
西装				
床				
桌子				
项链				
手链				

（4）第一期期末相关报表。填写表 4-68 ~ 表 4-72。

表4-68　第三轮第一期产品核算表

商　　品	销售数量	销　售　额	成　　本	毛　　利
油烟机				
平板电视				
裤子				

续表

西装				
床				
桌子				
项链				
手链				
合计				

表4-69　第三轮第一期现金流量表

序号	请按照顺序执行下列各项操作，在相应空格内填入资金变动变化			
	项　目	具体开支目录	表 达 式	金　额
期初	期初资金		+	
1	办公场所设立	改建 搬迁 租赁费 建筑维修费	–	
2	配送中心设立	改建 搬迁 租赁费 建筑维修费	–	
3	店铺开设	B店筹建	–	
4	网店装修	网店装修模板选择	–	
5	采购投标	商品采购	–	
6	SEM推广	推广保证金（充值）	–	
7	站外推广	媒体推广（投标）	–	
8	货物出库	物流费	–	
9	货物签收	回款资金	+	
10	短贷/民间融资	短期借贷	+	
	还本付息	利息	–	
11	支付工资	工资	–	
12	支付相关费用	租赁费、维修费、库存管理费、行政管理费	–	
		售后服务费	–	
13	慈善	捐款	–	
轮末	交税	税费	–	
	长贷	长期借贷	+	
	还本付息	利息	–	
合计				

表4-70　第三轮第一期市场分析

目标人群		各小组市场占有率									
		A1	A2	A3	A4	A5	A6	A7	A8	A9	A10
综合人群	油烟机										
	平板电视										
	裤子										
	西装										
	床										
	桌子										
	项链										
	手链										
	总占比										
低价人群	油烟机										
	平板电视										
	裤子										
	西装										
	床										
	桌子										
	项链										
	手链										
	总占比										
犹豫人群	油烟机										
	平板电视										
	裤子										
	西装										
	床										
	桌子										
	项链										
	手链										
	总占比										
品牌人群	油烟机										
	平板电视										
	裤子										
	西装										
	床										
	桌子										
	项链										
	手链										
	总占比										

表4-71　企业信息

企业信誉度		班级企业信誉度	
店铺总人气		班级店铺总人气	
总媒体影响力		班级总媒体影响力	

续表

社会慈善		班级社会慈善	
店铺视觉值		班级店铺视觉值	
B2C模式		班级办公场所驻地影响	
员工经验值		班级员工业务能力	

表4-72　排行榜

项目小组	A1	A2	A3	A4	A5	A6	A7	A8	A9	A10
净利润										
总资产										
慈善										

（二）第三轮第二期经营

1. 第三轮第二期规划

网店经营团队召开新的一期规划会议，网店的管理层需要根据对第三轮第一期经营环节和竞争对手的分析做出相应调整，填写第三轮第二期计划书，如表 4-73 所示。

表4-73　第三轮第二期计划书

类　别	内　容	具体分析
本轮经营目标	经营效果	
经营规划	业务计划	
	投资方案	
	营销策划	
计划落实记录		

2. 开始经营

（1）数据魔方分析。数据魔方为卖家提供不同类目商品的市场需求信息，即某类商品在不同城市的市场平均价格及 4 类不同需求人群的市场需求数量和基于大数据的关键词的相关数据信息，如表 4-74 所示。

表4-74　第三轮第二期市场需求数据

商品名称	需求城市	市场平均价格	品牌人群需求数量	综合人群需求数量	低价人群需求数量	犹豫不定人群需求数量
床	北京	26.78	12	16	22	11
	沈阳	27.07	11	16	23	11
	石家庄	29.09	12	17	24	10
柜子	沈阳	59.4	5	7	11	5
	北京	58.8	5	9	9	4
	石家庄	63.6	4	6	10	5

续表

商品名称	需求城市	市场平均价格	品牌人群需求数量	综合人群需求数量	低价人群需求数量	犹豫不定人群需求数量
平板电视	太原	17.7	9	17	20	9
	沈阳	16.29	11	14	24	12
	石家庄	18.4	9	18	18	10
	北京	16.64	12	19	21	11
项链	石家庄	82.08	9	14	21	10
	北京	74.48	10	17	18	9
	沈阳	79.04	10	16	21	9
手链	沈阳	66.35	6	8	14	6
	北京	66.35	6	9	14	7
	石家庄	73.87	7	9	13	7
裤子	沈阳	6.36	21	26	44	21
	太原	5.97	25	30	46	25
	广州	6.3	20	33	41	19
	北京	6.56	21	39	39	23
	石家庄	6.95	25	34	49	22
	哈尔滨	6.23	18	35	41	19
西装	石家庄	14.43	20	34	44	25
	北京	14.87	20	37	35	17
	太原	14.43	20	29	39	21
	哈尔滨	15.46	22	34	41	24
	广州	14.28	24	30	45	20
	沈阳	13.98	22	35	45	20

备注：本章节提供的市场数据都是基于某次经营 10 人组经营数据，该数据仅供参考，实际数据以实际经营数值为准。

（2）供货市场分析。在电子商务沙盘系统中，只要经营的组数确定，那么每期的市场供应数值基本上是确定不变的，第三轮第二期市场供给数据如表 4-75 所示。

表4-75　第三轮第二期市场供给数据

公　司	商　品	促销方式	数量（件）	单位体积	最低价格（元/件）
黄金电子城	平板电视	数量大于：160 信誉度大于：150 享受账期：0 享受折扣：0.85	360	6	4.38
时尚服装厂	裤子	数量大于：100 信誉度大于：100 享受账期：0 享受折扣：0.90	1114	3	1.64
时尚服装厂	西装	数量大于：300 信誉度大于：200 享受账期：0 享受折扣：0.60	1032	3	3.68
中意家具城	床	数量大于：100 信誉度大于：100 享受账期：0 享受折扣：0.90	267	10	7.2
中意家具城	柜子	数量大于：200 信誉度大于：200 享受账期：0 享受折扣：0.80	120	10	15

续表

公　司	商　品	促销方式	数量（件）	单位体积	最低价格（元/件）
周大福珠宝商	项链	数量大于：50 信誉度大于：50 享受账期：0 享受折扣：0.95	237	2	19
周大福珠宝商	手链	数量大于：150 信誉度大于：120 享受账期：0 享受折扣：0.85	159	2	17.1

（3）经营活动。按照经营操作顺序进行具体的经营活动，并将活动情况记录在表 4-76 ~ 表 4-80 中。

表4-76　第三轮第二期间谍活动表

项目小组		A1	A2	A3	A4	A5	A6	A7	A8	A9	A10
定价与数量	平板电视										
	裤子										
	西装										
	床										
	柜子										
	项链										
	手链										
促销策略											

表4-77　采购计划

商　品	采购数量	采购价格	采购预计资金	单位体积	预计体积	配送中心
平板电视				6		
裤子				3		
西装				3		
床				10		
柜子				10		
项链				2		
手链				2		
合计						

表4-78　资金预算表

序号	请按照顺序执行下列各项操作，在相应空格内填入资金需求计划			
	项　目	具体开支目录	表达式	金　额
期初	期初资金		+	
1	办公场所设立	改建 搬迁 租赁费 建筑维修费	-	

续表

<table>
<tr><td rowspan="2">序号</td><td colspan="4">请按照顺序执行下列各项操作，在相应空格内填入资金需求计划</td></tr>
<tr><td>项　目</td><td>具体开支目录</td><td>表 达 式</td><td>金　额</td></tr>
<tr><td>2</td><td>配送中心设立</td><td>改建
搬迁
租赁费
建筑维修费</td><td>−</td><td></td></tr>
<tr><td>3</td><td>店铺开设</td><td>B店筹建</td><td>−</td><td></td></tr>
<tr><td>4</td><td>网店装修</td><td>网店装修模板选择</td><td>−</td><td></td></tr>
<tr><td>5</td><td>采购投标</td><td>商品采购</td><td>−</td><td></td></tr>
<tr><td>6</td><td>SEM推广</td><td>推广保证金（充值）</td><td>−</td><td></td></tr>
<tr><td>7</td><td>站外推广</td><td>媒体推广（投标）</td><td>−</td><td></td></tr>
<tr><td>8</td><td>货物出库</td><td>物流费</td><td>−</td><td></td></tr>
<tr><td rowspan="2">9</td><td>短贷/民间融资</td><td>短期借贷</td><td>+</td><td></td></tr>
<tr><td>还本付息</td><td>利息</td><td>−</td><td></td></tr>
<tr><td>10</td><td>支付工资</td><td>工资</td><td>−</td><td></td></tr>
<tr><td rowspan="2">11</td><td rowspan="2">支付相关费用</td><td>租赁费、维修费、库存管理费、行政管理费</td><td>−</td><td></td></tr>
<tr><td>售后服务费</td><td>−</td><td></td></tr>
<tr><td>12</td><td>慈善</td><td>捐款</td><td>−</td><td></td></tr>
<tr><td rowspan="3">轮末</td><td>交税</td><td>税费</td><td>−</td><td></td></tr>
<tr><td>长贷</td><td>长期借贷</td><td>+</td><td></td></tr>
<tr><td>还本付息</td><td>利息</td><td>−</td><td></td></tr>
<tr><td colspan="4">借贷资金需求合计</td><td></td></tr>
<tr><td colspan="4">经营资金需求合计</td><td></td></tr>
</table>

表4-79　第三轮第二期经营活动记录表

<table>
<tr><td rowspan="2">序号</td><td colspan="3">请按照顺序执行下列各项操作。每执行完一项操作，店长在相应的方格内打“√”</td></tr>
<tr><td>经 营 项 目</td><td>操 作 要 点</td><td>第 二 期</td></tr>
<tr><td rowspan="2">期初</td><td>新期规划会议</td><td>店长召集团队召开轮度规划会议</td><td></td></tr>
<tr><td>数据魔方分析</td><td>分析商品市场需求数据</td><td></td></tr>
<tr><td>1</td><td>办公场所设立</td><td>办公城市、办公室类型选择，员工招聘</td><td></td></tr>
<tr><td>2</td><td>配送中心设立</td><td>配送中心城市、类型选择与租赁，员工招聘</td><td></td></tr>
<tr><td>3</td><td>店铺开设</td><td>C店开设、B店筹建</td><td></td></tr>
<tr><td>4</td><td>网店装修</td><td>网店装修模板选择</td><td></td></tr>
<tr><td>5</td><td>采购投标</td><td>商品采购</td><td></td></tr>
<tr><td>6</td><td>商品入库</td><td>商品入库</td><td></td></tr>
<tr><td>7</td><td>商品发布</td><td>填写商品基本信息、商品物流信息及售后保障信息，发布商品</td><td></td></tr>
<tr><td>8</td><td>SEO优化</td><td>搜索引擎优化，优化标题关键词，每个商品最多7个关键词</td><td></td></tr>
<tr><td>9</td><td>SEM推广</td><td>搜索引擎推广，设置所销售商品相关的关键词的竞价价格</td><td></td></tr>
<tr><td>10</td><td>SEM管理</td><td>根据推广计划，针对每种商品可以设计不同的推广组</td><td></td></tr>
<tr><td>11</td><td>团购</td><td>设置某种商品的团购活动</td><td></td></tr>
<tr><td>12</td><td>秒杀</td><td>设置某种商品的秒杀活动</td><td></td></tr>
<tr><td>13</td><td>套餐</td><td>设置某种商品的套餐活动</td><td></td></tr>
<tr><td>14</td><td>促销</td><td>设置某种商品的促销活动</td><td></td></tr>
<tr><td>15</td><td>站外推广</td><td>选择央视、网络广告联盟、百度三种媒体中的一种或多种进行推广</td><td></td></tr>
</table>

续表

序号	请按照顺序执行下列各项操作。每执行完一项操作，店长在相应的方格内打“√”		
	经营项目	操作要点	第二期
16	订单分发	将订单进行整理、分类后，根据到达城市，选择适当的配送中心准备出库	
17	物流选择	将已经指定配送中心的订单进行整理、分类，选择适当的物流方式准备出库	
18	货物出库	根据订单的到货期限，合理安排商品出库	
19	货物签收	根据不同物流方式的运输周期，对在订单要求的到货期限之内到达的订单实施签收	
20	应收账款/应付账款	更新应收或应付账款账期，接收或支付本期到期的应收账款和应付账款	
21	短贷/民间融资	更新短期贷款账期或获得新的贷款	
	还本付息	还本付息	
22	支付工资	按期支付员工的工资	
23	支付相关费用	按期支付相应的租赁费、维修费、库存管理费、行政管理费	
		按期支付相应的售后服务费	
24	慈善	捐款	
轮末	交税	缴纳相关税费	
	长贷	更新长期贷款账期，或者获得新的贷款	
	还本付息	支付利息或还本付息	
	关账	每轮经营结束，轮末进行关账	

表4-80　库存管理

商品	库存数量	所在仓库	未发单需求	差额	备注
油烟机					已过生命周期
平板电视					
裤子					
西装					
床					
柜子					
桌子					已过生命周期
项链					
手链					

（4）第三轮轮末相关报表。填写表 4-81 ~ 表 4-85。

表4-81　第三轮第二期产品核算表

商品	销售数量	销售额	成本	毛利
平板电视				
裤子				
西装				
床				
柜子				
项链				
手链				
合计				

表4-82　第三轮第二期现金流量表

序号	请按照顺序执行下列各项操作，在相应空格内填入资金变动变化			
	项　目	具体开支目录	表 达 式	金　额
期初	期初资金		+	
1	办公场所设立	改建 搬迁 租赁费 建筑维修费	–	
2	配送中心设立	改建 搬迁 租赁费 建筑维修费	–	
3	店铺开设	B店筹建	–	
4	网店装修	网店装修模板选择	–	
5	采购投标	商品采购	–	
6	SEM推广	推广保证金（充值）	–	
7	站外推广	媒体推广（投标）	–	
8	货物出库	物流费	–	
9	货物签收	回款资金	+	
10	短贷/民间融资	短期借贷	+	
	还本付息	利息	–	
11	支付工资	工资	–	
12	支付相关费用	租赁费、维修费、库存管理费、行政管理费	–	
		售后服务费	–	
13	慈善	捐款	–	
轮末	交税	税费	–	
	长贷	长期借贷	+	
	还本付息	利息	–	
合计				

表4-83　第三轮第二期市场分析

目标人群		各小组市场占有率									
		A1	A2	A3	A4	A5	A6	A7	A8	A9	A10
综合人群	平板电视										
	裤子										
	西装										
	床										
	柜子										
	项链										
	手链										
	总占比										

续表

目标人群		各小组市场占有率									
		A1	A2	A3	A4	A5	A6	A7	A8	A9	A10
低价人群	平板电视										
	裤子										
	西装										
	床										
	柜子										
	项链										
	手链										
	总占比										
犹豫人群	平板电视										
	裤子										
	西装										
	床										
	柜子										
	项链										
	手链										
	总占比										
品牌人群	平板电视										
	裤子										
	西装										
	床										
	柜子										
	项链										
	手链										
	总占比										

表4-84　企业信息

企业信誉度		班级企业信誉度	
店铺总人气		班级店铺总人气	
总媒体影响力		班级总媒体影响力	
社会慈善		班级社会慈善	
店铺视觉值		班级店铺视觉值	
B2C模式		班级办公场所驻地影响	
员工经验值		班级员工业务能力	

表4-85　排行榜

项目小组	A1	A2	A3	A4	A5	A6	A7	A8	A9	A10
净利润										
总资产										
慈善										

二、轮末总结研讨

1. 财务分析

根据网店经营财务报表情况填写表 4-86 和表 4-87。

表4-86　第三轮利润表

利　润　表			
项　　目	表　达　式	上　轮　值	当　轮　值
营业收入	+		
减：营业成本	–		
营业税金及附加	–		
销售费用	–		
管理费用	–		
财务费用	–		
营业利润	=		
加：营业外收入	+		
减：营业外支出	–		
利润总额	=		
减：所得税费用	–		
净利润	=		

表4-87　第三轮资产负债表

资产负债表							
资　　产				负债及所有者权益			
项　　目	表达式	上轮值	当轮值	项　　目	表达式	上轮值	当轮值
流动资产				流动负债			
货币资金	+			短期借款	+		
其他应收款	+			应付账款	+		
应收账款	+			预收账款	+		
存货				应交税费	+		
原材料	+			流动负债合计	=		
在途物资	+			非流动负债			
库存商品	+			长期借款	+		
发出商品	+			非流动负债合计	=		
流动资产合计	=			负债合计	=		
非流动资产				所有者权益			
固定资产原值				实收资本	+		
土地和建筑	+			未分配利润	+		
机器和设备	+						
减：累计折旧	–						
固定资产账面价值	=						
在建工程	+						
非流动资产合计	=			所有者权益合计	=		
资产总计	=			负债和所有者权益总计	=		

2. 小组述职

述职环节要求：

（1）CEO（店长）组织本轮度述职工作。

（2）每个角色本着实事求是的原则，就自己现任职务履职的成绩、问题和经验进行阐述。

（3）时间限定在1分钟内，全部人员完成述职限定在5分钟内。

三轮时间是一个很长的跨度，回过头审视你们的战略是否成功，对商品和市场做一次精确分析有助于发现利润在哪里，如表4-88所示。

表4-88　第三轮总结与反思

1. 学会了什么？记录知识点：
2. 企业经营遇到了哪些问题？
3. 计划评价：
4. 下一轮准备如何改进？

任务四　计划管理，细节取胜——第四轮经营

学习目标：

1. 解读市场分析，掌握寻找市场的突破口，准确预算。
2. 完成第四轮模拟经营，树立全局观念。

一、轮度经营

（一）第四轮第一期经营

1. 第四轮第一期规划

新的一期即将开始，填写表 4-89。

2. 开始经营

（1）数据魔方分析，如表 4-90 所示。

表4-89　第四轮第一期计划书

类　别	内　容	具体分析
本轮经营目标	经营效果	
经营规划	业务计划	
	投资方案	
	营销策划	
计划落实记录		

表4-90　第四轮第一期市场需求数据

商品名称	需求城市	市场平均价格	品牌人群需求数量	综合人群需求数量	低价人群需求数量	犹豫不定人群需求数量
床	太原	26.14	7	9	15	7
	北京	26.14	7	13	14	7
	沈阳	26.4	7	11	12	6
	石家庄	23.76	7	11	15	7
柜子	沈阳	57.41	5	7	10	5
	石家庄	50.78	5	7	11	5
	北京	59.62	5	8	11	5
	太原	54.1	5	9	10	5
平板电视	沈阳	16.16	9	14	21	10
	太原	16.63	9	15	18	10
	北京	15.84	9	13	19	8
	石家庄	16	11	14	19	10
热水器	沈阳	18.2	11	18	20	12
	石家庄	18.6	11	17	18	10
	北京	21.4	9	15	19	11
	太原	20.8	11	16	22	11
项链	太原	81.97	6	10	14	6
	北京	72.19	6	9	14	6
	沈阳	71.44	5	8	12	6
	石家庄	81.97	7	11	12	6
手链	太原	62.21	6	9	12	6
	沈阳	66.1	5	9	10	6
	北京	60.26	6	11	11	6
	石家庄	66.74	6	12	12	6

续表

裤子	北京	5.62	10	19	22	13
	石家庄	6.8	12	16	24	11
	哈尔滨	6.3	13	16	25	13
	沈阳	6.36	14	19	27	12
	太原	6.05	12	21	21	11
	广州	6.74	13	19	27	13
西装	北京	15.21	16	22	29	14
	沈阳	14.5	14	23	28	13
	石家庄	15.21	14	26	29	13
	海口	15.21	13	24	27	12
	哈尔滨	15.07	14	17	29	14
	长沙	13.94	16	26	28	15
	太原	13.09	14	26	26	14
	广州	12.81	13	23	23	14

备注：本节提供的市场数据都是基于某次经营 10 人组经营数据，该数据仅供参考，实际数据以实际经营数值为准。

（2）供货市场分析。在电子商务沙盘系统中，只要经营的组数确定，那么每期的市场供应数值基本上是确定不变的，第四轮第一期市场供给数据如表 4-91 所示。

（3）经营活动。按照经营操作顺序进行具体的经营活动，并将活动情况记录在表 4-92 ~ 表 4-96 中。

表4-91　第四轮第一期市场供给数据

公　　司	商　　品	促 销 方 式	数量（件）	单 位 体 积	最低价格（元/件）
黄金电子城	平板电视	数量大于：160 信誉度大于：150 享受账期：0 享受折扣：0.85	315	6	3.96
黄金电子城	热水器	数量大于：160 信誉度大于：150 享受账期：0 享受折扣：0.85	345	6	5
时尚服装厂	裤子	数量大于：300 信誉度大于：200 享受账期：0 享受折扣：0.60	609	3	1.56
时尚服装厂	西装	数量大于：300 信誉度大于：200 享受账期：0 享受折扣：0.60	976	3	3.52
中意家具城	床	数量大于：160 信誉度大于：150 享受账期：0 享受折扣：0.85	231	10	6.6
中意家具城	柜子	数量大于：160 信誉度大于：150 享受账期：0 享受折扣：0.85	162	10	13.8
周大福珠宝商	项链	数量大于：150 信誉度大于：120 享受账期：0 享受折扣：0.85	204	2	18.8
周大福珠宝商	手链	数量大于：200 信誉度大于：200 享受账期：0 享受折扣：0.80	199	2	16.2

表4-92 第四轮第一期间谍活动表

项目小组		A1	A2	A3	A4	A5	A6	A7	A8	A9	A10
定价与数量	平板电视										
	热水器										
	裤子										
	西装										
	床										
	柜子										
	项链										
	手链										
促销策略											

表4-93 采购计划

商　　品	采购数量	采购价格	采购预计资金	单位体积	预计体积	配送中心
平板电视				6		
热水器				3		
裤子				10		
西装				2		
床				10		
柜子				6		
项链				3		
手链				2		
合计						

表4-94 资金预算表

序号	请按照顺序执行下列各项操作，在相应空格内填入资金需求计划			
	项　　目	具体开支目录	表　达　式	金　　额
期初	期初资金		+	
1	办公场所设立	改建 搬迁 租赁费 建筑维修费	–	
2	配送中心设立	改建 搬迁 租赁费 建筑维修费	–	
3	店铺开设	B店筹建	–	
4	网店装修	网店装修模板选择	–	
5	采购投标	商品采购	–	
6	SEM推广	推广保证金（充值）	–	
7	站外推广	媒体推广（投标）	–	
8	货物出库	物流费	–	
9	短贷/民间融资	短期借贷	+	
	还本付息	利息	–	
10	支付工资	工资	–	
11	支付相关费用	租赁费、维修费、库存管理费、行政管理费	–	
		售后服务费	–	

续表

12	慈善	捐款	−	
轮末	交税	税费	−	
	长贷	长期借贷	+	
	还本付息	利息	−	
借贷资金需求合计				
经营资金需求合计				

表4-95　第四轮第一期经营活动记录表

序号	请按照顺序执行下列各项操作。每执行完一项操作，店长在相应的方格内打“√”		
	经 营 项 目	操 作 要 点	第 一 期
期初	新期规划会议	店长召集团队召开轮度规划会议	
	数据魔方分析	分析商品市场需求数据	
1	办公场所设立	办公城市、办公室类型选择，员工招聘	
2	配送中心设立	配送中心城市、类型选择与租赁，员工招聘	
3	店铺开设	C店开设、B店筹建	
4	网店装修	网店装修模板选择	
5	采购投标	商品采购	
6	商品入库	商品入库	
7	商品发布	填写商品基本信息、商品物流信息及售后保障信息，发布商品	
8	SEO优化	搜索引擎优化，优化标题关键词，每个商品最多7个关键词	
9	SEM推广	搜索引擎推广，设置所销售商品相关的关键词的竞价价格	
10	SEM管理	根据推广计划，针对每种商品可以设计不同的推广组	
11	团购	设置某种商品的团购活动	
12	秒杀	设置某种商品的秒杀活动	
13	套餐	设置某种商品的套餐活动	
14	促销	设置某种商品的促销活动	
15	站外推广	选择央视、网络广告联盟、百度三种媒体中的一种或多种进行推广	
16	订单分发	将订单进行整理、分类后，根据到达城市，选择适当的配送中心准备出库	
17	物流选择	将已经指定配送中心的订单进行整理、分类，选择适当的物流方式准备出库	
18	货物出库	根据订单的到货期限，合理安排商品出库	
19	货物签收	根据不同物流方式的运输周期，对在订单要求的到货期限之内到达的订单实施签收	
20	应收账款/应付账款	更新应收或应付账款账期，接收或支付本期到期的应收账款和应付账款	
21	短贷/民间融资	更新短期贷款账期或获得新的贷款	
	还本付息	还本付息	
22	支付工资	按期支付员工的工资	
23	支付相关费用	按期支付相应的租赁费、维修费、库存管理费、行政管理费	
		按期支付相应的售后服务费	
24	慈善	捐款	
轮末	交税	缴纳相关税费	
	长贷	更新长期贷款账期，或者获得新的贷款	
	还本付息	支付利息或还本付息	
	关账	每轮经营结束，轮末进行关账	

表4-96　库存管理

商　　品	库存数量	所在仓库	未发单需求	差　　额	备　　注
平板电视					
热水器					
裤子					
西装					
床					
柜子					
项链					
手链					
油烟机					已过生命周期
桌子					已过生命周期

（4）第一期期末相关报表。填写表 4-97 ～表 4-101。

表4-97　第四轮第一期产品核算表

商　　品	销售数量	销　售　额	成　　本	毛　　利
平板电视				
热水器				
裤子				
西装				
床				
柜子				
项链				
手链				
合计				

表4-98　第四轮第一期现金流量表

序号	请按照顺序执行下列各项操作，在相应空格内填入资金变动变化			
	项　　目	具体开支目录	表　达　式	金　　额
期初	期初资金		+	
1	办公场所设立	改建 搬迁 租赁费 建筑维修费	–	
2	配送中心设立	改建 搬迁 租赁费 建筑维修费	–	
3	店铺开设	B店筹建	–	
4	网店装修	网店装修模板选择	–	
5	采购投标	商品采购	–	
6	SEM推广	推广保证金（充值）	–	
7	站外推广	媒体推广（投标）	–	
8	货物出库	物流费	–	

续表

9	货物签收	回款资金	+	
10	短贷/民间融资	短期借贷	+	
	还本付息	利息	−	
11	支付工资	工资	−	
12	支付相关费用	租赁费、维修费、库存管理费、行政管理费	−	
		售后服务费	−	
13	慈善	捐款	−	
轮末	交税	税费	−	
	长贷	长期借贷	+	
	还本付息	利息	−	
合计				

表4-99　第四轮第一期市场分析

目标人群		各小组市场占有率									
		A1	A2	A3	A4	A5	A6	A7	A8	A9	A10
综合人群	平板电视										
	热水器										
	裤子										
	西装										
	床										
	柜子										
	项链										
	手链										
	总占比										
低价人群	平板电视										
	热水器										
	裤子										
	西装										
	床										
	柜子										
	项链										
	手链										
	总占比										
犹豫人群	平板电视										
	热水器										
	裤子										
	西装										
	床										
	柜子										
	项链										
	手链										
	总占比										

续表

目标人群		各小组市场占有率									
		A1	A2	A3	A4	A5	A6	A7	A8	A9	A10
品牌人群	平板电视										
	热水器										
	裤子										
	西装										
	床										
	柜子										
	项链										
	手链										
	总占比										

表4-100　企业信息

企业信誉度		班级企业信誉度	
店铺总人气		班级店铺总人气	
总媒体影响力		班级总媒体影响力	
社会慈善		班级社会慈善	
店铺视觉值		班级店铺视觉值	
B2C模式		班级办公场所驻地影响	
员工经验值		班级员工业务能力	

表4-101　排行榜

项目小组	A1	A2	A3	A4	A5	A6	A7	A8	A9	A10
净利润										
总资产										
慈善										

（二）第四轮第二期经营

1．第四轮第二期规划

网店经营团队召开新的一期规划会议，网店的管理层需要根据对第四轮第一期经营环节和竞争对手的分析做出相应调整，填写第四轮第二期计划书，如表 4-102 所示。

表4-102　第四轮第二期计划书

类　别	内　容	具体分析
本轮经营目标	经营效果	
经营规划	业务计划	
	投资方案	
	营销策划	
计划落实记录		

2. 开始经营

（1）数据魔方分析。数据魔方为卖家提供不同类目商品的市场需求信息，即某类商品在不同城市的市场平均价格及 4 类不同需求人群的市场需求数量和基于大数据的关键词的相关数据信息，如表 4-103 所示。

表4-103　第四轮第二期市场需求数据

商品名称	需求城市	市场平均价格	品牌人群需求数量	综合人群需求数量	低价人群需求数量	犹豫不定人群需求数量
床	北京	26.11	6	8	10	5
	石家庄	24.64	6	8	11	6
	沈阳	22.2	6	8	11	6
	太原	24.16	6	9	10	5
柜子	太原	46.92	6	9	13	6
	沈阳	46.92	6	9	12	6
	石家庄	46.41	6	11	11	5
	北京	46.41	6	10	13	6
平板电视	沈阳	13.74	7	10	14	6
	北京	15.43	7	10	14	7
	太原	13.88	8	10	16	7
	石家庄	12.89	6	10	14	7
热水器	沈阳	19.44	12	18	20	11
	北京	18.54	12	17	25	13
	太原	19.08	10	16	26	12
	石家庄	19.08	12	22	22	12
项链	北京	77.38	5	7	8	5
	沈阳	72.17	4	6	9	5
	石家庄	78.86	4	7	9	4
	太原	70.68	5	5	10	5
手链	石家庄	60.06	6	9	13	6
	沈阳	61.3	7	10	12	6
	北京	66.87	6	12	12	6
	太原	67.49	6	11	11	5
西装	海口	12.78	12	19	23	12
	北京	12.78	14	24	25	13
	沈阳	12.38	13	19	27	11
	广州	12.78	12	21	23	13
	长沙	13.6	12	24	27	13
	石家庄	12.24	13	20	27	12
	太原	14.14	12	18	28	15
	哈尔滨	12.92	13	23	26	12

续表

连衣裙	沈阳	10.8	16	30	30	18
	太原	13.08	16	24	36	19
	哈尔滨	12.84	16	24	34	17
	海口	12.48	17	27	32	14
	北京	12.84	15	28	27	14
	长沙	11.88	17	25	35	19
	石家庄	11.52	18	28	35	19
	广州	11.4	15	27	32	15

备注：本节提供的市场数据都是基于某次经营 10 人组经营数据，该数据仅供参考，实际数据以实际经营数值为准。

（2）供货市场分析。在电子商务沙盘系统中，只要经营的组数确定，那么每期的市场供应数值基本上是确定不变的，第四轮第二期市场供给数据如表 4-104 所示。

表4-104　第四轮第二期市场供给数据

公　司	商　品	促销方式	数量（件）	单位体积	最低价格（元/件）
黄金电子城	平板电视	数量大于：70 信誉度大于：60 享受账期：0 享受折扣：0.90	240	6	3.54
黄金电子城	热水器	数量大于：200 信誉度大于：200 享受账期：0 享受折扣：0.80	400	6	4.5
时尚服装厂	西装	数量大于：300 信誉度大于：200 享受账期：0 享受折扣：0.60	874	3	3.4
时尚服装厂	连衣裙	数量大于：150 信誉度大于：120 享受账期：0 享受折扣：0.85	1125	3	3
中意家具城	床	数量大于：100 信誉度大于：100 享受账期：0 享受折扣：0.90	175	10	6.1
中意家具城	柜子	数量大于：100 信誉度大于：100 享受账期：0 享受折扣：0.90	198	10	12.75
周大福珠宝商	项链	数量大于：150 信誉度大于：120 享受账期：0 享受折扣：0.85	153	2	18.6
周大福珠宝商	手链	数量大于：50 信誉度大于：50 享受账期：0 享受折扣：0.95	228	2	15.48

（3）经营活动。按照经营操作顺序进行具体的经营活动，并将活动情况记录在表 4-105 ~ 表 4-109 中。

表4-105　第四轮第二期间谍活动表

项目小组		A1	A2	A3	A4	A5	A6	A7	A8	A9	A10
定价与数量	平板电视										
	热水器										
	西装										
	连衣裙										
	床										
	柜子										
	项链										
	手链										
促销策略											

表4-106　采购计划

商　品	采购数量	采购价格	采购预计资金	单位体积	预计体积	配送中心
平板电视				6		
热水器				6		
西装				3		
连衣裙				3		
床				10		
柜子				10		
项链				2		
手链				2		
合计						

表4-107　资金预算表

序号	请按照顺序执行下列各项操作，在相应空格内填入资金需求计划			
	项　目	具体开支目录	表 达 式	金　额
期初	期初资金		+	
1	办公场所设立	改建 搬迁 租赁费 建筑维修费	−	
2	配送中心设立	改建 搬迁 租赁费 建筑维修费	−	
3	店铺开设	B店筹建	−	
4	网店装修	网店装修模板选择	−	
5	采购投标	商品采购	−	
6	SEM推广	推广保证金（充值）	−	
7	站外推广	媒体推广（投标）	−	
8	货物出库	物流费	−	
9	短贷/民间融资	短期借贷	+	
	还本付息	利息	−	
10	支付工资	工资	−	
11	支付相关费用	租赁费、维修费、库存管理费、行政管理费	−	
		售后服务费	−	
12	慈善	捐款	−	
轮末	交税	税费	−	
	长贷	长期借贷	+	
	还本付息	利息	−	
借贷资金需求合计				
经营资金需求合计				

表4-108　第四轮第二期经营活动记录表

<table>
<tr><td rowspan="2">序号</td><td colspan="3">请按照顺序执行下列各项操作。每执行完一项操作，店长在相应的方格内打“√”</td></tr>
<tr><td>经营项目</td><td>操作要点</td><td>第二期</td></tr>
<tr><td rowspan="2">期初</td><td>新期规划会议</td><td>店长召集团队召开轮度规划会议</td><td></td></tr>
<tr><td>数据魔方分析</td><td>分析商品市场需求数据</td><td></td></tr>
<tr><td>1</td><td>办公场所设立</td><td>办公城市、办公室类型选择，员工招聘</td><td></td></tr>
<tr><td>2</td><td>配送中心设立</td><td>配送中心城市、类型选择与租赁，员工招聘</td><td></td></tr>
<tr><td>3</td><td>店铺开设</td><td>C店开设、B店筹建</td><td></td></tr>
<tr><td>4</td><td>网店装修</td><td>网店装修模板选择</td><td></td></tr>
<tr><td>5</td><td>采购投标</td><td>商品采购</td><td></td></tr>
<tr><td>6</td><td>商品入库</td><td>商品入库</td><td></td></tr>
<tr><td>7</td><td>商品发布</td><td>填写商品基本信息、商品物流信息及售后保障信息，发布商品</td><td></td></tr>
<tr><td>8</td><td>SEO优化</td><td>搜索引擎优化，优化标题关键词，每个商品最多7个关键词</td><td></td></tr>
<tr><td>9</td><td>SEM推广</td><td>搜索引擎推广，设置所销售商品相关的关键词的竞价价格</td><td></td></tr>
<tr><td>10</td><td>SEM管理</td><td>根据推广计划，针对每种商品可以设计不同的推广组</td><td></td></tr>
<tr><td>11</td><td>团购</td><td>设置某种商品的团购活动</td><td></td></tr>
<tr><td>12</td><td>秒杀</td><td>设置某种商品的秒杀活动</td><td></td></tr>
<tr><td>13</td><td>套餐</td><td>设置某种商品的套餐活动</td><td></td></tr>
<tr><td>14</td><td>促销</td><td>设置某种商品的促销活动</td><td></td></tr>
<tr><td>15</td><td>站外推广</td><td>选择央视、网络广告联盟、百度三种媒体中的一种或多种进行推广</td><td></td></tr>
<tr><td>16</td><td>订单分发</td><td>将订单进行整理、分类后，根据到达城市，选择适当的配送中心准备出库</td><td></td></tr>
<tr><td>17</td><td>物流选择</td><td>将已经指定配送中心的订单进行整理、分类，选择适当的物流方式准备出库</td><td></td></tr>
<tr><td>18</td><td>货物出库</td><td>根据订单的到货期限，合理安排商品出库</td><td></td></tr>
<tr><td>19</td><td>货物签收</td><td>根据不同物流方式的运输周期，对在订单要求的到货期限之内到达的订单实施签收</td><td></td></tr>
<tr><td>20</td><td>应收账款/应付账款</td><td>更新应收或应付账款账期，接收或支付本期到期的应收账款和应付账款</td><td></td></tr>
<tr><td rowspan="2">21</td><td>短贷/民间融资</td><td>更新短期贷款账期或获得新的贷款</td><td></td></tr>
<tr><td>还本付息</td><td>还本付息</td><td></td></tr>
<tr><td>22</td><td>支付工资</td><td>按期支付员工的工资</td><td></td></tr>
<tr><td rowspan="2">23</td><td rowspan="2">支付相关费用</td><td>按期支付相应的租赁费、维修费、库存管理费、行政管理费</td><td></td></tr>
<tr><td>按期支付相应的售后服务费</td><td></td></tr>
<tr><td>24</td><td>慈善</td><td>捐款</td><td></td></tr>
<tr><td rowspan="4">轮末</td><td>交税</td><td>缴纳相关税费</td><td></td></tr>
<tr><td>长贷</td><td>更新长期贷款账期，或者获得新的贷款</td><td></td></tr>
<tr><td>还本付息</td><td>支付利息或还本付息</td><td></td></tr>
<tr><td>关账</td><td>每轮经营结束，轮末进行关账</td><td></td></tr>
</table>

表4-109　库存管理

商　品	库存数量	所在仓库	未发单需求	差　额
平板电视				
热水器				
西装				
连衣裙				

续表

床				
柜子				
项链				
手链				
油烟机				已过生命周期
桌子				已过生命周期
裤子				已过生命周期

（4）第四轮轮末相关报表。填写表4-110 ~ 表4-114。

表4-110 第四轮第二期产品核算表

商品	销售数量	销售额	成本	毛利
平板电视				
热水器				
西装				
连衣裙				
床				
柜子				
项链				
手链				
合计				

表4-111 第四轮第二期现金流量表

序号	请按照顺序执行下列各项操作，在相应空格内填入资金变动变化			
	项目	具体开支目录	表达式	金额
期初	期初资金		+	
1	办公场所设立	改建 搬迁 租赁费 建筑维修费	–	
2	配送中心设立	改建 搬迁 租赁费 建筑维修费	–	
3	店铺开设	B店筹建	–	
4	网店装修	网店装修模板选择	–	
5	采购投标	商品采购	–	
6	SEM推广	推广保证金（充值）	–	
7	站外推广	媒体推广（投标）	–	
8	货物出库	物流费	–	
9	货物签收	回款资金	+	
10	短贷/民间融资	短期借贷	+	
	还本付息	利息	–	
11	支付工资	工资	–	

续表

12	支付相关费用	租赁费、维修费、库存管理费、行政管理费	−	
		售后服务费	−	
13	慈善	捐款	−	
轮末	交税	税费	−	
	长贷	长期借贷	+	
	还本付息	利息	−	
合计				

表4-112　第四轮第二期市场分析

目标人群		各小组市场占有率									
		A1	A2	A3	A4	A5	A6	A7	A8	A9	A10
综合人群	平板电视										
	热水器										
	西装										
	连衣裙										
	床										
	柜子										
	项链										
	手链										
	总占比										
低价人群	平板电视										
	热水器										
	西装										
	连衣裙										
	床										
	柜子										
	项链										
	手链										
	总占比										
犹豫人群	平板电视										
	热水器										
	西装										
	连衣裙										
	床										
	柜子										
	项链										
	手链										
	总占比										

续表

品牌人群	平板电视										
	热水器										
	西装										
	连衣裙										
	床										
	柜子										
	项链										
	手链										
	总占比										

表4-113　企业信息

企业信誉度		班级企业信誉度	
店铺总人气		班级店铺总人气	
总媒体影响力		班级总媒体影响力	
社会慈善		班级社会慈善	
店铺视觉值		班级店铺视觉值	
B2C模式		班级办公场所驻地影响	
员工经验值		班级员工业务能力	

表4-114　排行榜

项目小组	A1	A2	A3	A4	A5	A6	A7	A8	A9	A10
净利润										
总资产										
慈善										

二、轮末总结研讨

1. 财务分析

根据网店经营财务报表情况填写表 4-115 和表 4-116。

表4-115　第四轮利润表

利　润　表			
项　　目	表　达　式	上　轮　值	当　轮　值
营业收入	+		
减：营业成本	−		
营业税金及附加	−		
销售费用	−		
管理费用	−		
财务费用	−		
营业利润	=		
加：营业外收入	+		
减：营业外支出	−		
利润总额	=		
减：所得税费用	−		
净利润	=		

表4-116　第四轮资产负债表

资产负债表							
资　　产				负债及所有者权益			
项　　目	表达式	上轮值	当轮值	项　　目	表达式	上轮值	当轮值
流动资产				流动负债			
货币资金	+			短期借款	+		
其他应收款	+			应付账款	+		
应收账款	+			预收账款	+		
存货				应交税费	+		
原材料	+			流动负债合计	=		
在途物资	+			非流动负债			
库存商品	+			长期借款	+		
发出商品	+			非流动负债合计	=		
流动资产合计	=			负债合计	=		
非流动资产				所有者权益			
固定资产原值				实收资本	+		
土地和建筑	+			未分配利润	+		
机器和设备	+						
减：累计折旧	−						
固定资产账面价值	=						
在建工程	+						
非流动资产合计	=			所有者权益合计	=		
资产总计	=			负债和所有者权益总计	=		

2．小组述职

述职环节要求：

（1）CEO（店长）组织本轮度述职工作。

（2）每个角色本着实事求是的原则，就自己现任职务履职的成绩、问题和经验进行阐述。

（3）时间限定在 1 分钟内，全部人员完成述职限定在 5 分钟内。

经过 4 轮的经营，你的经营经验已使你今非昔比（见表 4-117）。最后的决战即将开始，如何有效利用资源，扩大市场份额，提升利润是经营者必须关注的。

表4-117 第四轮总结与反思

1. 学会了什么？记录知识点：
2. 企业经营遇到了哪些问题？
3. 计划评价：
4. 下一轮准备如何改进？

任务五 决战胜负，智者为王——第五轮经营

学习目标：

1. 掌握利润、得分影响因素，有效使用策略和技巧。
2. 完成第五轮模拟经营，把握细节，提升经营成绩。

一、轮度经营

（一）第五轮第一期经营

1. 第五轮第一期规划

新的一期即将开始，填写表 4-118。

表4-118 第五轮第一期计划书

类　别	内　容	具体分析
本轮经营目标	经营效果	
经营规划	业务计划	
	投资方案	
	营销策划	
计划落实记录		

2. 开始经营

（1）数据魔方分析，如表 4-119 所示。

表4-119　第五轮第一期市场需求数据

商品名称	需求城市	市场平均价格	品牌人群需求数量	综合人群需求数量	低价人群需求数量	犹豫不定人群需求数量
床	哈尔滨	23.97	2	3	5	2
	沈阳	20.38	3	4	5	3
	石家庄	22.4	3	4	5	3
	北京	23.52	2	4	5	2
	太原	20.38	2	3	5	2
柜子	北京	46.8	6	6	12	6
	太原	46.8	6	8	11	6
	沈阳	48.2	5	10	11	5
	石家庄	43.99	5	10	11	6
	哈尔滨	44.46	5	7	11	6
平板电视	北京	13.74	3	4	6	3
	哈尔滨	12.72	3	4	6	3
	太原	13.36	3	5	6	3
	沈阳	13.86	3	6	6	3
	石家庄	13.48	4	5	7	3
热水器	北京	16.36	9	15	20	10
	哈尔滨	15.55	11	14	21	9
	太原	15.07	12	15	24	12
	沈阳	15.39	10	19	20	12
	石家庄	16.36	9	17	19	10
项链	石家庄	69.18	2	3	4	2
	北京	71.39	2	3	4	2
	沈阳	75.81	2	3	4	2
	哈尔滨	70.66	2	4	4	2
	太原	72.86	2	3	4	2
手链	太原	62.4	6	8	13	6
	哈尔滨	58.32	6	9	12	5
	石家庄	62.4	5	8	11	5
	北京	53.65	6	8	11	5
	沈阳	62.99	6	8	11	5
戒指/指环	太原	48.36	3	5	6	3
	北京	48.88	3	5	6	3
	沈阳	56.68	3	6	6	3
	哈尔滨	48.36	3	6	6	4
	石家庄	47.84	3	5	6	3

续表

西装	太原	13.12	12	16	24	12
	广州	13.25	11	17	22	12
	北京	12.73	10	17	19	11
	沈阳	12.73	11	16	25	12
	哈尔滨	14.04	11	18	23	11
	长沙	13.64	9	15	23	11
	石家庄	11.81	10	18	19	10
	海口	12.33	9	17	20	10
连衣裙	长沙	11.29	16	22	28	16
	哈尔滨	10.83	17	21	30	16
	北京	11.89	11	19	28	13
	沈阳	10.37	12	21	28	14
	广州	11.52	14	21	28	15
	海口	10.83	15	17	30	15
	石家庄	12.44	13	23	26	14
	太原	11.64	12	24	23	13
	上海	10.37	14	24	25	12
	杭州	12.56	15	21	27	15

备注：本节提供的市场数据都是基于某次经营 10 人组经营数据，该数据仅供参考，实际数据以实际经营数值为准。

（2）供货市场分析。在电子商务沙盘系统中，只要经营的组数确定，那么每期的市场供应数值基本上是确定不变的，第五轮第一期市场供给数据如表 4-120 所示。

表4-120　第五轮第一期市场供给数据

公　司	商　品	促销方式	数量（件）	单位体积	最低价格（元/件）
黄金电子城	平板电视	数量大于：300 信誉度大于：200 享受账期：0 享受折扣：0.60	135	6	3.18
黄金电子城	热水器	数量大于：70 信誉度大于：60 享受账期：0 享受折扣：0.90	445	6	4.05
时尚服装厂	西装	数量大于：50 信誉度大于：50 享受账期：0 享受折扣：0.95	724	3	3.28
时尚服装厂	连衣裙	数量大于：200 信誉度大于：200 享受账期：0 享受折扣：0.80	1177	3	2.88
中意家具城	床	数量大于：160 信誉度大于：150 享受账期：0 享受折扣：0.85	99	10	5.6
中意家具城	柜子	数量大于：150 信誉度大于：120 享受账期：0 享受折扣：0.85	229	10	11.7
周大福珠宝商	项链	数量大于：100 信誉度大于：100 享受账期：0 享受折扣：0.90	85	2	18.4
周大福珠宝商	手链	数量大于：160 信誉度大于：150 享受账期：0 享受折扣：0.85	244	2	14.58
周大福珠宝商	戒指/指环	数量大于：50 信誉度大于：50 享受账期：0 享受折扣：0.95	135	2	13

（3）经营活动。按照经营操作顺序进行具体的经营活动，并将活动情况记录在表 4-121 ~ 表 4-125 中。

表4-121 第五轮第一期间谍活动表

项目小组		A1	A2	A3	A4	A5	A6	A7	A8	A9	A10
定价与数量	平板电视										
	热水器										
	西装										
	连衣裙										
	床										
	柜子										
	项链										
	手链										
	戒指/指环										
促销策略											

表4-122 采购计划

商　品	采购数量	采购价格	采购预计资金	单位体积	预计体积	配送中心
平板电视				6		
热水器				6		
西装				3		
连衣裙				3		
床				10		
柜子				10		
项链				2		
手链				2		
戒指/指环				2		
合计						

表4-123 资金预算表

序号	请按照顺序执行下列各项操作，在相应空格内填入资金需求计划			
	项　目	具体开支目录	表 达 式	金　额
期初	期初资金		+	
1	办公场所设立	改建 搬迁 租赁费 建筑维修费	−	

续表

2	配送中心设立	改建 搬迁 租赁费 建筑维修费	−	
3	店铺开设	B店筹建	−	
4	网店装修	网店装修模板选择	−	
5	采购投标	商品采购	−	
6	SEM推广	推广保证金（充值）	−	
7	站外推广	媒体推广（投标）	−	
8	货物出库	物流费	−	
9	短贷/民间融资	短期借贷	+	
	还本付息	利息	−	
10	支付工资	工资	−	
11	支付相关费用	租赁费、维修费、库存管理费、行政管理费	−	
		售后服务费	−	
12	慈善	捐款	−	
轮末	交税	税费	−	
	长贷	长期借贷	+	
	还本付息	利息	−	
借贷资金需求合计				
经营资金需求合计				

表4-124　第五轮第一期经营活动记录表

序号	请按照顺序执行下列各项操作。每执行完一项操作，店长在相应的方格内打“√”		
	经 营 项 目	操 作 要 点	第 一 期
期初	新期规划会议	店长召集团队召开轮度规划会议	
	数据魔方分析	分析商品市场需求数据	
1	办公场所设立	办公城市、办公室类型选择，员工招聘	
2	配送中心设立	配送中心城市、类型选择与租赁，员工招聘	
3	店铺开设	C店开设、B店筹建	
4	网店装修	网店装修模板选择	
5	采购投标	商品采购	
6	商品入库	商品入库	
7	商品发布	填写商品基本信息、商品物流信息及售后保障信息，发布商品	
8	SEO优化	搜索引擎优化，优化标题关键词，每个商品最多7个关键词	
9	SEM推广	搜索引擎推广，设置所销售商品相关的关键词的竞价价格	
10	SEM管理	根据推广计划，针对每种商品可以设计不同的推广组	
11	团购	设置某种商品的团购活动	
12	秒杀	设置某种商品的秒杀活动	
13	套餐	设置某种商品的套餐活动	
14	促销	设置某种商品的促销活动	
15	站外推广	选择央视、网络广告联盟、百度三种媒体中的一种或多种进行推广	
16	订单分发	将订单进行整理、分类后，根据到达城市，选择适当的配送中心准备出库	

续表

17	物流选择	将已经指定配送中心的订单进行整理、分类，选择适当的物流方式准备出库	
18	货物出库	根据订单的到货期限，合理安排商品出库	
19	货物签收	根据不同物流方式的运输周期，对在订单要求的到货期限之内到达的订单实施签收	
20	应收账款/应付账款	更新应收或应付账款账期，接收或支付本期到期的应收账款和应付账款	
21	短贷/民间融资	更新短期贷款账期或获得新的贷款	
	还本付息	还本付息	
22	支付工资	按期支付员工的工资	
23	支付相关费用	按期支付相应的租赁费、维修费、库存管理费、行政管理费	
		按期支付相应的售后服务费	
24	慈善	捐款	
轮末	交税	缴纳相关税费	
	长贷	更新长期贷款账期，或者获得新的贷款	
	还本付息	支付利息或还本付息	
	关账	每轮经营结束，轮末进行关账	

表4-125　库存管理

商　　品	库存数量	所在仓库	未发单需求	差　　额	备　　注
平板电视					
热水器					
西装					
连衣裙					
床					
柜子					
项链					
手链					
戒指/指环					
油烟机					已过生命周期
桌子					已过生命周期
裤子					已过生命周期

（4）第一期期末相关报表。填写表 4-126 ~ 表 4-130。

表4-126　第五轮第一期产品核算表

商　　品	销售数量	销　售　额	成　　本	毛　　利
平板电视				

续表

热水器				
西装				
连衣裙				
床				
柜子				
项链				
手链				
戒指/指环				
合计				

表4-127　第五轮第一期现金流量表

序号	请按照顺序执行下列各项操作，在相应空格内填入资金变动变化			
	项　　目	具体开支目录	表　达　式	金　　额
期初	期初资金		+	
1	办公场所设立	改建 搬迁 租赁费 建筑维修费	−	
2	配送中心设立	改建 搬迁 租赁费 建筑维修费	−	
3	店铺开设	B店筹建	−	
4	网店装修	网店装修模板选择	−	
5	采购投标	商品采购	−	
6	SEM推广	推广保证金（充值）	−	
7	站外推广	媒体推广（投标）	−	
8	货物出库	物流费	−	
9	货物签收	回款资金	+	
10	短贷/民间融资	短期借贷	+	
	还本付息	利息	−	
11	支付工资	工资	−	
12	支付相关费用	租赁费、维修费、库存管理费、行政管理费	−	
		售后服务费	−	
13	慈善	捐款	−	
轮末	交税	税费	−	
	长贷	长期借贷	+	
	还本付息	利息	−	
合计				

表4-128　第五轮第一期市场分析

目标人群		各小组市场占有率									
		A1	A2	A3	A4	A5	A6	A7	A8	A9	A10
综合人群	平板电视										
	热水器										
	西装										
	连衣裙										
	床										
	柜子										
	项链										
	手链										
	戒指/指环										
	总占比										
低价人群	平板电视										
	热水器										
	西装										
	连衣裙										
	床										
	柜子										
	项链										
	手链										
	戒指/指环										
	总占比										
犹豫人群	平板电视										
	热水器										
	西装										
	连衣裙										
	床										
	柜子										
	项链										
	手链										
	戒指/指环										
	总占比										
品牌人群	平板电视										
	热水器										
	西装										
	连衣裙										
	床										
	柜子										
	项链										
	手链										
	戒指/指环										
	总占比										

表4-129　企业信息

企业信誉度		班级企业信誉度	
店铺总人气		班级店铺总人气	
总媒体影响力		班级总媒体影响力	
社会慈善		班级社会慈善	
店铺视觉值		班级店铺视觉值	
B2C模式		班级办公场所驻地影响	
员工经验值		班级员工业务能力	

表4-130　排行榜

项目小组	A1	A2	A3	A4	A5	A6	A7	A8	A9	A10
净利润										
总资产										
慈善										

（二）第五轮第二期经营

1．第五轮第二期规划

网店经营团队召开新的一期规划会议，网店的管理层需要根据对第五轮第一期经营环节和竞争对手的分析做出相应调整，填写第五轮第二期计划书，如表 4-131 所示。

表4-131　第五轮第二期计划书

类　别	内　容	具体分析
本轮经营目标	经营效果	
经营规划	业务计划	
	投资方案	
	营销策划	
计划落实记录		

2．开始经营

（1）数据魔方分析。数据魔方为卖家提供不同类目商品的市场需求信息，即某类商品在不同城市的市场平均价格及 4 类不同需求人群的市场需求数量和基于大数据的关键词的相关数据信息，如表 4-132 所示。

表4-132　第五轮第二期市场需求数据

商品名称	需求城市	市场平均价格	品牌人群需求数量	综合人群需求数量	低价人群需求数量	犹豫不定人群需求数量
柜子	太原	39.74	6	11	12	6
	沈阳	41.9	6	10	10	6
	哈尔滨	45.36	6	9	13	6
	北京	44.5	6	12	12	6
	石家庄	40.18	6	10	12	7

续表

热水器	太原	14.6	12	24	22	11
	哈尔滨	14.16	11	19	23	12
	北京	15.04	11	18	23	11
	石家庄	15.18	13	19	24	11
	沈阳	13.29	11	20	23	13
空调	石家庄	32.76	3	4	6	3
	北京	38.88	3	5	6	3
	太原	37.44	3	4	7	3
	沈阳	33.84	2	4	6	3
	哈尔滨	35.64	3	5	5	2
手链	沈阳	59.88	6	12	13	6
	北京	58.21	7	9	14	6
	哈尔滨	55.99	5	8	12	6
	石家庄	60.43	6	11	11	6
	太原	53.22	6	10	14	6
戒指/指环	北京	49.4	4	5	7	3
	沈阳	44.95	4	6	8	4
	石家庄	49.4	4	6	9	4
	哈尔滨	53.35	4	6	8	4
	太原	47.42	4	6	7	4
西装	沈阳	12.23	13	19	26	12
	哈尔滨	11.61	12	18	25	10
	北京	11.23	12	20	24	12
	太原	12.11	11	24	24	11
	石家庄	11.23	10	23	21	10
连衣裙	上海	11.15	15	21	29	13
	北京	11.26	13	23	32	15
	长沙	10.82	14	18	27	13
	沈阳	11.81	15	18	32	16
	太原	11.92	15	17	27	15
	广州	11.37	14	27	28	13
	石家庄	10.82	15	26	30	14
	哈尔滨	11.7	16	26	30	14
	海口	10.49	16	23	31	15
	杭州	11.37	14	28	26	14

备注：本节提供的市场数据都是基于某次经营 10 人组经营数据，该数据仅供参考，实际数据以实际经营数值为准。

（2）供货市场分析。在电子商务沙盘系统中，只要经营的组数确定，那么每期的市场供应数值基本上是确定不变的，第五轮第二期市场供给数据如表 4-133 所示。

表4-133　第五轮第二期市场供给数据

公　　司	商　　品	促销方式	数量（件）	单位体积	最低价格（元/件）
黄金电子城	热水器	数量大于：200 信誉度大于：200 享受账期：0 享受折扣：0.80	483	6	3.65
黄金电子城	空调	数量大于：200 信誉度大于：200 享受账期：0 享受折扣：0.80	120	6	9
时尚服装厂	西装	数量大于：50 信誉度大于：50 享受账期：0 享受折扣：0.95	529	3	3.12
时尚服装厂	连衣裙	数量大于：200 信誉度大于：200 享受账期：0 享受折扣：0.80	1212	3	2.76
中意家具城	柜子	数量大于：70 信誉度大于：60 享受账期：0 享受折扣：0.90	253	10	10.8
周大福珠宝商	手链	数量大于：100 信誉度大于：100 享受账期：0 享受折扣：0.90	247	2	13.86
周大福珠宝商	戒指/指环	数量大于：100 信誉度大于：100 享受账期：0 享受折扣：0.90	160	2	12.35

（3）经营活动。按照经营操作顺序进行具体的经营活动，并将活动情况记录在表 4-134 ~ 表 4-138 中。

表4-134　第五轮第二期间谍活动表

项目小组		A1	A2	A3	A4	A5	A6	A7	A8	A9	A10
定价与数量	热水器										
	空调										
	西装										
	连衣裙										
	柜子										
	手链										
	戒指/指环										
促销策略											

表4-135　采购计划

商　　品	采购数量	采购价格	采购预计资金	单位体积	预计体积	配送中心
热水器				6		
空调				6		
西装				3		
连衣裙				3		
柜子				10		

续表

手链				2		
戒指/指环				2		
合计						

表4-136　资金预算表

序号	请按照顺序执行下列各项操作，在相应空格内填入资金需求计划			
	项　　目	具体开支目录	表 达 式	金　　额
期初	期初资金		+	
1	办公场所设立	改建 搬迁 租赁费 建筑维修费	−	
2	配送中心设立	改建 搬迁 租赁费 建筑维修费	−	
3	店铺开设	B店筹建	−	
4	网店装修	网店装修模板选择	−	
5	采购投标	商品采购	−	
6	SEM推广	推广保证金（充值）	−	
7	站外推广	媒体推广（投标）	−	
8	货物出库	物流费	−	
9	短贷/民间融资	短期借贷	+	
	还本付息	利息	−	
10	支付工资	工资	−	
11	支付相关费用	租赁费、维修费、库存管理费、行政管理费	−	
		售后服务费	−	
12	慈善	捐款	−	
轮末	交税	税费	−	
	长贷	长期借贷	+	
	还本付息	利息	−	
借贷资金需求合计				
经营资金需求合计				

表4-137　第五轮第二期经营活动记录表

序号	请按照顺序执行下列各项操作。每执行完一项操作，店长在相应的方格内打“√”		
	经 营 项 目	操 作 要 点	第 二 期
期初	新期规划会议	店长召集团队召开轮度规划会议	
	数据魔方分析	分析商品市场需求数据	
1	办公场所设立	办公城市、办公室类型选择，员工招聘	
2	配送中心设立	配送中心城市、类型选择与租赁，员工招聘	
3	店铺开设	C店开设、B店筹建	
4	网店装修	网店装修模板选择	
5	采购投标	商品采购	
6	商品入库	商品入库	

续表

序号	请按照顺序执行下列各项操作。每执行完一项操作，店长在相应的方格内打“√”		
	经 营 项 目	操 作 要 点	第 二 期
7	商品发布	填写商品基本信息、商品物流信息及售后保障信息，发布商品	
8	SEO优化	搜索引擎优化，优化标题关键词，每个商品最多7个关键词	
9	SEM推广	搜索引擎推广，设置所销售商品相关的关键词的竞价价格	
10	SEM管理	根据推广计划，针对每种商品可以设计不同的推广组	
11	团购	设置某种商品的团购活动	
12	秒杀	设置某种商品的秒杀活动	
13	套餐	设置某种商品的套餐活动	
14	促销	设置某种商品的促销活动	
15	站外推广	选择央视、网络广告联盟、百度三种媒体中的一种或多种进行推广	
16	订单分发	将订单进行整理、分类后，根据到达城市，选择适当的配送中心准备出库	
17	物流选择	将已经指定配送中心的订单进行整理、分类，选择适当的物流方式准备出库	
18	货物出库	根据订单的到货期限，合理安排商品出库	
19	货物签收	根据不同物流方式的运输周期，对在订单要求的到货期限之内到达的订单实施签收	
20	应收账款/应付账款	更新应收或应付账款账期，接收或支付本期到期的应收账款和应付账款	
21	短贷/民间融资	更新短期贷款账期或获得新的贷款	
	还本付息	还本付息	
22	支付工资	按期支付员工的工资	
23	支付相关费用	按期支付相应的租赁费、维修费、库存管理费、行政管理费	
		按期支付相应的售后服务费	
24	慈善	捐款	
轮末	交税	缴纳相关税费	
	长贷	更新长期贷款账期，或者获得新的贷款	
	还本付息	支付利息或还本付息	
	关账	每轮经营结束，轮末进行关账	

表4-138　库存管理

商　　品	库存数量	所在仓库	未发单需求	差　　额	备　　注
热水器					
空调					
西装					
连衣裙					
柜子					
手链					
戒指/指环					
油烟机					已过生命周期
桌子					已过生命周期
裤子					已过生命周期
项链					已过生命周期
床					已过生命周期
平板电视					已过生命周期

（4）第五轮轮末相关报表。填写表 4-139 ～表 4-143。

表4-139　第五轮第二期产品核算表

商　　品	销售数量	销　售　额	成　　本	毛　　利
热水器				
空调				
西装				
连衣裙				
柜子				
手链				
戒指/指环				
合计				

表4-140　第五轮第二期现金流量表

序号	请按照顺序执行下列各项操作，在相应空格内填入资金变动变化			
	项　　目	具体开支目录	表　达　式	金　　额
期初	期初资金		+	
1	办公场所设立	改建 搬迁 租赁费 建筑维修费	−	
2	配送中心设立	改建 搬迁 租赁费 建筑维修费	−	
3	店铺开设	B店筹建	−	
4	网店装修	网店装修模板选择	−	
5	采购投标	商品采购	−	
6	SEM推广	推广保证金（充值）	−	
7	站外推广	媒体推广（投标）	−	
8	货物出库	物流费	−	
9	货物签收	回款资金	+	
10	短贷/民间融资	短期借贷	+	
	还本付息	利息	−	
11	支付工资	工资	−	
12	支付相关费用	租赁费、维修费、库存管理费、行政管理费	−	
		售后服务费	−	
13	慈善	捐款	−	
轮末	交税	税费	−	
	长贷	长期借贷	+	
	还本付息	利息	−	
合计				

表4-141　第五轮第二期市场分析

目标人群		各小组市场占有率									
		A1	A2	A3	A4	A5	A6	A7	A8	A9	A10
综合人群	热水器										
	空调										
	西装										
	连衣裙										
	柜子										
	手链										
	戒指/指环										
	总占比										
低价人群	热水器										
	空调										
	西装										
	连衣裙										
	柜子										
	手链										
	戒指/指环										
	总占比										
犹豫人群	热水器										
	空调										
	西装										
	连衣裙										
	柜子										
	手链										
	戒指/指环										
	总占比										
品牌人群	热水器										
	空调										
	西装										
	连衣裙										
	柜子										
	手链										
	戒指/指环										
	总占比										

表4-142　企业信息

企业信誉度		班级企业信誉度	
店铺总人气		班级店铺总人气	
总媒体影响力		班级总媒体影响力	
社会慈善		班级社会慈善	
店铺视觉值		班级店铺视觉值	

续表

B2C模式		班级办公场所驻地影响	
员工经验值		班级员工业务能力	

表4-143　排行榜

项目小组	A1	A2	A3	A4	A5	A6	A7	A8	A9	A10
净利润										
总资产										
慈善										

二、轮末总结研讨

1. 财务分析

根据网店经营财务报表情况填写表 4-144 和表 4-145。

表4-144　第五轮利润表

利　润　表			
项　　目	表　达　式	上　轮　值	当　轮　值
营业收入	+		
减：营业成本	−		
营业税金及附加	−		
销售费用	−		
管理费用	−		
财务费用	−		
营业利润	=		
加：营业外收入	+		
减：营业外支出	−		
利润总额	=		
减：所得税费用	−		
净利润	=		

表4-145　第五轮资产负债表

资产负债表							
资　　产				负债及所有者权益			
项　　目	表达式	上轮值	当轮值	项　　目	表达式	上轮值	当轮值
流动资产				流动负债			
货币资金	+			短期借款	+		
其他应收款	+			应付账款	+		
应收账款	+			预收账款	+		
存货				应交税费	+		
原材料	+			流动负债合计	=		
在途物资	+			非流动负债			
库存商品	+			长期借款	+		

续表

发出商品	+			非流动负债合计	=		
流动资产合计	=			负债合计	=		
非流动资产				所有者权益			
固定资产原值				实收资本	+		
土地和建筑	+			未分配利润	+		
机器和设备	+						
减：累计折旧	−						
固定资产账面价值	=						
在建工程	+						
非流动资产合计	=			所有者权益合计	=		
资产总计	=			负债和所有者权益总计	=		

2. 小组述职

述职环节要求：

（1）CEO（店长）组织本轮度述职工作。

（2）每个角色本着实事求是的原则，就自己现任职务履职的成绩、问题和经验进行阐述。

（3）时间限定在 1 分钟内，全部人员完成述职限定在 5 分钟内。

管理是科学，管理更是艺术。5 轮的经营已经进入尾声，一定有很多深刻的体会，那就一吐为快吧，如表 4-146 所示。

表4-146　第五轮总结与反思

1. 学会了什么？记录知识点：
2. 企业经营遇到了哪些问题？
3. 计划评价：
4. 下一轮准备如何改进？

任务六　经营总结

学习目标：

1. 掌握企业经营各个岗位的评价指标。
2. 完成经营分析报告和收获感悟报告。

一、岗位评价

目前电子商务沙盘经营都是对企业经营的整体经营业绩进行积分评价。这种评价可以展现整个小组的经营业绩，但小组成员如何评价，特别是与其他小组相应成员如何进行比较是个难题。现实中可以发现有些团队可能因为有几位“牛人”，从而使得企业取得不错业绩，而其余队员仅仅是扮演“打酱油”的角色。因此以企业的业绩来简单评价成员是不全面的，说服力不足。一个小组业绩不佳，也不能说明每位成员的能力都不强。

沙盘模拟非常讲究团队合作，但也需要透彻剖析各岗位的经营得失，尽可能“量化”各个岗位“绩效”，并指出改进方向，这无疑对学生能力的提升是大有帮助的。

岗位评价需要注意以下几个问题：

（1）评价指标按职责分类。企业经营是一个整体，要想绝对没有关联地区分每个岗位的贡献是不可能的。如 SEM 或媒体广告投入费用过大，其责任是属于推广专员没有成本意识还是财务总监不会费用预算呢？对此只能硬性地规定属于哪个部门的责任由哪个部门来负责。例如，媒体推广费用属于推广专员负责，而其他影响划归为“团队合作”问题，由 CEO（店长）负责。

（2）指标计算的原始数据取自各组实际经营情况。这样相对来说比较客观，不容易引发争议。有些指标容易计算，如 SEM 推广、媒体广告成本；有些指标需要用原始数据进行数据分析，如团队合作。

（3）指标的评判需要借助历史经验和数据，无法完全做到客观和量化。

（一）推广专员的评价

1. 成本控制因素

用 SEM 推广费用、慈善、媒体广告 / 销售额及所接订单直接成本 / 销售额来衡量，两个指标越小说明推广专员策划的销售效果越好。

2. 现金流配合意识

可以从应收款比率与销售收益率两方面考虑。应收款比率指应收款在流动资产中所占的比率，太大，意味资金风险大，说明在选择物流方式时回款周期考虑欠周全。销售收益率指当（期）轮销售额转化为现金的比率，转化率越高，说明销售策略选择越优。

3. 市场份额

各组销售所占市场份额比率可以反映各类人群把握的意识和效果。当然，该指标与其他岗位因素有密切的关系，可将其划归为“团队合作”因素评价。

4. 客户满意度

有关客户满意度的评价可以用“当期（轮）未交货订单”的金额或数量进行评价。当然，该指标与其他岗位因素有密切的关系，可将其划归为“团队合作”因素评价。

5. 目标人群定位准确性

该指标可以用各队在各个市场份额的排名情况来判定。若在某个目标人群的份额排名越靠前，认为其定位准确性越高。

6. 商品库存控制

这是推广专员的基本职能，能否在运营过程中进行正确预算可以销售的商品数量判定其营销管理意识是否清晰。若累计库存过大，势必会造成资金占用不合理、采购计划不精准、资金周转率不高等。

（二）运营主管的评价

1. 物流成本控制

运营主管将订单进行整理、分类后，根据到达城市，选择适当的配送中心、物流方式，根据订单的到货期限，合理安排商品出库，对物流费用进行有效控制。物流费用越小，说明运营主管对店铺物流处理的效果越好。

2. 回款周期控制

运营主管替买家签收，签收后货款直接到账，这关系到店铺的资金流及买家信誉度。如果未在订单要求到货期限之前到货，买家将拒绝签收，客户将退货，物流运费由卖方承担，并影响卖家的信誉度和商品评价，说明在选择物流方式时回款周期考虑欠周全。

（三）财务主管的评价

1. 财务成本控制

该因素主要涉及长短期贷款利息、民间融资利息等。财务成本大说明该财务主管的融资意识、现金流控制意识比较差。

2. 现金流控制

该因素主要考虑如速动比率等指标掌控，体现财务主管现金流控制意识。

3. 财务杠杆意识

该指标指能否正确运用贷款来提高股东回报率。

4. 费用控制意识

该指标主要体现在各项费用投资的回报率上，如 SEM 推广的回报率。当然，该指标与其他岗位因素有密切的关系，可将其划归为“团队合作”因素评价。

（四）店长的评价

店长应当对整体经营负责，所以对店长的评价因素应当体现在以下几个方面。

1. 股东满意度

最后，各小组根据公式“经营得分 = (1+ 总分 /100) × 所有者权益 × 追加股东投资比例”计算的分数，可以作为股东满意度的最终指数，且是核心指标。

2. 总成本控制

所有费用的成本分摊累计可以作为店长的一个评价因素。尽管费用成本与各岗位职责相关，但最终决策是得到店长认同的。因此，店长必须对最终总成本负责。

3. 团队合作

可以将各小组内表现的最差岗位与最佳岗位之落差作为评价指标。店长的责任之一就是不断改进，使小组的最“短板”得到提高，以此来提高整个团队的业绩。

4. 企业成长

资产规模的增长情况可以说明企业成长的好坏。

5. 市场战略

市场战略方向是否合理，可以通过考察各市场占有率来评判。

二、经营分析报告

经过学习和经营实践，我们收获的不仅仅是模拟经营的过程，还包括赛后的总结、评价与交流。模拟经营使我们学到了知识，得到了锻炼，也获得了技能的提升，因此有必要做一个总结分析与评价。请写出 500 字以上的经营分析报告，内容可以从以下类别中选择，题目自拟，如表 4-147 所示。

表4-147　企业经营分析报告

专业		班级		姓名	
组号		职位/岗位		学号	
题目：					
报告摘要：					
经营成果：					
主要指标完成情况分析：					
主要计划与指标完成情况评价：					
建议与措施：					
教师评价：					

（注：纸张不够请另附）

三、收获/感悟报告

对抗比赛带给我们的是职位的体验、思路的启发、智慧的启迪和人生的感悟，这是我们真正收获的硕果，我们应当认真地加以回顾和总结。请写出不少于 300 字的收获报告，内容可以从以下类别中选择，题目自拟，如表 4-148 所示。

表4-148　收获/感悟报告

专业		班级		姓名	
组号		职位/岗位		学号	
题目：					
报告摘要：					
正文：					
教师评价：					

（注：纸张不够请另附）

（1）模拟企业经营与专业素质（包括知识拓展）。

（2）能力方面的锻炼（辩证思维、发散思维、差异化思维等思维培养，发现问题、解决问题的能力提高，实践水平、动手能力的提升等）。

（3）综合素质方面的提升（职业定位，思想及情感、意志等，学习收获，人生感悟，团队集体，全局与共赢等）。

模块五　解密电子商务沙盘经营

经历几轮经营也许你懵懵懂懂，跌跌撞撞。
也许你已经破产，却不知道原因。
虽然能讲出一些道理，但零星散乱。
也许你盈利了，但可能很大程度上归于运气。
和很多经营者一样，不知不觉地运用了“哥伦布模式”。
走的时候，不知道去哪里。
到的时候，不知道在哪里。
回来的时候，不知道去过了哪里。
让我们一起抽丝剥茧，解析电子商务沙盘模拟经营的奥秘吧！

任务一　战略——我们想成为什么样的公司

学习目标

1. 理解企业经营的本质。
2. 读懂市场预测，明确我们想成为什么样的公司。

企业经营犹如在波涛汹涌的大海中航行。企业要在瞬息万变的竞争环境里生存和发展，离不开企业战略的指引。在制定发展战略时，一定要注意控制发展速度。此举并非是提倡墨守成规、停滞不前，而是注意企业发展的速度要与企业的权益和财务状况的发展相平衡，这样才能相得益彰，这也是电子商务沙盘模拟经营管理的精髓。

在电子商务沙盘模拟经营过程中，有些团队在制定企业的发展战略时，豪情万丈，气吞山河，大有扫平天下之势：一上来就拼命将短贷和民间融资 2000 万元额度用完，招满 20 个高级员工，将 2500 万元资金用于第一期的运营。结果是慈善、采购、员工工资、SEM 推广等费用开支巨大，一旦订单达不到理想的效果，将导致公司权益为负或现金断流，最终不得不洒泪宣告破产。

因此，企业在制定战略时一定不要脱离实际，要懂得量力而行。当然，过于保守也不行。

正确的做法是：由于资源有限，企业在一定时期内，只能做有限的事，因此目标一定要明确。具体来说，应思考：公司规模，是大公司还是小公司；商品，是多品种还是少品种；消费人群，是多人群还是少人群；市场地位，是努力成为市场领导者还是跟随者。

一、企业经营的本质

企业是营利性组织，其出发点和归宿是盈利。企业一旦成立，就会面临竞争，并始终处于生存和倒闭、发展和萎缩的矛盾之中。企业必须生存下去，才可能获利，而只有不断地发展才能求得生存。因此，我们在经营企业的时候，总的目标应该是生存、发展和获利。

1. 企业如何生存

企业要想在残酷的市场中生存下来，起码需要具备两个基本条件。

一是收可抵支。企业付出货币，从市场上获取所需的资源；提供市场需要的商品和服务，从市场上换回货币。企业从市场获得的货币至少要等于付出的货币，以便维持继续经营，这是企业长期存续的基本条件。如果出现相反的情况，企业没有足够的货币从市场换取必要的资源，规模就会萎缩，直到无法维持最低的运营条件而终止。如果企业长期亏损，扭亏无望，就失去了存在的意义。为避免进一步扩大损失，所有者应该主动终止营业。

二是按期偿债。企业为扩大业务规模或满足经营周转的临时需要，可以向系统借债（短期贷款、民间融资和长期贷款）。一旦企业资不抵债或资金链断裂，企业将宣告破产。在企业模拟经营过程中，一旦破产条件成立，裁判可以按照规则定夺。

因此，企业生存的主要威胁来自两方面：一方面是长期亏损，它是企业终止的内在原因；另一方面就是不能偿还到期债务，它是企业终止的直接原因。亏损企业为维持运营被迫进行偿债性融资，借新债还旧债，如不能扭亏为盈，迟早会因借不到钱而无法周转，从而不能偿还到期债务。盈利企业也可能出现“无力支付”的情况，主要是借款扩大销售业务规模，冒险失败，企业经营无法继续下去。因此，企业要力求保持以收抵支和偿还到期债务的能力，减少破产的风险，使其能够长期、稳定地生存下去。

2. 企业如何发展

企业是在发展中求生存的。电商企业的销售经营如“逆水行舟”，不进则退。商品不断更新换代，企业必须不断推出更好、更新、更受顾客欢迎的商品，才能在市场中立足。在竞争激烈的市场上，各个企业此消彼长、优胜劣汰。一个企业如果不能发展，不能提供商品和服务，不能扩大自己的市场份额，就会被其他企业排挤出去。企业的停滞是其死亡的前奏。

企业的发展集中表现为扩大收入。扩大收入的根本途径是扩大销售数量，提高商品销售额。然而各种商品的取得都需要付出货币，企业的发展离不开资金。因此，筹集企业发展所需的资金是对公司理财提出的要求。

3. 企业如何盈利

企业必须能够获利，才有存在的价值。企业经营的目标就是为了实现股东权益最大化，即盈利。想要盈利，从利润表中不难看出主要有两种途径：一是扩大销售（开源），二是控制成本（节流）。从财务上看，盈利就是使资产获得超过其投资的回报。在市场经济中，没有“免费使用”的资金，资金的每项来源都有其成本。每项资产都是投资，要从中获得回报。

企业经营的命根子是盈利，那如何衡量经营的好坏呢？有两个最关键的指标：资产报酬率（ROA）和权益报酬率（ROE）。

ROA 越高反映企业的经营能力越强，相当于企业一块钱的资产能获利多少。但我们知道企业的资产并不属于股东，股东最关心的是他的报酬率，ROE 反映的则是股东一块钱的投资能收益多少，当然是越高越好了。

$$ROE=ROA\times 1/(1-资产负债率)$$

ROA 一定，资产负债率越高，ROE 就越高，表明企业在“借钱生钱”，用别人的钱为股东赚钱，这就是财务杠杆效应；资产负债率不变，ROA 越高，ROE 也越高，这表明企业的经营能力越强，给股东带来更大的回报，这就是经营杠杆效应。

如果资产负债率过高，企业风险会很大。也就是说，欠别人钱时，主动权不在经营者手里，一旦外部环境有变，风险实在太大。例如，一旦由于贷款到期出现现金短缺，企业将面临极大的风险。当然，资产负债率如果大于 1，就是资不抵债，理论上讲就是破产了。表 5-1 所示是三家资产为 100 万元的企业的盈利能力比较。

表5-1　盈利能力比较　　单位：万元

企　业	总 资 产	负　债	权　益	净　利	ROA/%	ROE/%
A	100	0	100	15	15	15
B	100	50	50	15	15	30
C	100	90	10	4	4	40

A、B 企业净利相同，但由于 B 企业运用了财务杠杆，提高了净资产收益率；而 C 企业虽然净利最小，只有 4 万元，但由于其高负债率，净资产收益率反而最高，达 40%，当然 C 企业也蕴含了巨大的风险，面临巨大还贷压力，一旦现金断流，即意味着破产。

二、读懂市场预测

市场是企业经营最大的变数，也是企业利润的最终源泉，市场推广专员是最有挑战性的岗位。

所有商品都具有特定的流行趋势，一般来讲都会是一个凸形的模型。市场上，商品在不断地进行更新换代，新的商品总会取代旧的商品，而每种商品在它的流行期间都会经历一个凸形的需求模型，从出现到黄金时期，再到被其他商品取代，如图 5-1 所示。

消费者总是对新鲜事物感兴趣，所有商品的需求模型中，最高点往往会出现在商品出现的第二期，后期市场出现替代品，新的商品也就分流了现有商品对消费者的吸引力，从而导致该商品在之后的需求持续下滑。

在市场对商品数量的需求上，生活必需品永远大于奢侈品的数量，如裤子和项链。但生活必需品的流行周期比奢侈品短，也就是说奢侈品的保值力更强。

购买力决定了商品需求。例如，裤子、西装和连衣裙等的成本价格较低，相对的销售价格也比项链、手链低，所以裤子等商品对消费者的购买力要求就会相对较低，这类商品在流行时需求数量就会相对较大。表 5-2 是根据市场预测情况，对各个经营时期热销商品进行的预测。

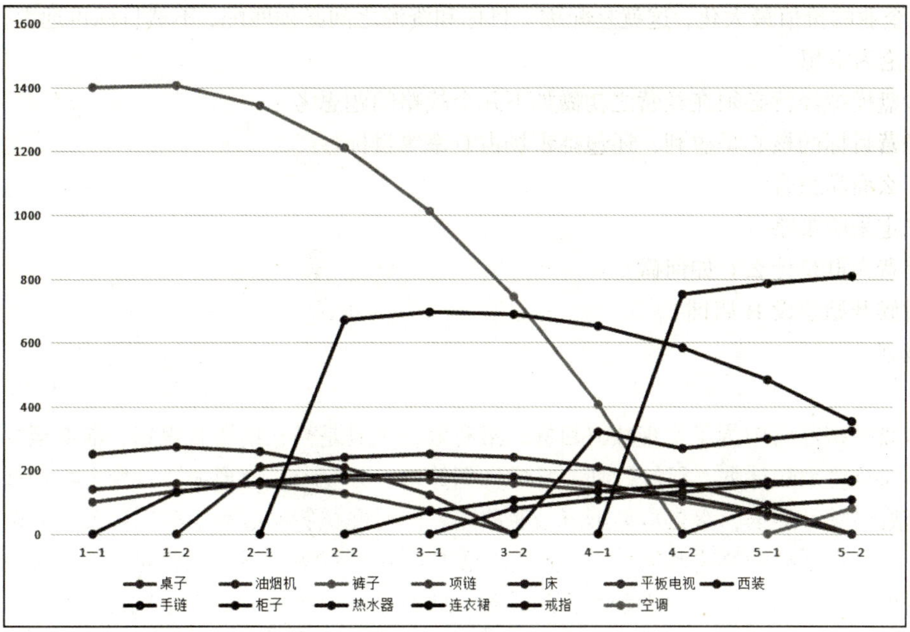

扫一扫，查看原图

图5-1　13种商品需求数量走势

表5-2　市场预测热销商品

时　期	热销产品
第一轮	油烟机、桌子、项链
第二轮	油烟机、桌子、项链、西装、平板电视、床
第三轮	手链、项链、西装、柜子、平板电视、床
第四轮	手链、项链、西装、柜子、平板电视、床
第五轮	手链、项链、西装、热水器、柜子、连衣裙

读懂了市场预测，同时还要对竞争对手有正确的评估，才能制定采购和销售策略。企业竞争玩的就是“博弈”，知己知彼，百战不殆。很多时候价格高、需求也高的综合人群是首选，结果各家企业都一头扎进去这个市场，其结果是恶性竞争，所以往往看着是“馅饼”，其实可能是“陷阱”。

三、谋而后动

电子商务沙盘模拟经营中经常会碰到以下几种情况：

（1）盲目招聘员工却没有派上用场，只好解雇。

（2）脑子一发热，抢来某个人群市场，下一轮（期）又拱手相让。

（3）某个阶段慈善（媒体广告）狠砸一通，却发现没有竞争对手，造成极大的浪费。

（4）还没搞清楚要卖什么商品，就匆匆忙忙采购了一堆商品。

（5）销售不错，利润上不去。

很多经营者一直是糊里糊涂的，这是典型的没用战略的表现。所谓战略，用迈克·波特的话说就是企业各项运作活动之间建立的一种配称。企业拥有的所有资源都是有限的，如何分配这些资源，使得企业的价值最大化，这就是配称。目标和资源之间必须匹配，不然目标再远大，实现不了，只能沦为空想。

电子商务沙盘模拟经营必须在经营之初做如下几个战略问题思考：

（1）企业经营目标的核心是盈利，还包括市场占有率等目标。

（2）销售什么商品组合?

（3）如何制定采购策略?

（4）主抓消费人群是什么？如何做?

（5）什么时候开始建设 B 店铺?

（6）融资规划。

……

电子商务沙盘模拟经营中为了实现战略目标，最有效的工具是做长期资金规划，前期至少规划 2 ~ 3 轮，同时将采购计划、促销计划、推广计划等也一并完成，就形成了一套可行的战略。当然仅一套战略是不够的，事先需要形成数套战略，同时在执行的过程中动态调整。有两点要引起重视：一是在战略的制定和执行中，永远不要忘记你的竞争对手，竞争对手的一举一动都会对你产生重大影响；二是前三轮是经营的关键，此时企业资源较少，战略执行必须步步为营，用好每一分钱。而且前期若是被对手拉大差距，后期想赶超是很难的。第一期浪费 1 万元，可能导致第五轮权益相差几十万元，这就是“蝴蝶效应”。

任务二　财务——谁吸走我们的流动资金

学习目标：

1. 掌握资金流动的去向，合理分配使用资金。
2. 理解现金为王的道理，懂得如何管理资金。

对于企业而言，在一定的条件下，现金比利润更重要，现金状况影响企业的生存质量。有许多企业在账面上有巨额盈利，但却因现金不足而破产倒闭；有些企业虽然在账面上巨额亏损，却因有足够的现金而得以生存。公司的财务活动就是现金在公司循环和周转的过程，筹资、投资，再筹资、投资……从起点又回到起点。这不是简单的重复，在这个过程中公司创造了财富，使公司和其他利益相关者受益，这应该是一个螺旋上升的循环模式。

现金管理要解决的问题：一是尽快取得现金收入并缩短现金循环的周期；二是保证有足够的现金来偿还到期的支出款项并且妥善利用销售收入。

一、现金——企业的生命之源

在电子商务沙盘模拟中，因为对现金使用不当导致企业经营困难甚至破产的案例时有发生。发生这些现象的主要原因在于企业没有做好现金预算和财务计划。

以下几种情况是电子商务沙盘模拟经营中经常会看到的，说明对现金管理还不太理解。下面从现金管理的角度一一进行分析。

（1）在经营状态中看到现金不少，心中就比较放心。

（2）还有不少现金，可是破产了。

（3）能借钱的时候尽量多借点，以免第二轮借不到。

库存现金越多越好吗？错！现金够用的话，反而是越少越好。现金从哪里来，可能是短期贷款、民间融资或长期贷款，都是要付利息的，短贷利率最低，也要 5% 的利息。

破产后，很多学生这个时候会一脸茫然。破产是指所持有的现金不足以支付必须要支付的款项，造成现金断流。一般造成现金流断裂的原因包括不能支付应付账款、贷款本息、员工工资、租赁费、维修费、售后服务费、库存管理费、行政管理费、相关税费、物流费用及网店装修费用。

【知识拓展】

在企业中，现金是如何循环和周转的呢？

现在举个例子：某公司刚刚成立，资金来自所有者和债权人，手里的资金需要用于购置厂房和设备，还需要购买材料和雇用工人，随着这些生产要素的投入，生产的产品暂时存入仓库。这样，初始资金转化为有形的存货。公司售出产品，存货又变成现金，如果是赊销，则只有在一段时间之后才能变成现金。这种现金到固定资产，到存货，到应收账款，再到现金的过程，就是该公司的现金循环和周转。

上面的案例回答了以下几个问题：

（1）现金从哪里来？所有者向公司投入股本，银行向公司提供贷款。

（2）现金如何流转？从现金，到固定资产，到流动资产，到应收账款，到回收现金的过程。

（3）加速现金流转的关键点？如搞好现金预算、存货控制等。

（4）资源规划。企业的资源是有限的，任何一点资金占用过大，都会影响整个公司的资源正常分布。

权益和资金有什么关系呢？从短期来看，两者是矛盾的，资金越多，需要付出的资金成本越多，反而会降低本轮权益；从长期来看，两者又是统一的，权益高了，就可以从银行借更多的钱，要知道银行最大的特点是“嫌贫爱富”。企业经营，特别是在初期，在这两者之间会相当纠结，要想发展，做大做强，必须得借钱融资，但这受制于权益，借钱受到极大的限制，又如何发展呢？这是企业经营之初的“哥德巴赫猜想”，破解了这个难题，经营也就成功了一半。

在权益较大的时候多借一些，以免下一轮权益下降了借不到。这个观点有一定的道理，但是也不能盲目地借款，否则以后一直会背负沉重的财务负担，甚至还不出本金，这不就是“饮鸩止渴”吗？

【想一想】

什么是“哥德巴赫猜想”？

通过上述内容可以看出资金管理的重要性。资金是企业日常经营的“血液”，断流一天都不可。将可能涉及资金流入流出的业务汇总后，不难发现其基本上涵盖了所有的业务。如果将来年的可能发生额填入表中，就自然形成了资金流动表，如表 5-3 所示。如果资金出现断流，必须及时调整，看看哪里会有资金流入，及时给予补充。

表5-3　每轮资金流动表

序号	请按照顺序执行下列各项操作，在相应空格内填入资金需求计划				
	项　　目	具体开支目录	表 达 式	一 期	二 期
期初	期初资金		+		
1	办公场所设立	改建 搬迁 租赁费 建筑维修费	−		
2	配送中心设立	改建 搬迁 租赁费 建筑维修费	−		
3	店铺开设	B店筹建	−		
4	网店装修	网店装修模板选择	−		
5	采购投标	商品采购	−		
6	SEM推广	推广保证金（充值）	−		
7	站外推广	媒体推广（投标）	−		
8	货物出库	物流费	−		
9	货物签收	签收回款	+		
10	短贷/民间融资	短期借贷	+		
	还本付息	利息	−		
11	支付工资	工资	−		
12	支付相关费用	租赁费、维修费、库存管理费、行政管理费	−		
		售后服务费	−		
13	慈善	捐款	−		
轮末	交税	税费	−		
	长贷	长期借贷	+		
	还本付息	利息	−		
借贷资金需求合计					
经营资金需求合计					

我们发现，现金流入项目实在太有限了，其中对权益没有损伤的仅有“货物签收”，而其他流入项目都对权益有“负面”影响。现在明白资金预算的意义了：首先，需保证企业正常运作，不发生断流，否则就是破产出局；其次，合理安排资金，降低资金成本，使权益最大化。资金预算、销售计划、采购计划和推广计划综合使用，既可保证各计划正常执行，又可防止出现不必要的浪费，如库存积压等。同时，如果市场形势、竞争格局发生改变，资金预算必须进行动态调整，适应要求。资金的合理安排，为其他部门的正常运转提供了强有力的保障。

小贴士：

你应该多少能理解财务的地位了吧！其能为企业运作保驾护航。再也不要随便责怪财务“抠门”了，财务难着呢，到处都要花钱，不“抠门”点儿，估计没多久公司就会因资金断流而破产了。

二、筹资渠道的选择

电子商务沙盘提供了短期贷款、民间融资和长期贷款三种融资方式，具体应用时可做如下考虑。

（1）由于受到所有者权益数额的限制，要贷款必须考虑权益，尽量将企业的权益做大。在经营的前三轮，特别是第 1 ～ 2 轮由于投资数额巨大，为抢占市场占有率，企业利润往往较少，权益会呈现一种下降趋势。在融资过程中一定要对权益的数额进行预测，以明确信贷数额，防止企业因资金链断裂而破产。

（2）在融资时要注意贷款的用途。短期资金的融资模式为短期贷款和民间融资两种。短期融资由于偿还期限短，偿债压力大，一般只能用于弥补流动资金的不足；长期贷款期限长，偿债压力小，可用于弥补企业长期建设资金的不足。在具体使用时，若将短期资金大量用于 SEM 推广、员工工资支付、慈善捐助等项目，企业将面临债务危机，甚至有可能面临无法偿还贷款而破产的风险。特别是经营的前两轮，资金需求量大，企业利润少。因此，在营销推广上，企业要量入为出，切不可盲目。

（3）考虑到贷款成本及还款期的问题，在流动资金不足时一般优先考虑进行短期贷款，然后是民间融资。具体应用时应该注意短期贷款和民间融资都是每一期都有一次机会进行贷款。在进入下一期经营前，应该认真核对资金缺口，若资金不足应及时进行贷款，然后进入下一季度经营。

由于短期贷款和长期贷款共享最大贷款额度，在第一期经营时应该规划好下一轮的资金需求。特别是在第一轮的时候，为了让第二轮有充裕的资金，第一轮轮末应该将长期贷款贷满，延长还款期限和弥补经营资金的不足，以避免经营前由于权益下降而丧失贷款的机会。这样在第一轮时就尽量少贷短期贷款，实在需要贷款就只能贷民间融资，虽然贷款成本比短期贷款有所增加，但是保证了第一轮轮末长期贷款的额度。

三、财务分析

财务分析是借助财务报告反映的财务数据，采用专门方法系统分析和评价企业的过去和现在的财务状况和经营成果，通过了解过去、评价现在、预测未来可以把大量的报告数据转换成对企业预测、决策、控制有用的信息。在财务管理中，财务分析起着承上启下的作用。财务分析的数据大部分来源于财务报告，在分析财务报告的基础上，财务分析对企业的偿债能力、盈利能力、运营能力、发展能力做出评价。

通过财务分析，既能找到企业经营中的薄弱环节，又能从企业全局把握问题之所在。通常，财务分析只能发现问题而不能提供解决问题的答案，但通过分析，能够明确需要详细调查和研究的项目，帮助企业解决问题，做出下一步经营决策。如果没有分析，就不能将历史数据转变为对决策有用的信息。

1. 杜邦分析——找出影响利润的因素

杜邦分析法利用几种主要的财务比率之间的关系来综合分析企业的财务状况，用来评价企业的盈利能力和股东权益回报水平。它的基本思想是将企业的权益报酬率（ROE）逐级分解为多项财务比率的乘积，有助于深入分析和比较企业的经营业绩。

杜邦分析图可以直观地发现哪些项目影响了营业收入净利率和资产周转率，找出这两项指标水平高低的原因，从而进一步发现问题产生的原因。

【练一练】

根据图 5-2 提供的财务报表数据，把相应的数值填入图 5-2，完成杜邦分析。

得分：43515

利润表

项目	表达式	上轮值	当轮值
营业收入	+	3883.14	13953.04
减：营业成本	-	1219.46	3605.57
营业税金及附加	-	45.28	175.90
销售费用	-	597.41	2358.94
管理费用	-	1484.40	1186.40
财务费用	-	0.00	175.00
营业利润	=	536.59	6451.23
加：营业外收入	+	0.00	0.00
减：营业外支出	-	0.00	0.00
利润总额	=	536.59	6451.23
减：所得税费用	-	134.15	1612.81
净利润	=	402.44	4838.42

资产负债和所有者权益合计

资产				负债及所有者权益			
项目	表达式	上轮值	当轮值	项目	表达式	上轮值	当轮值
流动资产:				流动负债			
货币资金	+	2764.61	9882.20	短期借款	+	1500.00	1100.00
其他应收款	+	99.25	0.00	应付账款	+	0.00	0.00
应收账款	+	0.00	0.00	预收账款	+	0.00	0.00
存货:				应交税费	+	632.25	3547.78
原材料	+	0.00	0.00	流动负债合计	=	2132.25	4647.78
在途物资	+	0.00	0.00	非流动负债			
库存商品	+	170.83	506.44	长期借款	+	0.00	0.00
发出商品	+	0.00	0.00	非流动负债合计	=	0.00	0.00
流动资产合计	=	3034.69	10388.64	负债合计	=	2132.25	4647.78
非流动资产:				所有者权益			
固定资产原价:				实收资本	+	500.00	500.00
土地和建筑	+	0.00	0.00	未分配利润	+	402.44	5240.86
机器和设备	+	0.00	0.00				
减：累计折旧	-	0.00	0.00				
固定资产账面价值	=	0.00	0.00				
在建工程	+	0.00	0.00				
非流动资产合计	=	0.00	0.00	所有者权益合计	=	902.44	5740.86
资产总计	=	3034.69	10388.64	负债和所有者权益总计	=	3034.69	10388.64

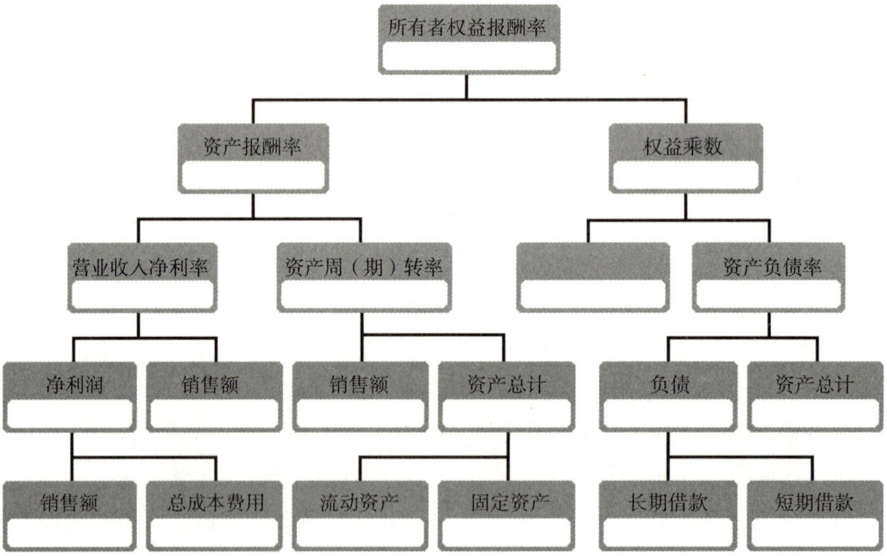

图5-2　电子商务沙盘杜邦分析

2．经营能力指标分析

经营能力包括收益力、成长力、安定力、活动力和生产力，如表 5-4 所示。

（1）收益力表明企业是否具有盈利的能力，指标中的净资产收益率是投资者最为关心的，反映的是投资者投入资金的活力和能力。一般而言，这几个指标越高越好。

表5-4 五力分析

收益力	毛利率	（营业收入－直接成本）/营业收入×100%
	利润率	净利润/营业收入×100%
	总资产净利率	净利润/[（期初资产总计+期末资产总计）/2]×100%
	净资产收益率	净利润/[（期初所有者权益+期末所有者权益）/2]×100%
	销售利润率	利润总额/营业收入×100%
	总资产收益率	利润总额/资产总计×100%
成长力	收入成长率	（本期营业收入－上期营业收入）/上期营业收入×100%
	利润成长率	（本期净利润－上期净利润）/上期净利润×100%
	净资产成长率	（本期期末资产总计－上期期末资产总计）/上期期末资产总计×100%
安定力	流动比率	期末流动资产/期末流动负债×100%
	速动比率	（期末流动资产－期末商品库存）/期末流动负债×100%
	资产负债率	期末负债合计/期末资产总计×100%
活动力	存货周转率	当期营业成本/[（期初商品库存+期末商品库存）/2]×100%
	应收账款周转率	当期销售净额/当期平均应收账款×100%
生产力	人均利润	当期利润总额/当期员工人数
	人均营业收入	当期营业收入/当期员工人数

（2）成长力表示企业具有成长的潜力，即持续能力。一般而言，越高越好。

（3）安定力是衡量企业财务状况是否稳定，会不会发生财务危机的指标。流动比率大于 2、速动比率大于 1 时认为短期偿债能力较好。资产负债率越高，企业面临的财务风险越大，获利能力也越强，应在 60% ~ 70% 之间较为合理。

（4）活动力是从企业资产的管理能力方面对企业经营业绩做出评价。周转率越高，说明企业资金周转速度快，获利能力强。

（5）生产力是衡量人力资源产出能力的指标。

任务三 订单——我们倾向何种商品和消费人群

学习目标：

1. 掌握商品的生命周期，制订商品购销计划。
2. 理解 4 类人群的成交规则，制定商品推广策略。

在资源有限的约束条件下，有时候放弃比不计代价地掠取更明智。你不可能全面开花，面面俱到，因此要确定你的重点商品，选取你的重点消费人群，制定合适的推广策略，获得流量并提高转化率，进而获得更多的订单和丰厚的利润回报。电子商务沙盘交易体系如图 5-3 所示。

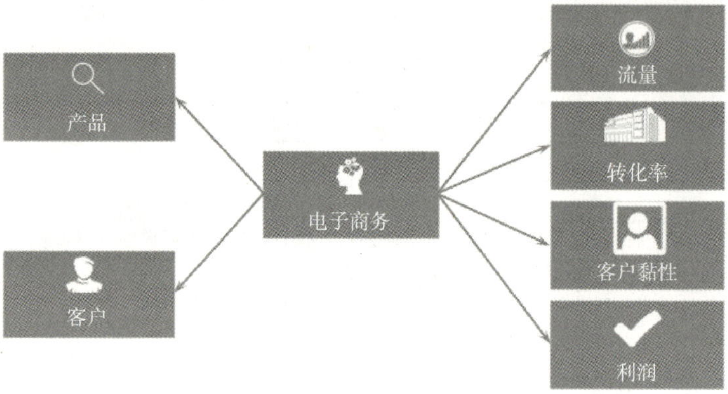

图5-3　电子商务沙盘交易体系

一、了解买家

如何从零开始在电子商务沙盘系统开好一家网店？目前，电子商务沙盘已经走过了 7 个年头，各个经营者对规则都有比较深刻的理解，竞争越来越激烈。想要从竞争这么激烈的环境中脱颖而出，就需要搞清楚开网店的最终目的是什么。

开店的最终目的是依靠电子商务沙盘系统平台的流量获利，这就需要了解买家怎么来——流量把买家带进店，买家为什么买——流量转化让买家产生购买，买家怎么才能多买——黏性让买家重复购买。

电子商务沙盘系统的买家是怎么来的？买家是由系统模拟产生，系统模拟买家的消费需求和搜索习惯，根据关键词搜索，寻找合适的卖家。买家订单产生示意图如图 5-4 和图 5-5 所示。

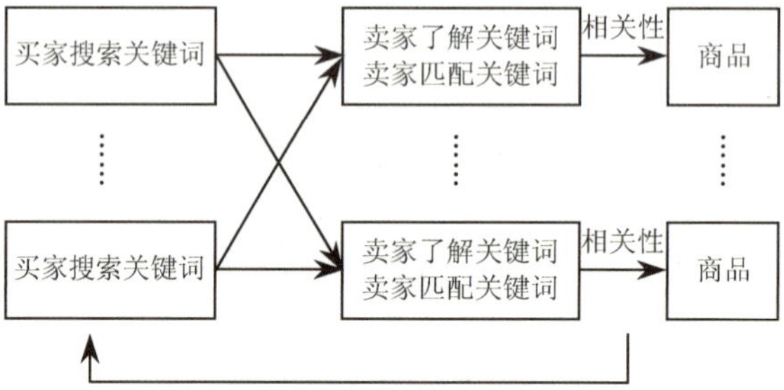

图5-4　买家订单产生示意图1

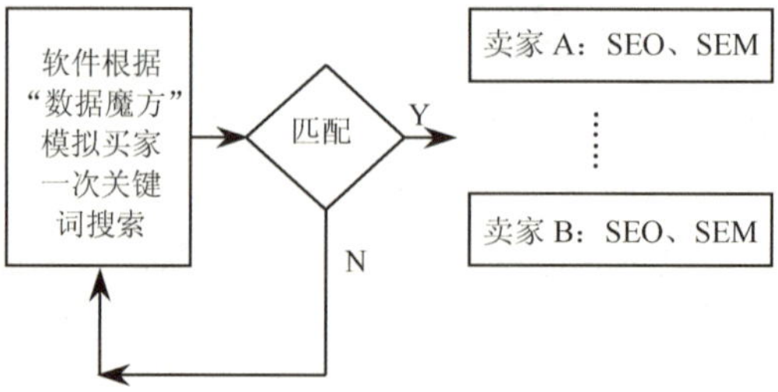

图5-5　买家订单产生示意图2

关键词是买卖双方解决供需关系的桥梁，数据魔方为卖家提供不同类目商品的市场需求信息及基于大数据的关键词的相关数据信息。因此，卖家如果要得到买家的话，需要掌握数据魔方提供的买家需求信息和搜索习惯，通过优化标题关键词尽可能匹配买方的搜索习惯，在买方搜索某个关键词时，展示与该关键词相关的商品，并取得靠前的自然排名；或者通过对自己所销售商品相关的关键词出具一定的竞价价格，在买方搜索其中某个关键词时，展示与该关键词相关的商品，并取得靠前的搜索排名。图 5-6 中的阴影部分为进店关键词。

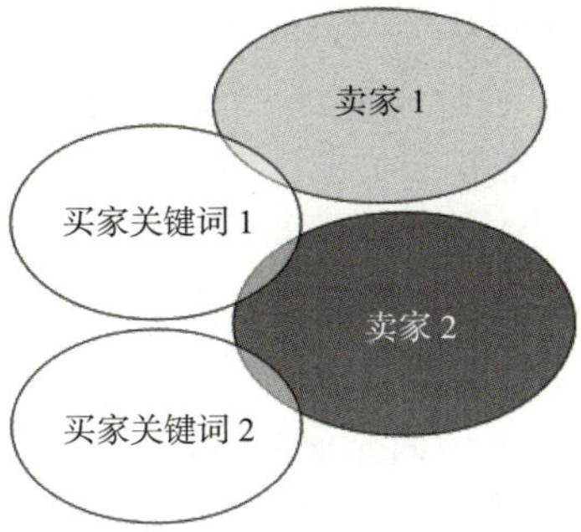

图5-6　进店关键词（阴影部分）

二、做好卖家

想要做好一个优秀的卖家，就需要深入分析系统提供的数据魔方，了解买家的消费需求和搜索习惯，掌握 SEO、SEM 关键词匹配方式和排名规则，从而取得较高的 SEO、SEM 排名，提高关键词的转化率，促使 4 类人群成交。电子商务沙盘订单成交规律如图 5-7 所示。

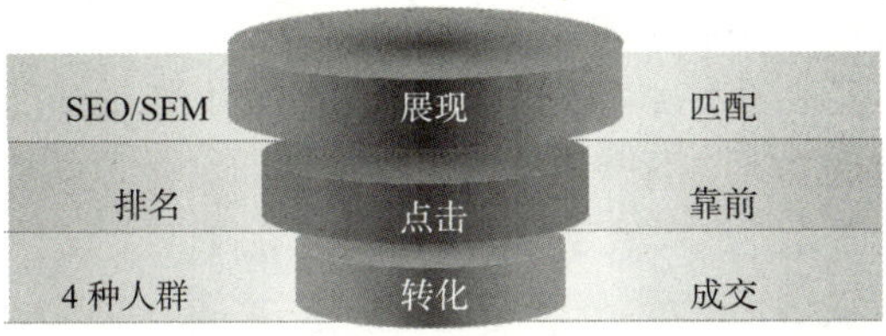

图5-7　销售漏斗（电子商务沙盘订单成交规律）

如何才能获得更多的买家光顾自家店铺呢？卖家必须要做到店铺被买家搜索到，关键词被匹配；或者卖家的商品在系统中展现的位置比较好，商品相关的关键词竞价价格排名靠前（卖得好，花钱多）。

（一）引导买家购买商品

1．SEO 优化

SEO 是一种精细操作，需要一丝不苟地对待。通过进店关键词分析，周而复始地比较，辅助下一步经营中关键词的选择，形成差异化的关键词选取策略，耐心等待每次优化后的结果。SEO 是一种历练的过程，卖家需要认真谨慎地修改下一阶段的 SEO 方案，从竞争对手处吸取经验教训，每期都要有进步。对于 SEO 是否成功，转化率是最好的回答。

（1）工作原理。基于某关键词的模拟买家的一次搜索，设 N 为组数，SEO 商品排名得分前 N×0.6 名的卖家的商品会被展现，数据魔方的该关键词的展现量会加 N×0.6（不足 N×0.6 家时加实际家数），前 N×0.6 名卖家的商品的展现量会各加 1；SEO 商品排名得分前 N×0.4 名的卖家的商品会被点击，数据魔方的该关键词的点击量会加 N×0.4（不足 N×0.4 家时加实际家数），前 N×0.4 名卖家的商品的点击量会各加 1；模拟买家按照本次模拟搜索代表人群（4 类人群中的一种）的成交条件与 SEO 商品排名进入前 N×0.4 名的卖家进行撮合交易，如果有符合条件的会有一个订单成交，数据魔方的该关键词的转化量会加 1，该卖家商品的转化量会加 1。

（2）关键词密度。关键词密度也称关键词频率，它是用来衡量关键词出现的总次数与其他文字的比例，一般用百分数表示。关键词出现的频率越高，关键词密度也就越大。举例来说，如果某个商品共有 100 个关键词，而某个关键词在其中出现 5 次，则可以说关键词密度为 5%。通过对数据魔方词库的词频分析，卖家可以据此设置商品关键词。合理的关键词密度可以使卖家获得较高的排名位置，若密度过大，则会起到相反的效果。

（3）SEO 关键词推广效果总结。

SEO 推广中关键词使用核心词时，商品绩效越高带来流量越多；

SEO 推广中低商品绩效时，使用核心词推广效果很差；

SEO 推广中低商品绩效时，使用长尾词推广效果好于使用核心词。

2. SEM 推广

卖家通过对自己所销售商品相关的关键词出具一定的竞价价格，在买方搜索其中某个关键词时，展示与该关键词相关的商品，并取得靠前的搜索排名。

基于某关键词的模拟买家的一次搜索，SEM 商品排名得分前 N×0.4 名的卖家的商品会被展现，数据魔方的该关键词的展现量会加 N×0.4（不足 N×0.4 家时加实际家数），前 N×0.4 名卖家的商品的展现量会各加 1；SEM 商品排名得分前 N×0.3 名的卖家的商品会被点击，数据魔方的该关键词的点击量会加 N×0.3（不足 N×0.3 家时加实际家数），前 N×0.3 名卖家的商品的点击量会各加 1；模拟买家按照本次模拟搜索代表人群（4 类人群的一种）的成交条件与 SEM 商品排名进入前 N×0.3 名的卖家进行撮合交易，如果有符合条件的会有一个订单成交，数据魔方的该关键词的转化量会加 1，该卖家商品的转化量会加 1。

买卖关键词的匹配如图 5-8 所示。

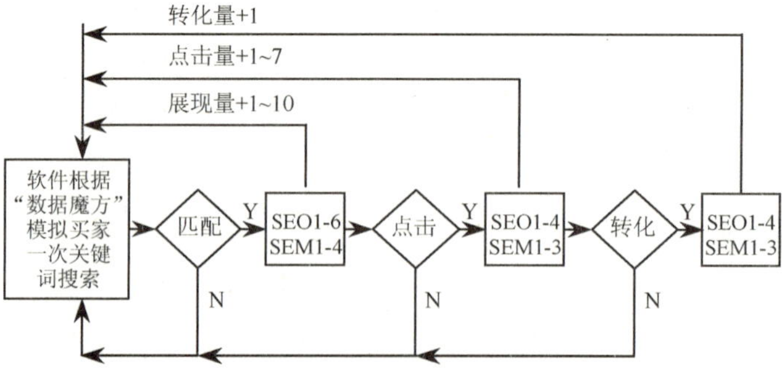

图5-8　买卖关键词的匹配

SEM 关键词推广效果总结：SEM 推广中使用核心词在低质量分时依然低出价，引流效果不佳；SEM 推广中使用核心词在高质量分时低出价，引流效果依然不佳；SEM 推广中使用核心词在高质量分时高出价，引流效果很棒；SEM 推广中使用核心词在低质量分时高出价，引流效果尚可。SEM 推广中使用长尾词在低质量分时高出价，引流效果好于使用核心词；SEM 推广中使用长尾词在高质量分时高出价，引流效果少于使用核心词，但是无效点击数量会降低。

（二）应对各种类型买家的技巧

1. 获利商品分析

卖家需要根据经营过程中商品的获利情况及时调整商品销售人群和销售策略，这就考验经营者需要在经营过程中不断总结店铺的经营优势，对各类商品进行正确的定位。分析各轮产品销售额趋势及主要利润来源，绘制表 5-5 ~表 5-7。经营者根据经营情况选择商品组合策略和站内外推广策略。

表5-5　市场热销商品

时　期	热销商品
第一轮	油烟机、桌子、项链
第二轮	油烟机、桌子、项链、西装、平板电视、床
第三轮	手链、项链、西装、柜子、平板电视、床
第四轮	手链、项链、西装、柜子、平板电视、床
第五轮	手链、项链、西装、热水器、柜子、连衣裙

表5-6　主要获利商品

时　期	获利商品
第一轮	油烟机、桌子、项链
第二轮	油烟机、桌子、项链
第三轮	手链、项链、西装、平板电视、床
第四轮	手链、项链、西装、柜子、平板电视、床
第五轮	手链、项链、西装、热水器、柜子

表5-7　主某小组首饰类商品利润来源

单位：万元

商品	项链				手链				戒指			
	低价	综合	犹豫	品牌	低价	综合	犹豫	品牌	低价	综合	犹豫	品牌
1-1												
1-2		191.16										
2-1	90.3	0										
2-2	620.18	155.04	658.92									
3-1	731.94	344.44	1171.54			-13.82						
3-2		181.12	525.36			245.82	241.62	426.24				
4-1		509.19	685.32	632.28		153.4	345.15	741.03				
4-2		330.89	189.08	537.9		275.98	433.73	718.72				
5-1		150.39				300.56	413.27	87				367.1

2. 站内推广（商品流量、产品营销）

（1）团购。根据经营需求，卖家组织针对某种商品的团购活动，用来吸引犹豫不定人群的购买需求。

（2）秒杀。根据经营需求，卖家发布若干件折扣为五折的商品，用来吸引买家抢购，迅速增加店铺人气和商品人气，适用于所有人群。

（3）套餐。根据经营需求，卖家对多种商品进行组合搭配销售，用来吸引买家抢购，以增加店铺人气和商品人气。

（4）促销。根据经营需求，卖家对某种或某几种商品进行满就送促销、多买折扣促销、买第几件折扣促销，用来吸引买家抢购，以增加店铺人气和商品人气（仅针对犹豫不定人群）。

3．站外推广（店铺流量、品牌营销）

根据公司经营需求，卖家可以对已经筹建完成的 B 店发布的商品，选择央视、网络广告联盟、百度三种媒体中的一种或多种进行推广，用来吸引品牌人群的购买需求，增加店铺人气和商品人气。

4．各类买家成交撮合

各类买家撮合规则如图 5-9 所示。

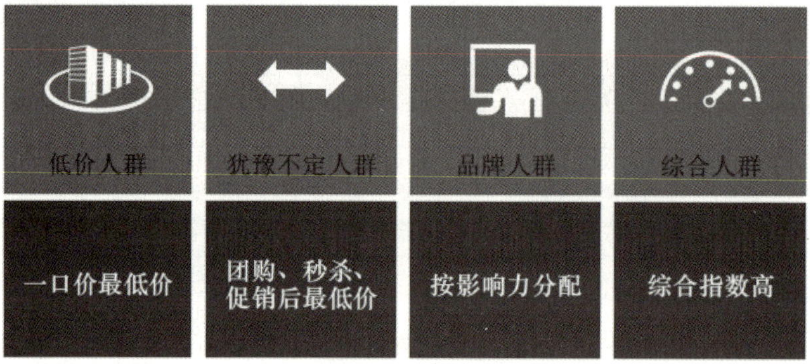

图5-9　各类买家撮合规则

（1）低价人群买家成交撮合。

撮合原理如图 5-10 所示，低价人群买家要通过 SEO、SEM 引流，之后 SEO 前 4 名、SEM 前 3 名进入到成交环节，根据商品价格最低顺序决定成交的卖家。假设 A4 组价格最低，那么 A4 组优先成交。

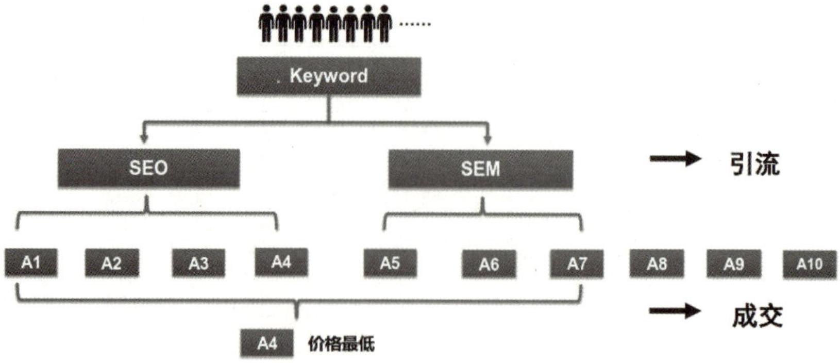

图5-10　低价人群买家撮合原理

（2）犹豫不定人群买家成交撮合。

撮合原理如图 5-11 所示，犹豫不定人群买家要通过 SEO、SEM 引流，之后 SEO 前 4 名、SEM 前 3 名进入到成交环节，成交顺序依次是团购（团购之后的最低价，团购有的成团有的不成团，有可能不成团，不成团的话这一部分需求剩余）、秒杀（秒杀之后的最低价）和促销（优惠额度最大且折后价格不为 0）独立判断成交的卖家。

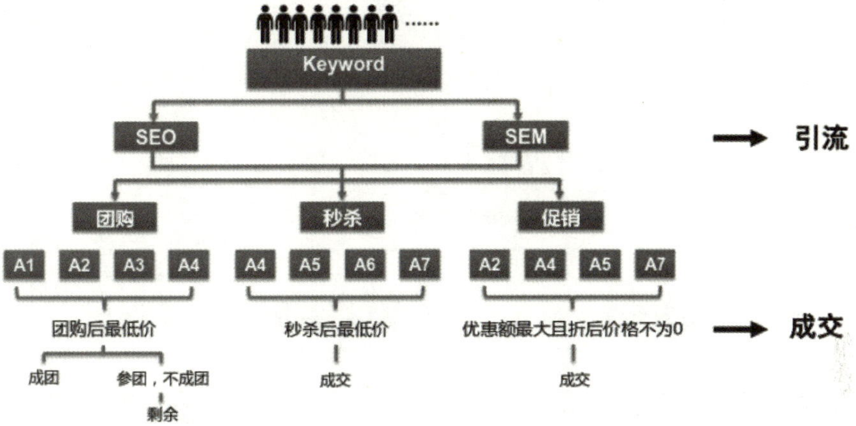

图5-11　犹豫不定人群买家撮合原理

（3）品牌人群买家成交撮合。

撮合原理如图 5-12 所示，品牌人群买家要通过媒体影响力引流（站外推广：投广告）。通过媒体影响力、商品一口价、商品评价及城市影响力计算出品牌人群成交指数；根据买家对物流方式、售后服务的要求确定具备成交资格的卖家，从而计算出每个具备成交资格的卖家的品牌人群成交百分比（即卖家在订单交易过程中获得订单的概率）；系统根据品牌人群成交百分比确定成交卖家。

备注：各组都有一个拿到订单的比例，但系统一般按照品牌人群成交百分比高的组优先成交。

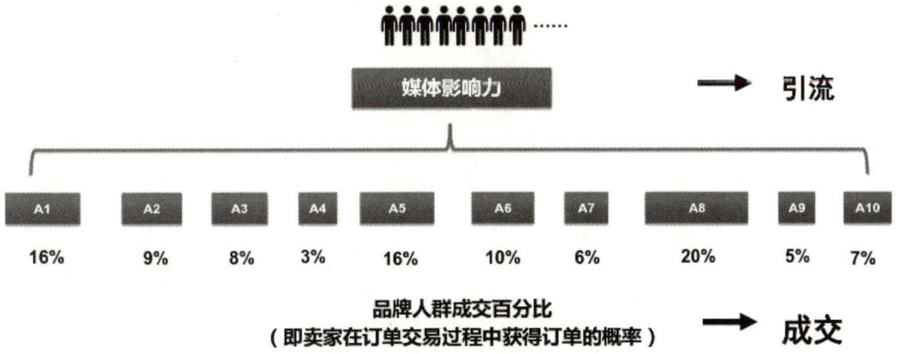

图5-12　品牌人群买家撮合原理

（4）综合人群买家成交撮合。

撮合原理如图 5-13 所示，综合人群买家要通过 SEO、SEM 引流，之后 SEO 前 4 名、SEM 前 3 名进入到成交环节。通过综合评价指标、商品一口价、商品评价及城市影响力计算出综合人群成交指数；根据买家对物流方式、售后服务的要求确定具备成交资格的卖家，从而计算出每个具备成交资格的卖家的综合人群成交百分比（即卖家在订单交易过程中获得订单的概率）；系统再根据综合人群成交百分比确定成交的卖家。

如果卖家引流不成功，综合人群成交百分比再高也无法获得综合人群订单，如 A8 小组获得 25% 综合人群成交百分比，由于引流不成功，无法成交，如图 5-13 所示。

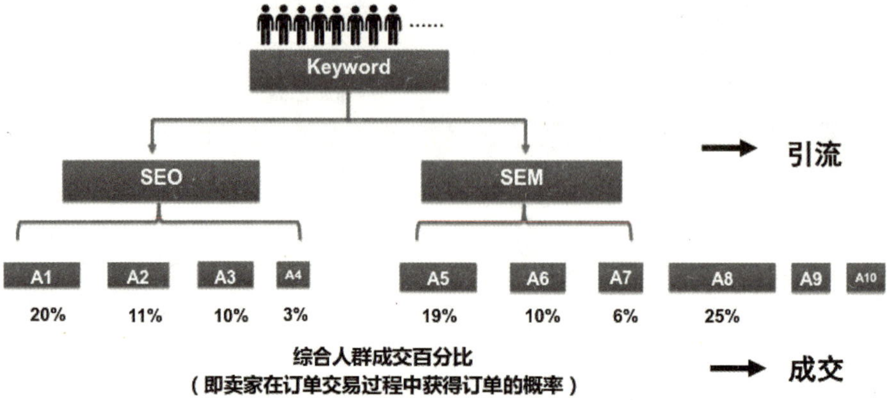

图5-13 综合人群买家撮合原理

附录 A　教师指导平台

一、教师指导平台简介

教师指导平台主要包括经营控制、经营数据、经营分析和经营设置等主要功能。教师可以通过教师指导平台进行采购招标和站外推广招标的控制、教学进度控制，也可以随时监控各组的经营进度，了解各组的经营情况，进行教学过程的控制。

教师指导平台提供各个模拟企业的经营数据分析，包括各组的财务报表、现金流量表、订单信息统计、采购中标信息、媒体中标信息、市场占有率和各组经营成绩等方面的各项指标分析，为教师的深度点评提供充分的数据保证。

二、系统登录

首先打开浏览器，输入登录网址 iec.itmc.cn，选择在线训练分区，如网赛专区、国赛专区等；如果学校已经购买软件可以登录自己的服务器平台，如 61.153.213.34:8090/iec。打开如图 A-1 所示的登录界面后，填写教师账号、密码，初始密码为 123。

图A-1　登录界面

图 A-2 显示的是各模块功能，分别是①模块功能选择区、②主界面显示区、③账号信息显示区和④系统公告区。

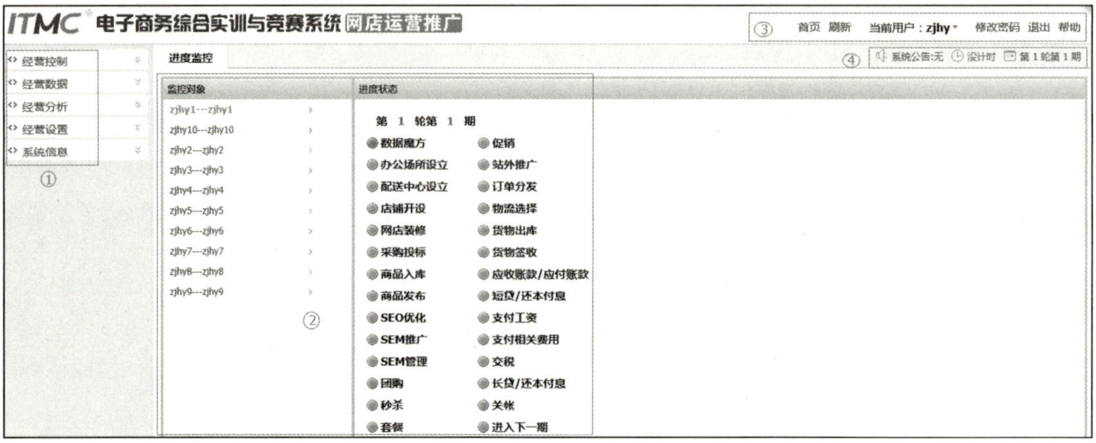

图A-2　模块功能

三、经营控制

1．裁判控制

裁判控制是对开始经营、采购招标、媒体推广招标、暂停计时等进行控制，如图 A-3 所示。

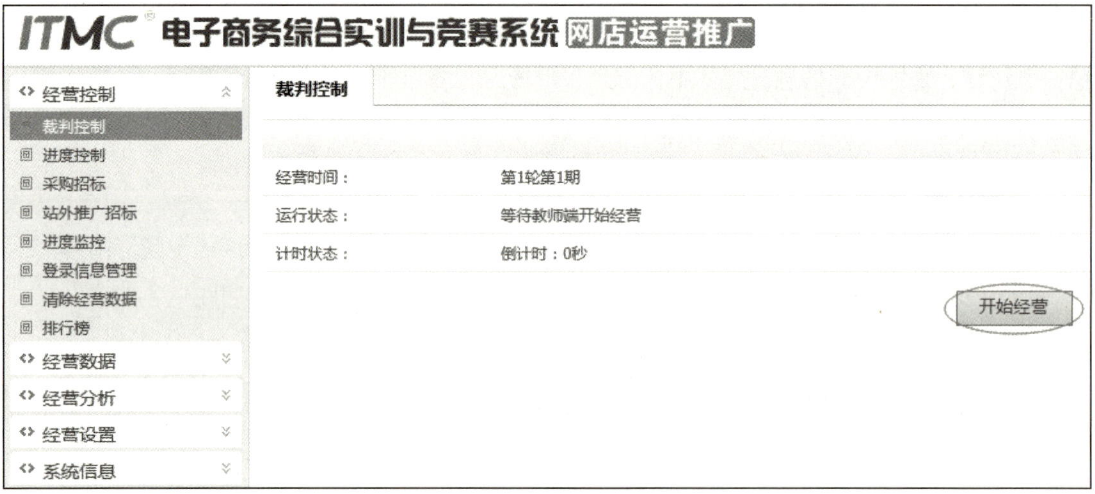

图A-3　裁判控制

2．进度控制

只有在教师端单击进度控制下的“开始经营”按钮后，各小组方可登录小组账号进行企业经营；每轮结束后，系统不会自动进入下一轮经营，只有在教师端单击“允许进入下一轮”按钮，各小组方可进入下一轮的经营，如图 A-4 所示。

3．采购招标

设定好采购招标的“限定时间”后单击“开始采购”按钮，系统自动计时，计时结束时单击“结束采购”按钮；若计时没结束但投标监控区指示灯提示各小组已提交（指示灯变为红色说明已经完成提交）也可结束投标。在“市场供应信息”区可以看到市场提供的商品信息，在

“查询条件”区可以查看各组各个商品的采购投标信息，如图 A-5 所示。

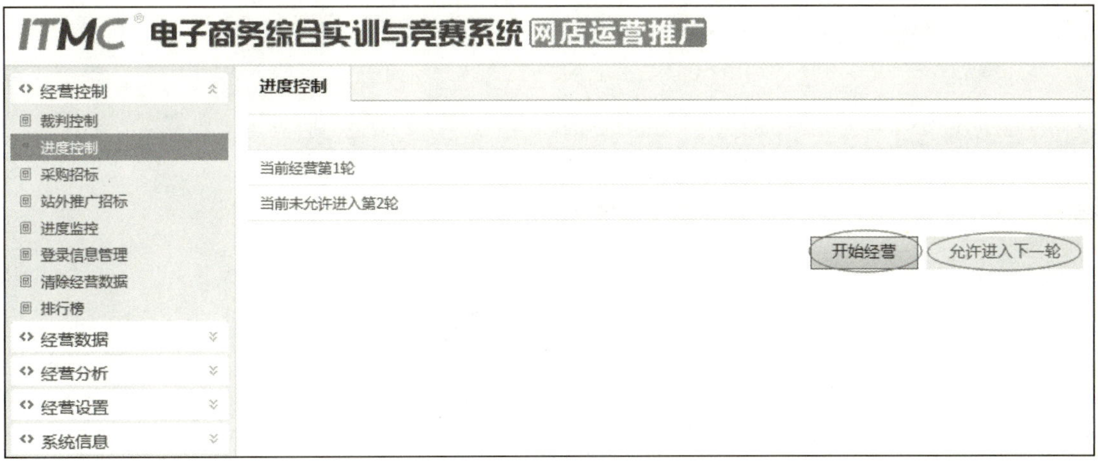

图A-4 进度控制

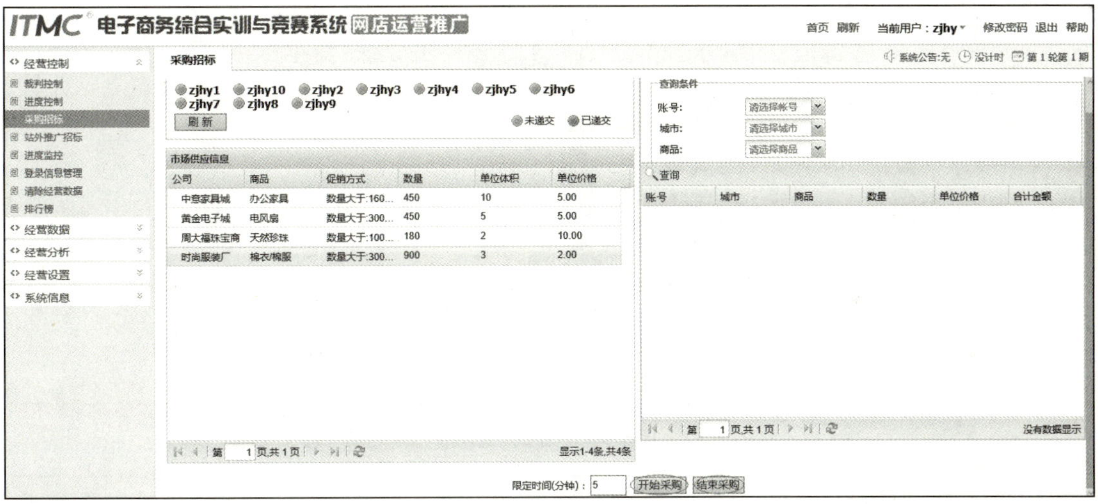

图A-5 采购招标

4．站外推广招标

站外推广招标监控区域可以看到各小组媒体广告的投放进度，“站外推广招标信息”区可以查看各媒体详细的相关参数，“查询条件”区可以查看各组媒体投标方案信息。设置好“限定时间”后单击“开始招标”按钮，系统自动计时，计时结束时单击“结束招标”按钮，如图 A-6 所示。

5．进度监控

本功能模块可以监控到所有小组的经营进度，如图 A-7 所示。

6．登录信息管理

本功能模块可以清除学生的缓存数据，踢出学生登录，也可以查看登录小组的 IP 地址，如图 A-8 所示。

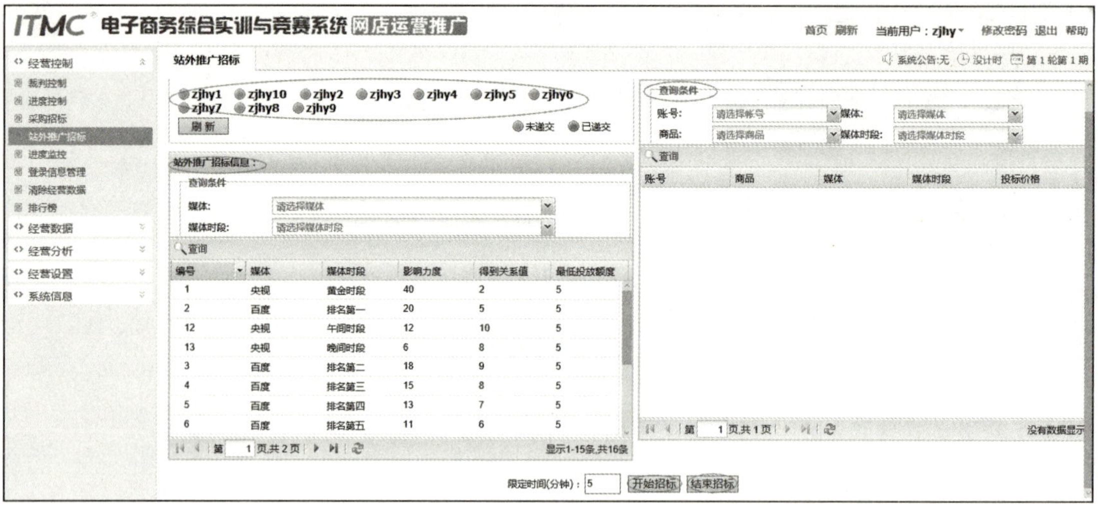

图A-6　站外推广招标

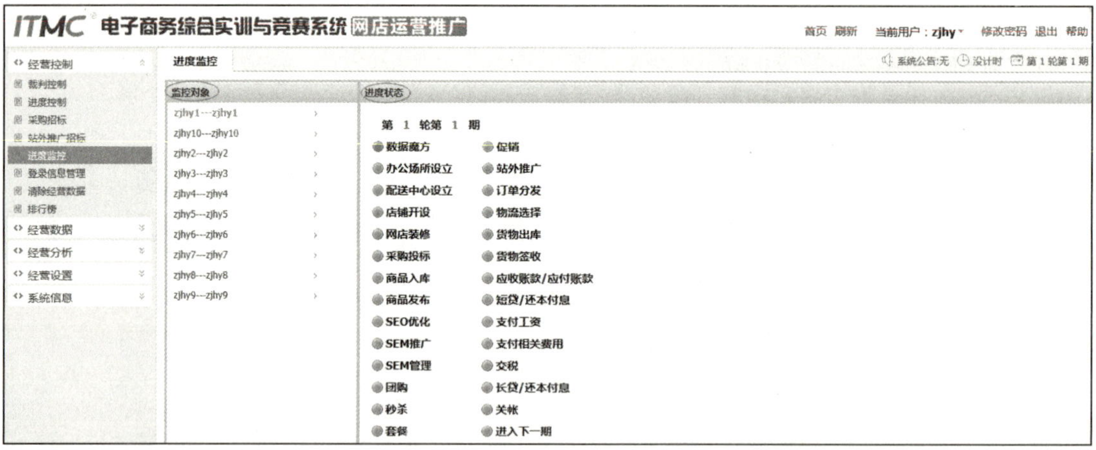

图A-7　进度监控

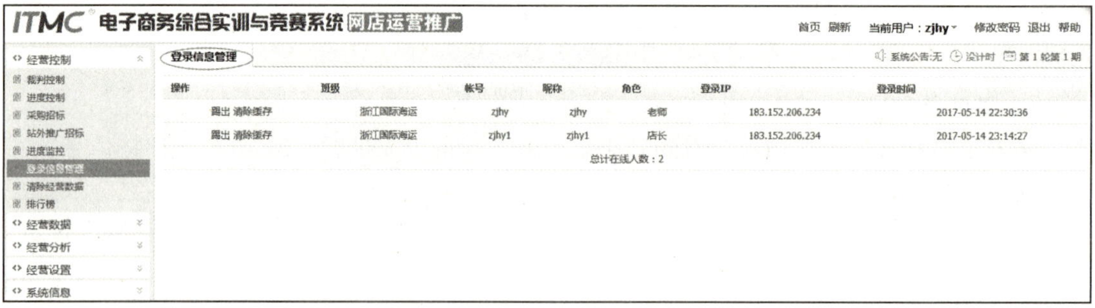

图A-8　登录信息管理

7．清除经营数据

每次经营后，各小组的经营数据是自动保存在服务器里面的，再次登录时依然看到目前的经营状态，单击“初始化数据”按钮可清除以往的经营数据，方便反复训练，如图 A-9 所示。

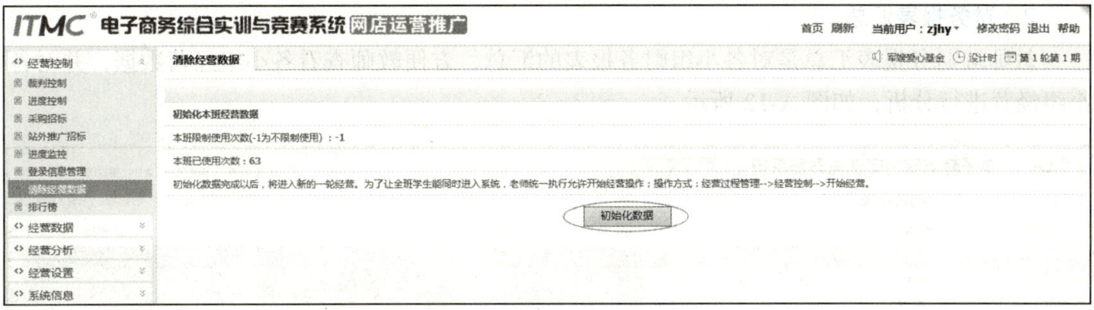

图A-9　清除经营数据

8. 排行榜

本功能模块可以查询各小组经营的净利润排行榜、资产总计排行榜、慈善总排行榜，如图 A-10 所示。

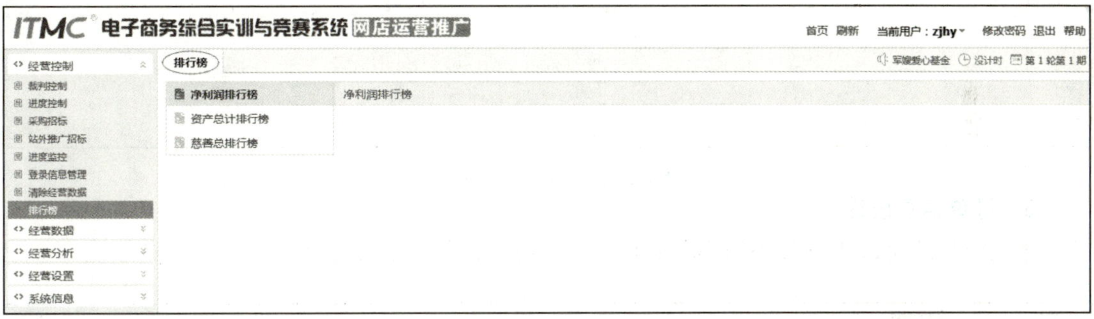

图A-10　排行榜

四、经营数据

1. 现金流量表

教师端现金流量表是对各小组现金流量表的汇总，方便教师查看各小组经营的现金流动情况，并对各小组经营进行分析，如图 A-11 所示。

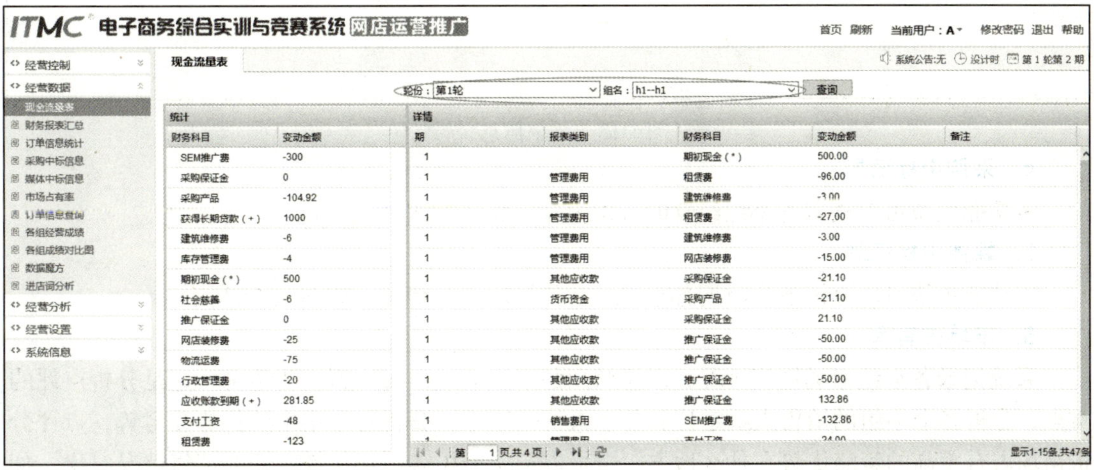

图A-11　现金流量表

2．财务报表汇总

教师端财务报表汇总是对各小组财务报表的汇总，方便教师查看各小组经营数据，并对各小组经营进行分析，如图 A-12 所示。

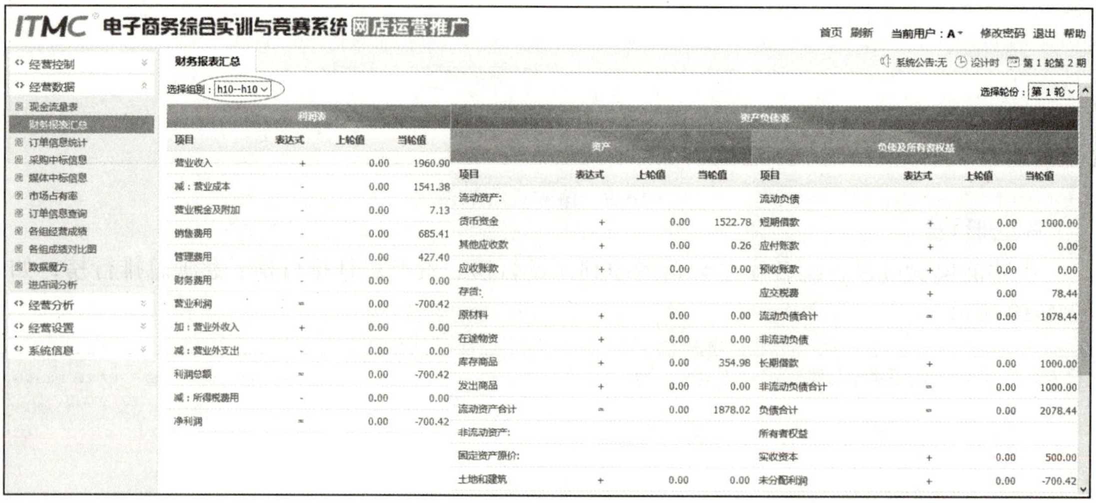

图A-12　财务报表汇总

3．订单信息统计

本功能模块可以查询各小组经营的订单信息统计，如图 A-13 所示。

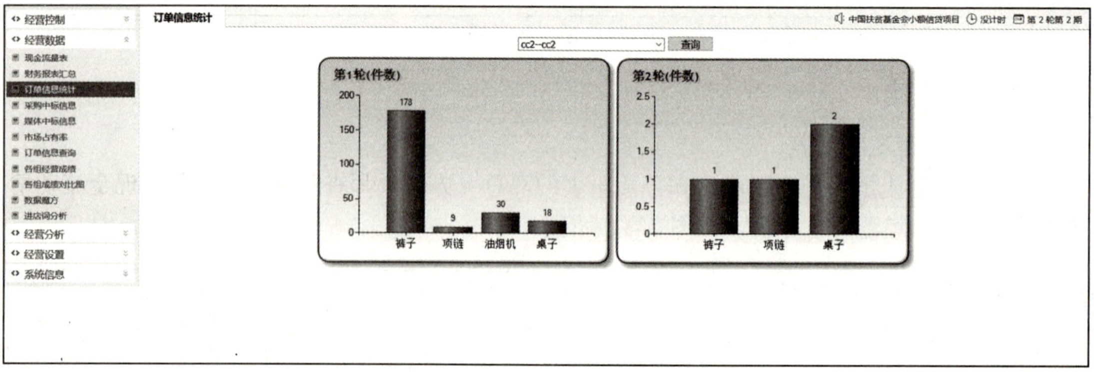

图A-13　订单信息统计

4．采购中标信息

本功能模块可以查询各小组经营的采购中标信息，如图 A-14 所示。

5．媒体中标信息

本功能模块可以查询各个时期各小组经营的媒体中标情况，如图 A-15 所示。

6．市场占有率

系统记录各小组市场销售情况，以饼状图的形式表达出各人群销售情况。这是分析点评的重点，分析各个小组的销售人群定位和各个人群的比重，分析各个小组的优势和劣势，点评分析市场占有率高的策略优势在什么地方，也可以定向分析各个小组在每期的销售情况对比，如图 A-16 所示。

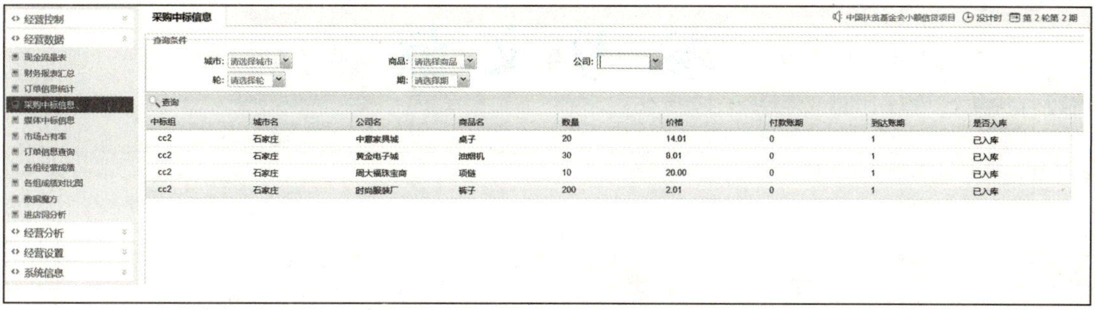

图A-14　采购中标信息

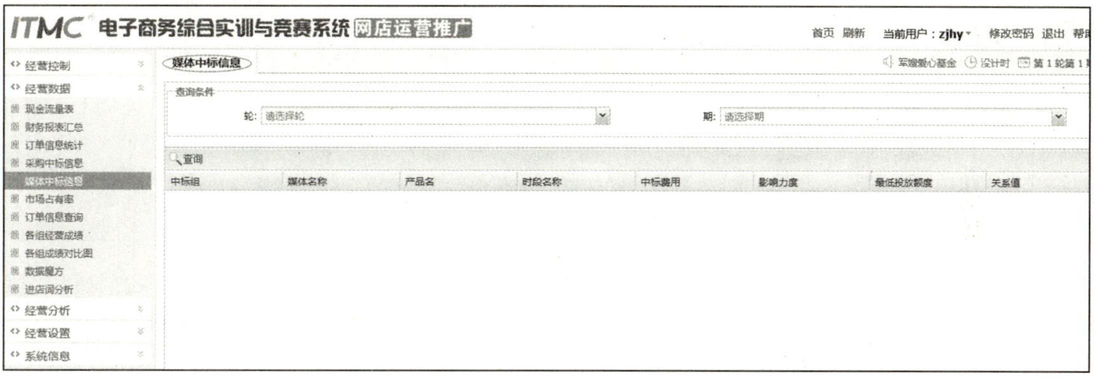

图A-15　媒体中标信息

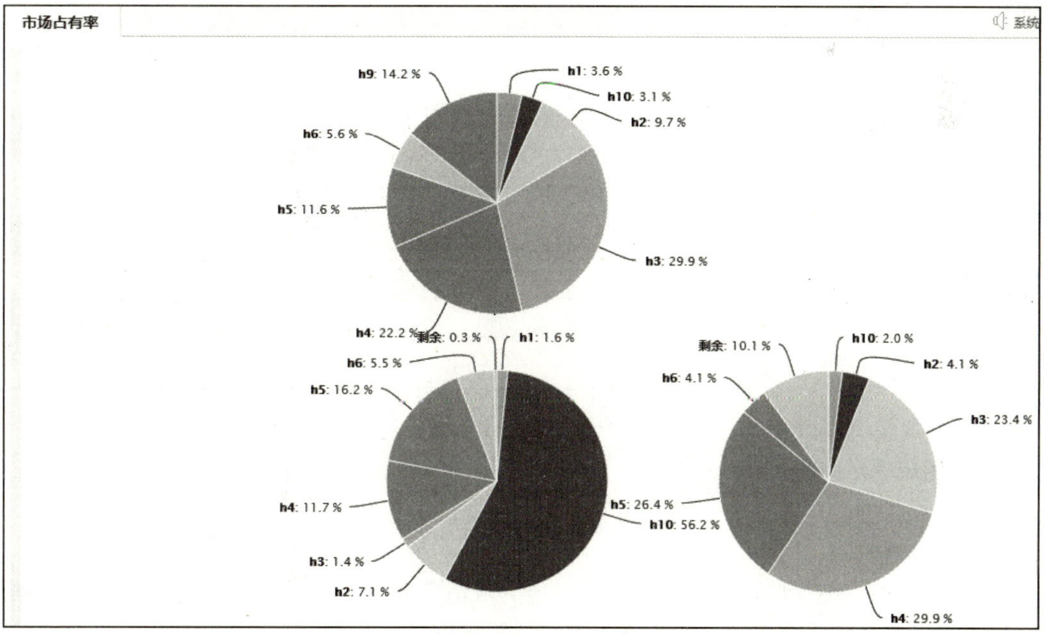

图A-16　市场占有率

7．订单信息查询

订单信息查询模块可以根据账号查询各小组的订单，也可以根据消费人群、订单类型、物流方式等条件进行查询，如图 A-17 所示。

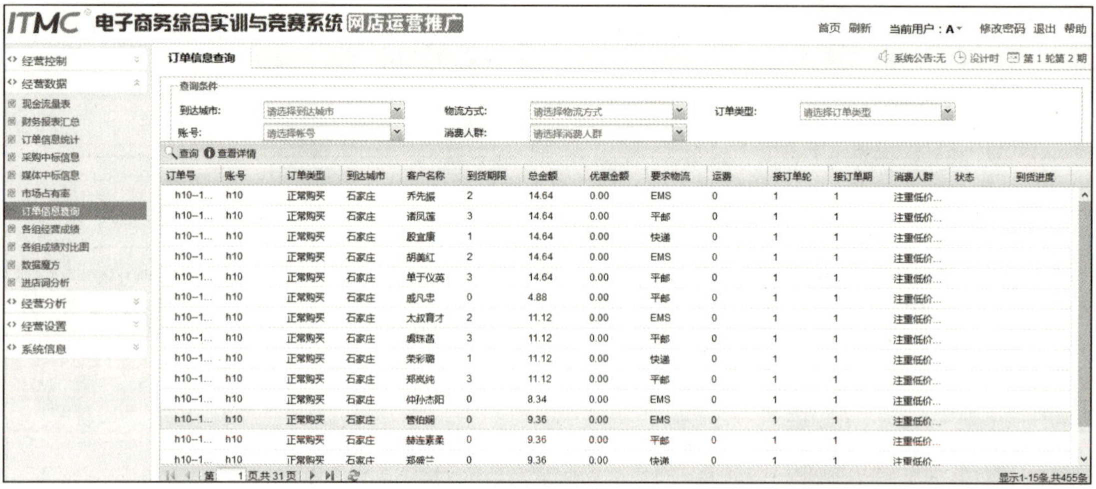

图A-17　订单信息查询

8．各组经营成绩

本功能模块可以查询各小组经营的成绩，如图 A-18 所示。

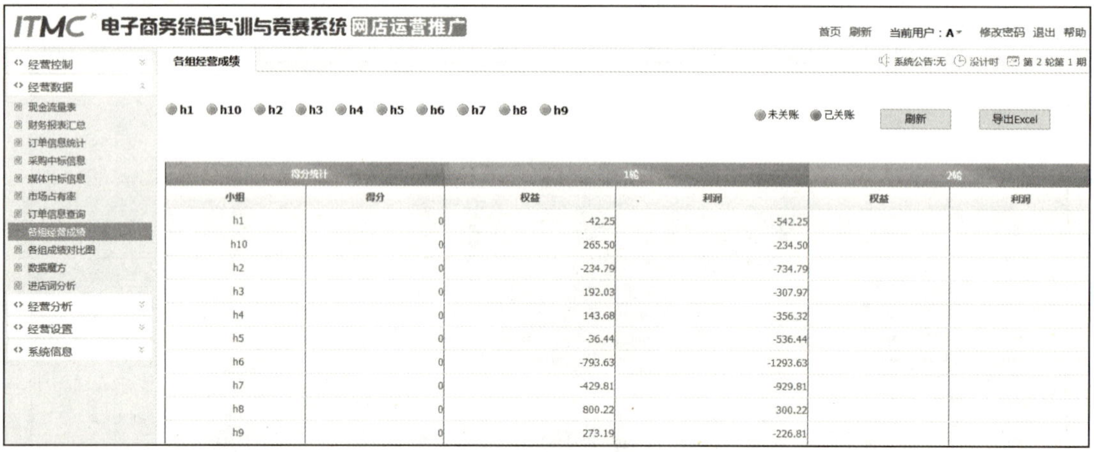

图A-18　各组经营成绩

9．各组成绩对比图

本功能模块可以查询各小组经营成绩的对比柱状图，如图 A-19 所示。

10．数据魔方

数据魔方为各组提供不同类目商品的市场需求信息及基于大数据的关键词的相关数据信息；各组可以通过数据魔方进行市场分析定位，并分析每个关键词的相关数据，制定自己的经营策略，如图 A-20 所示。

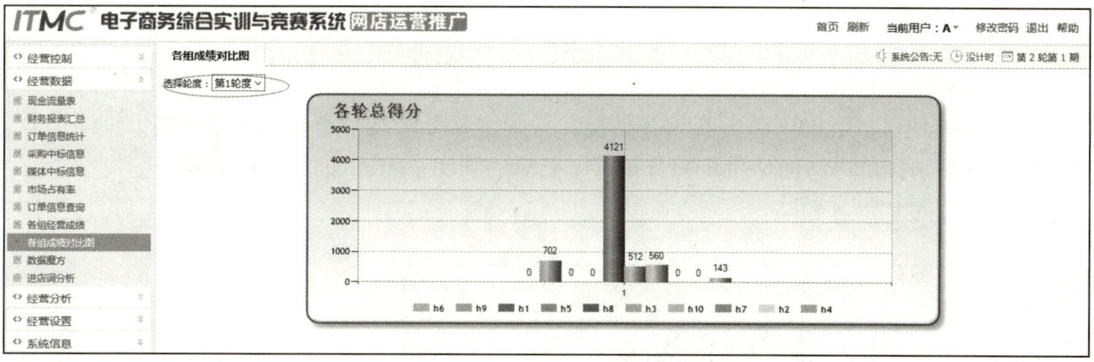

图A-19　各组成绩对比图

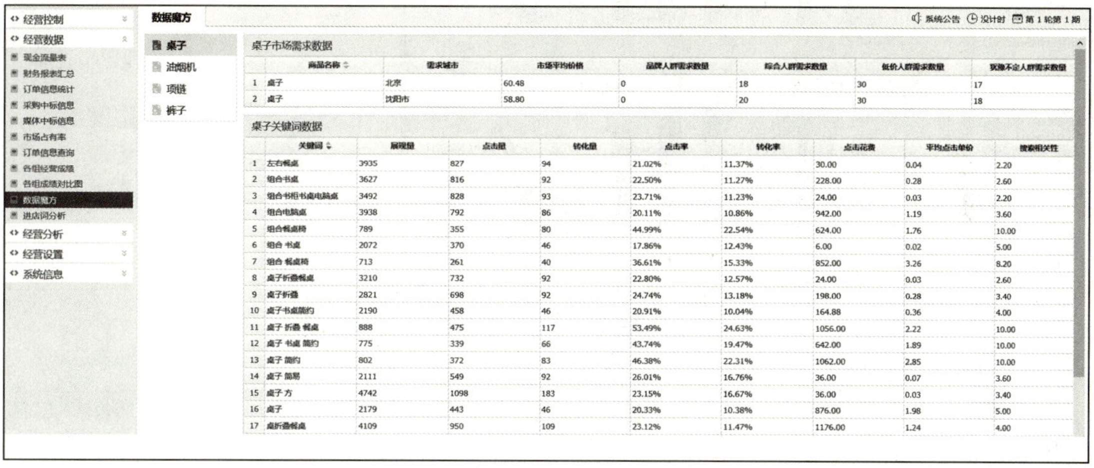

图A-20　数据魔方

11．进店关键词分析

本功能模块可以查询各小组进店的关键词，以及 SEO、SEM 转化情况，如图 A-21 所示。通过对进店关键词的分析，可辅助下一步经营中关键词的选择，形成差异化的关键词选取策略。

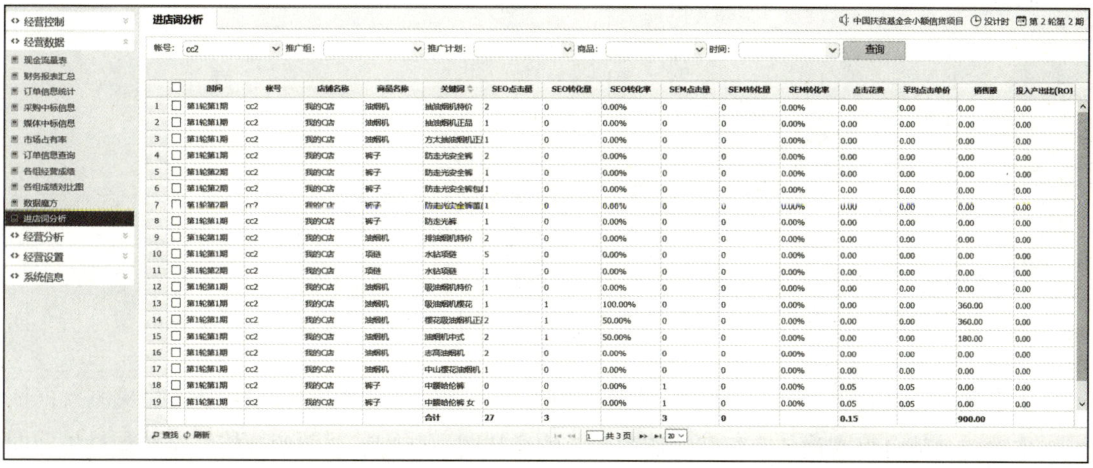

图A-21　进店关键词分析

五、经营分析

1．市场预测分析

本功能模块可以帮助学生分析市场情况，教师主要分析某个商品的生命周期、价格走势、每期的基本需求数量，帮助学生定向分析这个商品的利润空间，如图 A-22 所示。

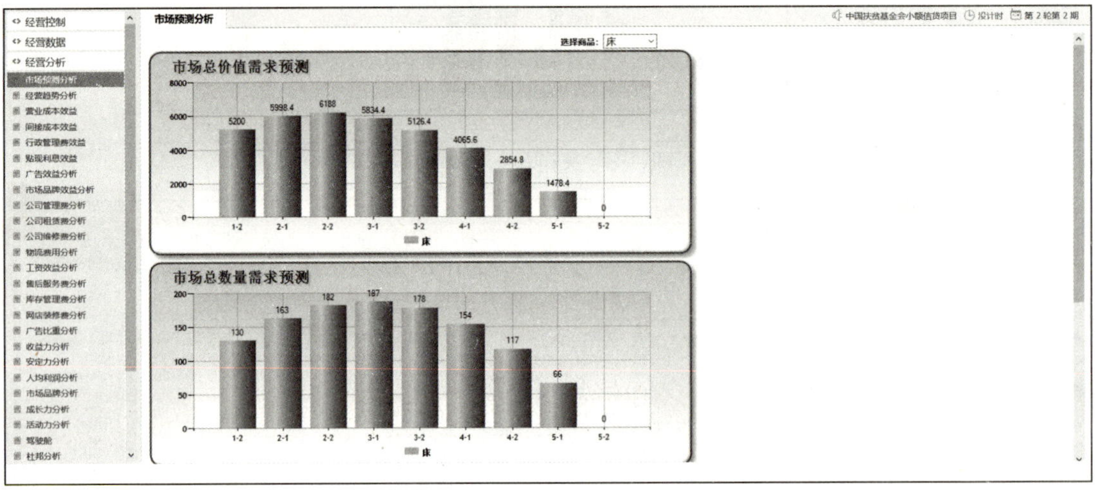

图A-22　市场预测分析

2．经营趋势分析

系统通过各个小组每轮的经营数据进行分析，最终得出各个小组的经营趋势走向图，总体反映学生的经营走势，如图 A-23 所示。

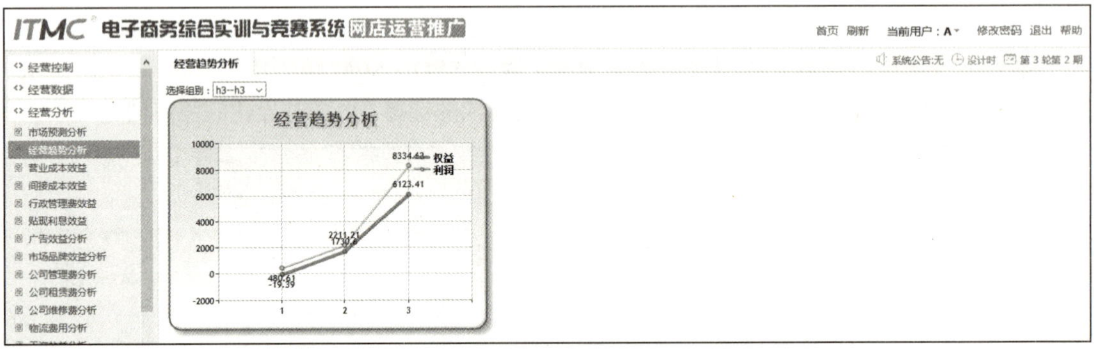

图A-23　经营趋势分析

3．营业成本效益

本功能模块可以查询各小组营业成本效益的柱状图，分为汇总效益分析、轮效益分析和期效益分析，如图 A-24 所示。

4．间接成本效益

本功能模块可以查询各小组间接成本效益的柱状图，分为汇总效益分析、轮效益分析和期效益分析，如图 A-25 所示。

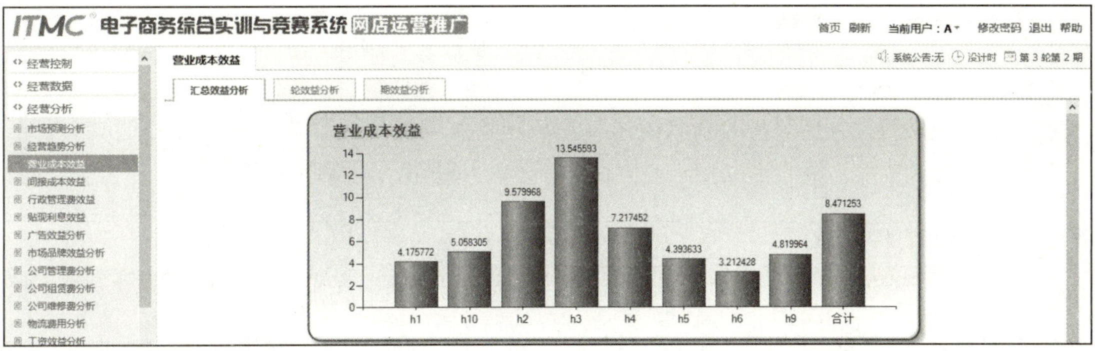

图A-24　营业成本效益

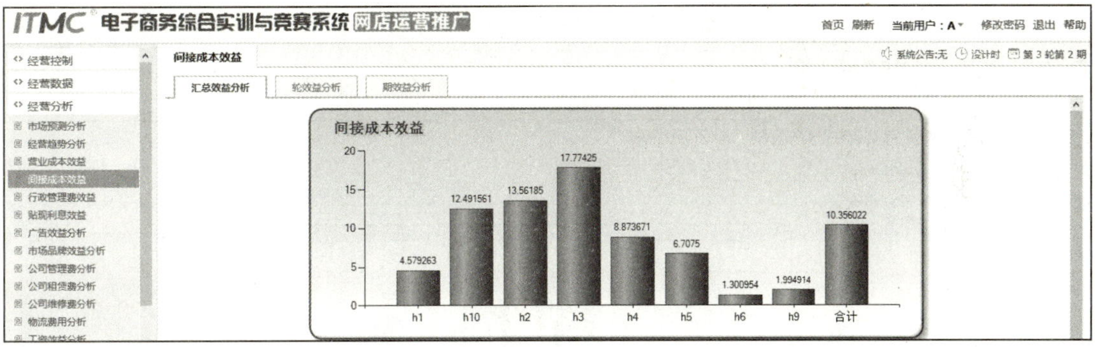

图A-25　间接成本效益

5．贴现利息效益

本功能模块可以查询各小组贴现利息效益的柱状图，分为汇总效益分析、轮效益分析和期效益分析，如图 A-26 所示。

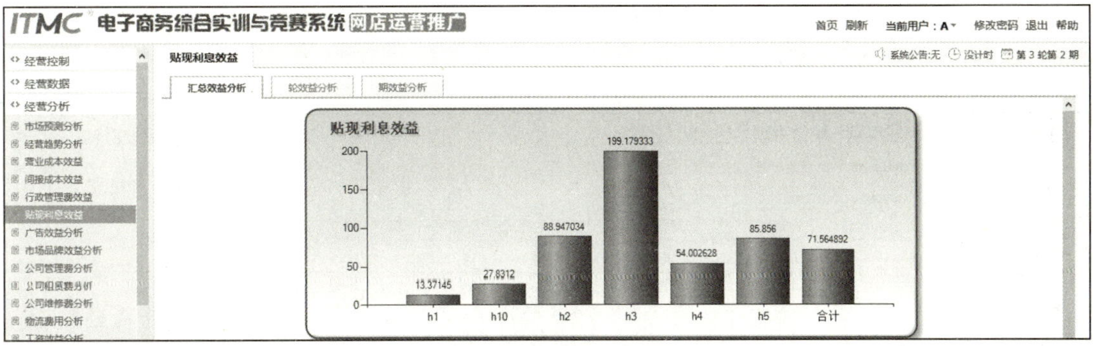

图A-26　贴现利息效益

6．广告效益分析

本功能模块可以查询各小组广告效益分析的柱状图，分为汇总效益分析、轮效益分析和期效益分析，如图 A-27 所示。

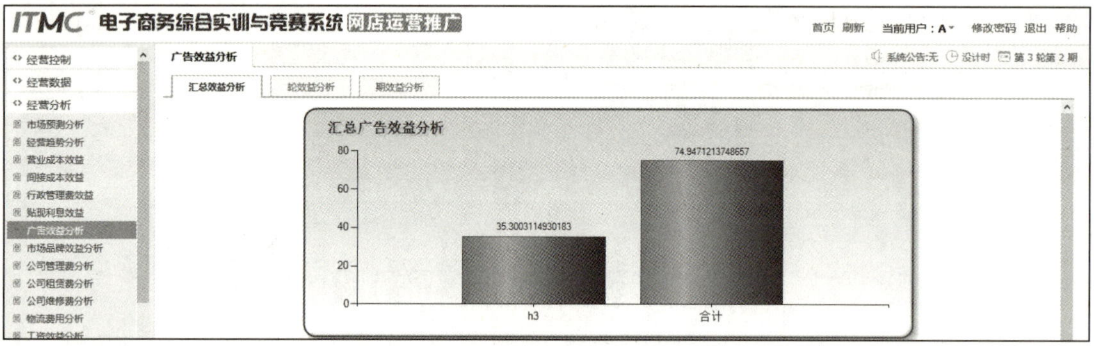

图A-27 广告效益分析

7．公司租赁费分析

本功能模块可以查询各小组公司租赁费分析的柱状图，分为汇总效益分析、轮效益分析和期效益分析，如图 A-28 所示。

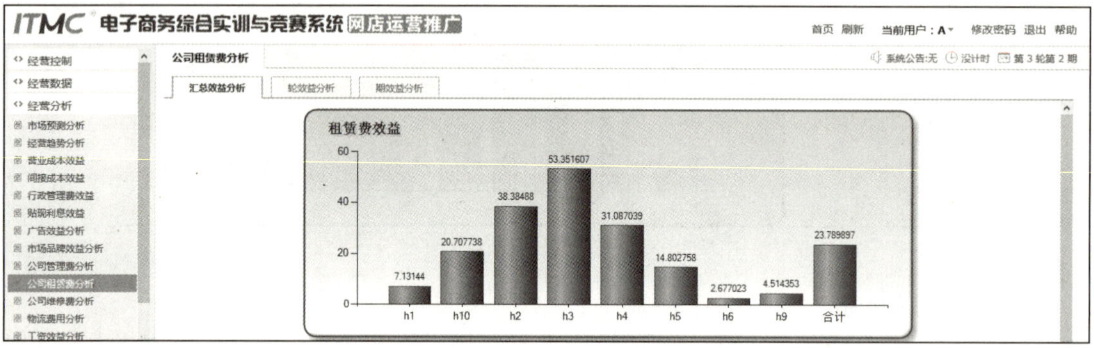

图A-28 公司租赁费分析

8．公司维修费分析

本功能模块可以查询各小组公司维修费分析的柱状图，分为汇总效益分析、轮效益分析和期效益分析，如图 A-29 所示。

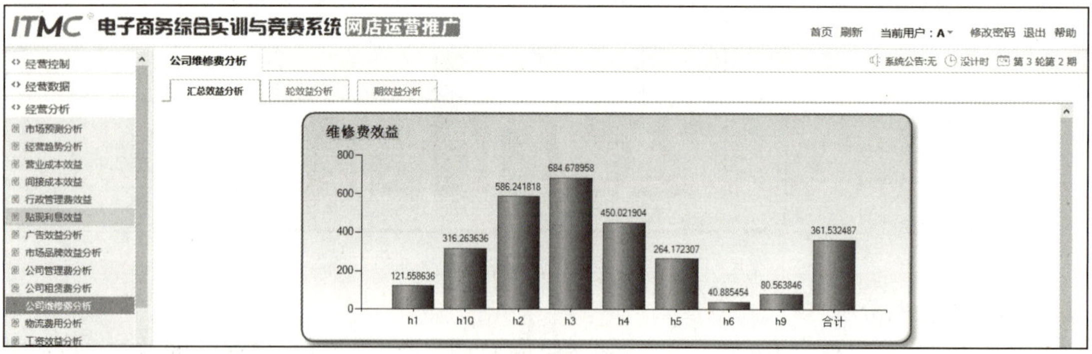

图A-29 公司维修费分析

9．物流费用分析

本功能模块可以查询各小组物流费用分析的柱状图，分为汇总效益分析、轮效益分析和期效益分析，如图 A-30 所示。

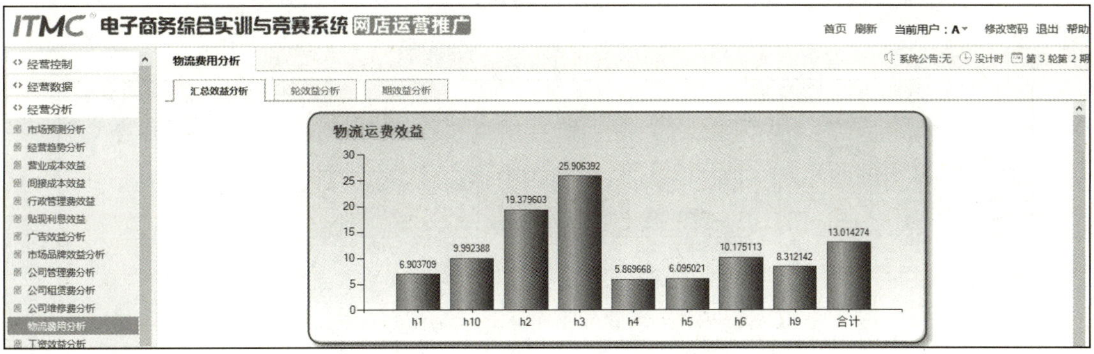

图A-30　物流费用分析

10. 工资效益分析

本功能模块可以查询各小组工资效益分析的柱状图，分为汇总效益分析、轮效益分析和期效益分析，如图 A-31 所示。

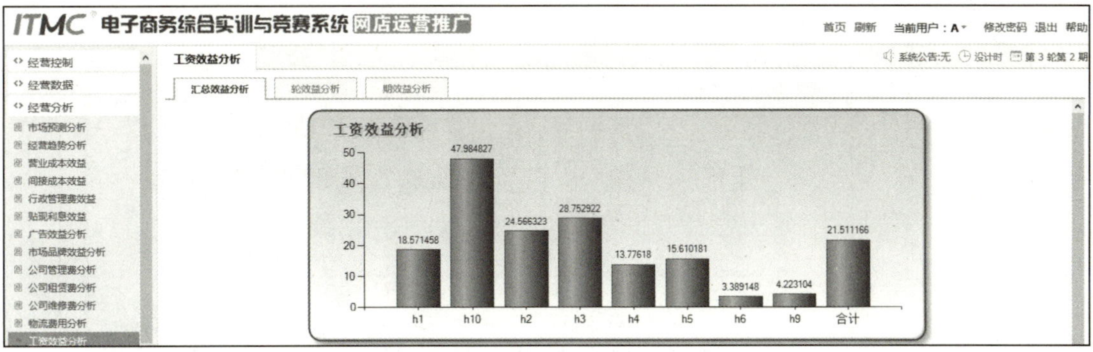

图A-31　工资效益分析

11. 网店装修费分析

本功能模块可以查询各小组网店装修费分析的柱状图，分为汇总效益分析、轮效益分析和期效益分析，如图 A-32 所示。

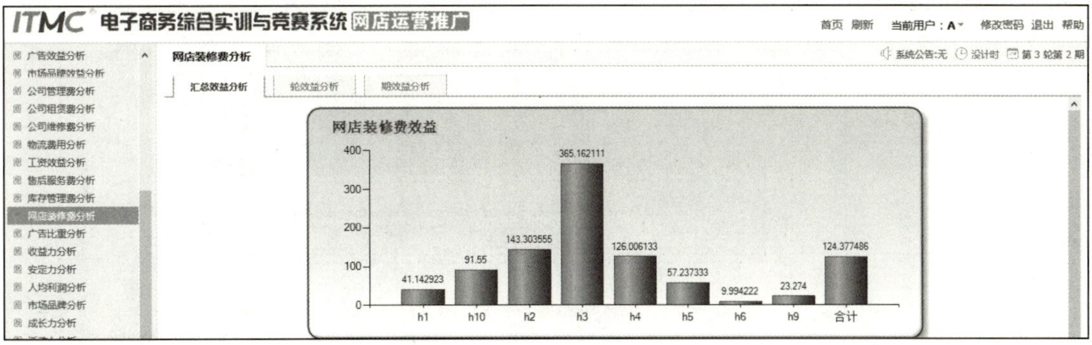

图A-32　网店装修费分析

12．广告比重分析

本功能模块可以查询各小组广告比重分析的饼图，如图 A-33 所示，分为轮比重分析和期比重分析。

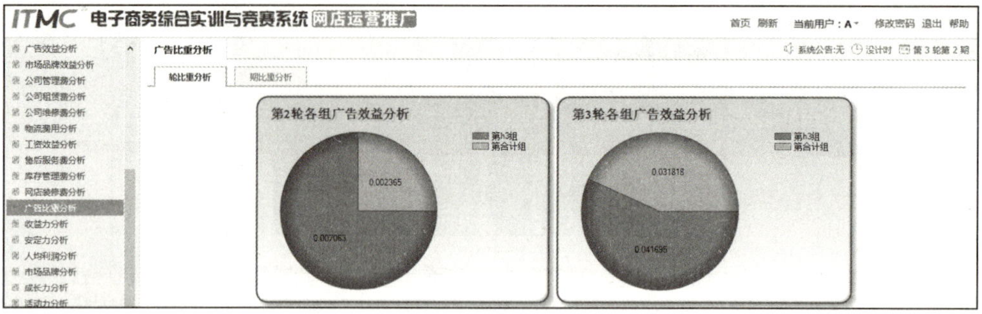

图A-33　广告比重分析

13．收益力分析

本功能模块可以查询各小组收益力分析图，如图 A-34 所示，分为轮比重净利润率趋势分析、各组资产报酬率趋势分析、各组资产报酬期转率趋势分析和各组权益报酬收益趋势分析。

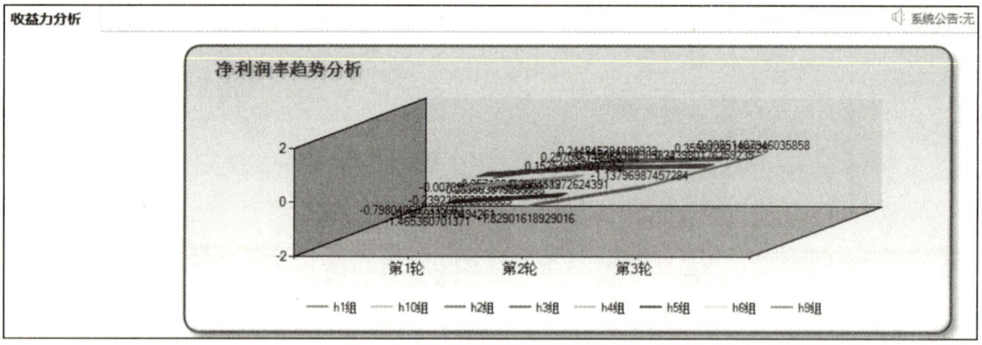

图A-34　收益力分析

14．安定力分析

本功能模块可以查询各小组安定力分析图，如图 A-35 所示，分为速动比率趋势分析、流动比率趋势分析、固定资产长期适配率分析和资产负债率趋势分析。

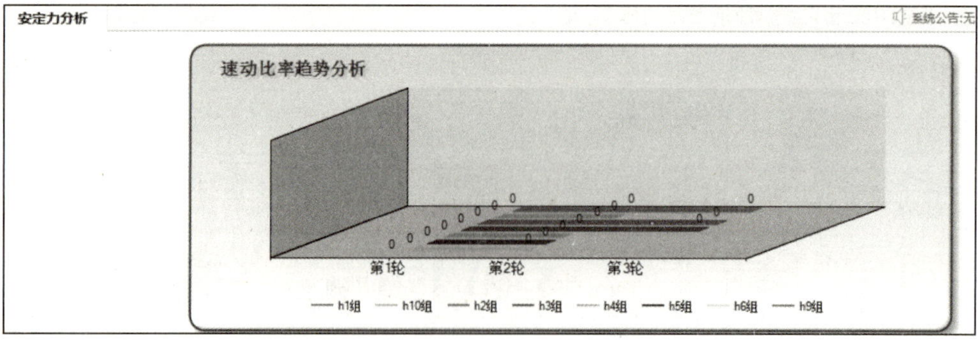

图A-35　安定力分析

15．人均利润分析

本功能模块可以查询各小组人均利润分析图，分为人均利润趋势分析和人均营业收入趋势分析，如图 A-36 所示。

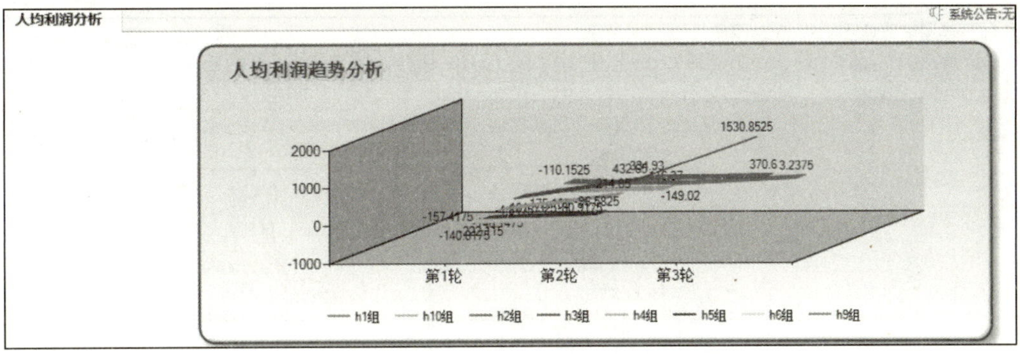

图A-36　人均利润分析

16．成长力分析

本功能模块可以查询各小组成长力分析图，分为各组营业收入成长率分析、各组利润成长力分析和各组权益成长力分析，如图 A-37 所示。

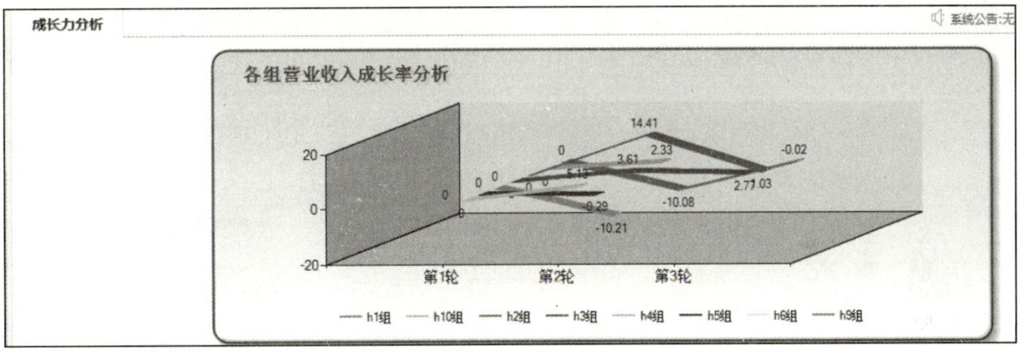

图A-37　成长力分析

17．活动力分析

本功能模块可以查询各组活动力分析图，主要是资产总计期转率分析，如图 A-38 所示。

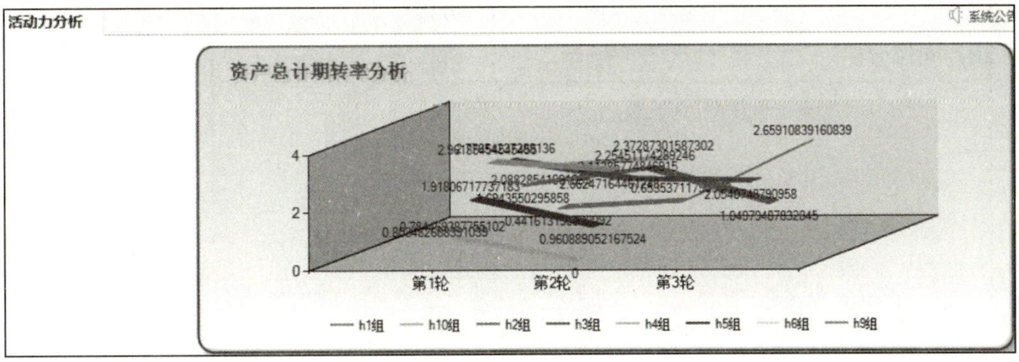

图A-38　活动力分析

18. 驾驶舱

本功能模块可以查询各组活动力驾驶舱分析图，分为当前现金、负债率、各轮销售额趋势、人均利润率趋势和累计营业收入成本分析，如图 A-39 所示。

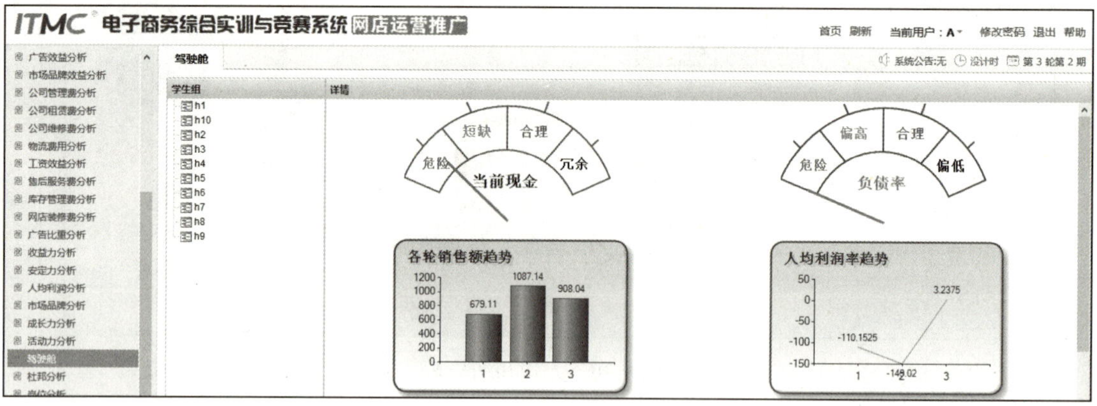

图A-39　驾驶舱

19. 杜邦分析

本功能模块可以查询各组杜邦分析图，如图 A-40 所示。

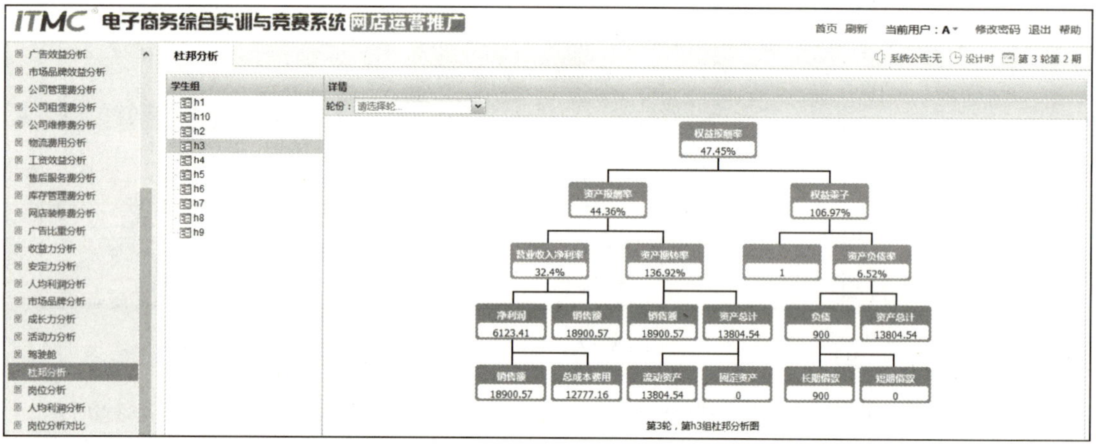

图A-40　杜邦分析

20. 岗位分析

本功能模块可以查询各组岗位分析图，如图 A-41 所示。

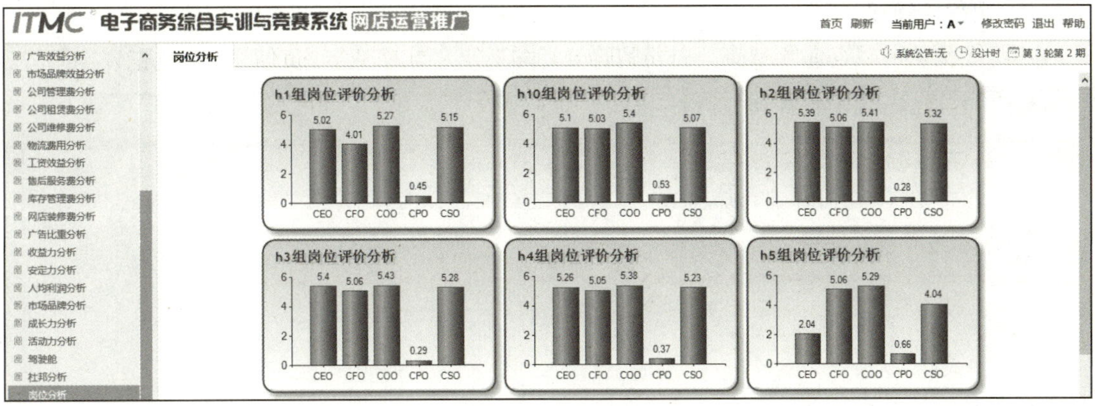

图A-41　岗位分析

21. 岗位分析对比

本功能模块可以查询各组岗位分析对比图，如图 A-42 所示。

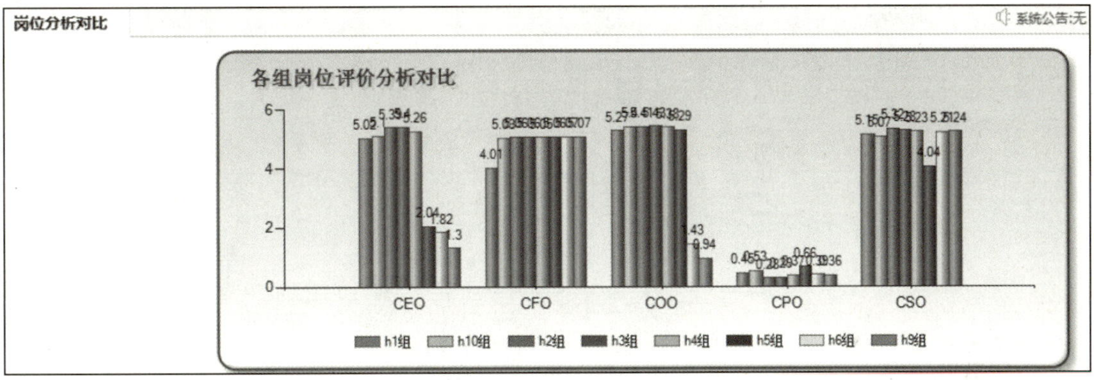

图A-42　岗位分析对比

六、经营设置

1. 学生管理

本功能模块可以自由添加学生账号，可逐一添加，也可批量添加，并可以进行增、删、改、查等操作，如图 A-43 所示。

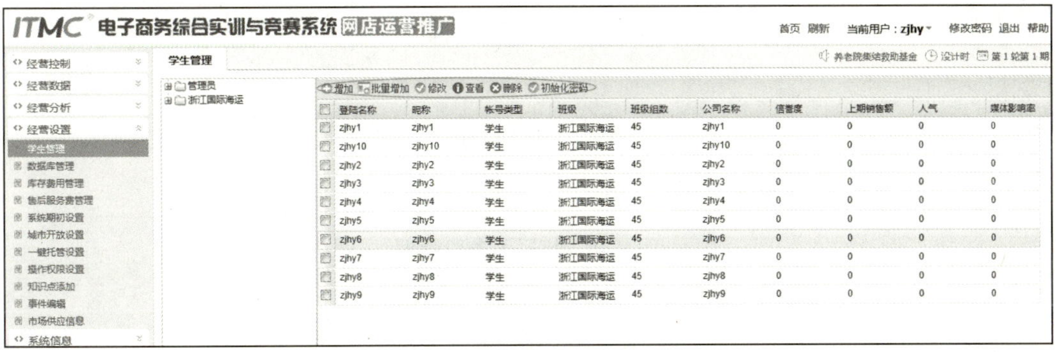

图A-43　学生管理

2. 数据库管理

本功能模块可以初始化数据、备份数据、还原数据和删除数据库，如图 A-44 所示。

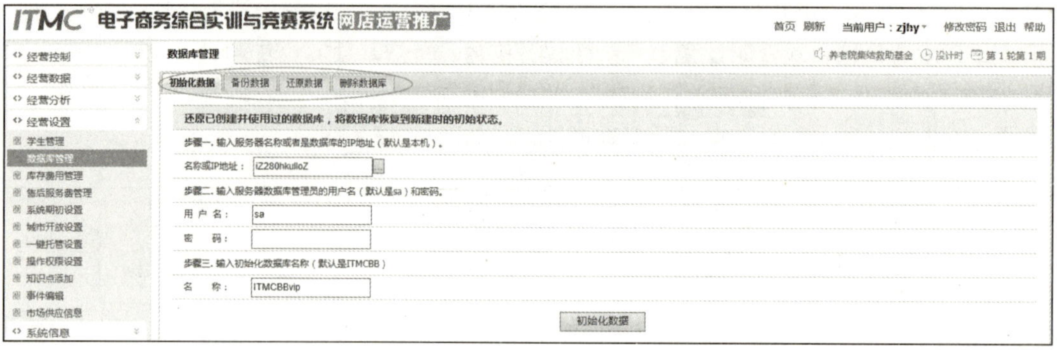

图A-44 数据库管理

3. 库存费用管理

本功能模块可以添加、修改、查看和删除商品库存费用数据，如图 A-45 所示。

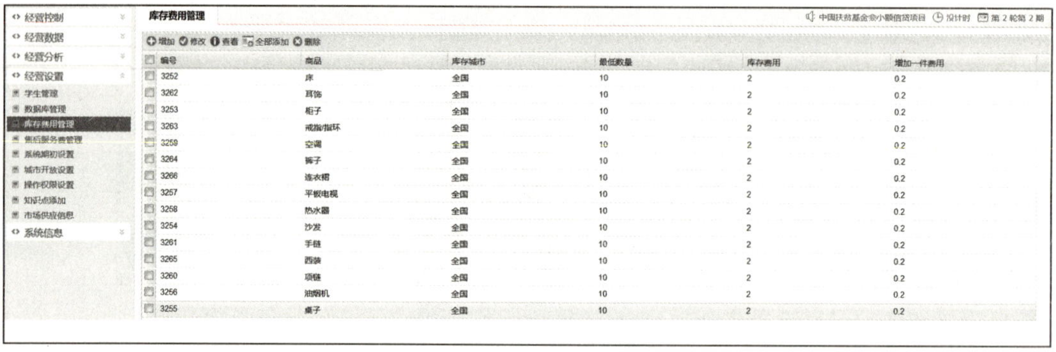

图A-45 库存费用管理

4. 售后服务费管理

本功能模块可以添加、修改、查看和删除售后服务费数据，如图 A-46 所示。

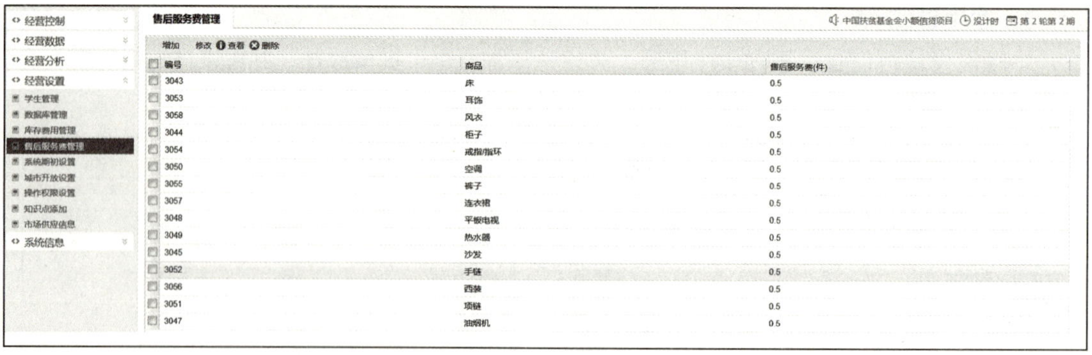

图A-46 售后服务费管理

5. 系统期初设置

本功能模块可以对初始现金、行政管理费、供求比例、利润倍数、套餐最大商品数、最大商品预售数量、品牌人群价格上浮动、低价人群价格上浮动、犹豫人群价格上浮动、综合上浮动、增值税率、城建税率、教育附加税率、贷款权益倍数、贷款基数、短贷利息（/ 期）、民间融资利息（/ 期）、民间融资利率（/ 期）、长贷利息（/ 轮）、短贷还款期限（期）、民间融资还款期限（期）和长贷还款期限（轮）等系统期初数据进行设置，如图 A-47 所示。

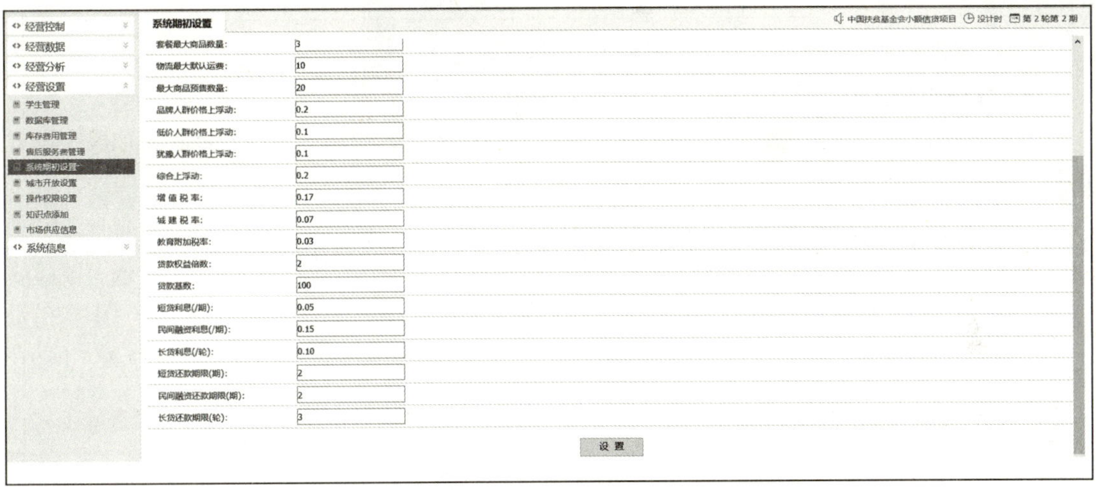

图A-47　系统期初设置

6. 城市开放设置

本功能模块可以设置系统开放城市范围，默认城市为天津、北京、石家庄、上海、南京、南昌、西安、广州、长沙和郑州，如图 A-48 所示。

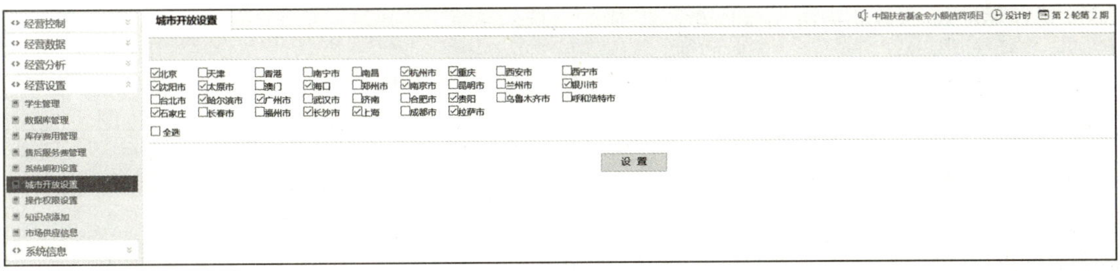

图A-48　城市开放设置

7. 一键托管设置

本功能模块可以设置各经营节点的托管时间，单击“设置”按钮完成操作，如图 A-49 所示。

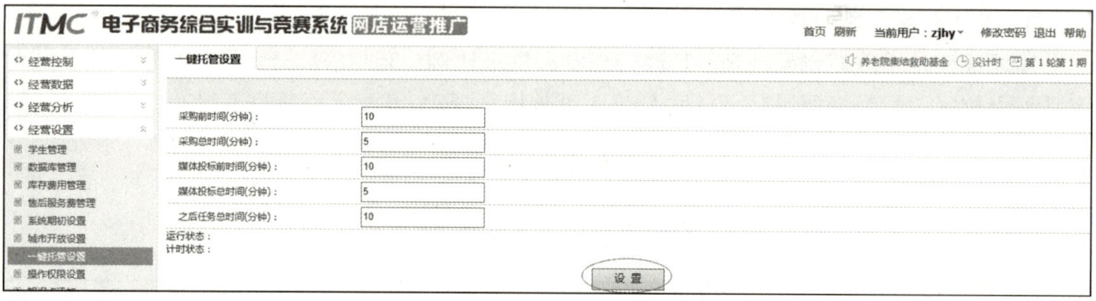

图A-49　一键托管设置

8. 操作权限设置

本功能模块可以设置允许提示现金收支信息、店长操作、长短贷共享额度和追加股东投资的操作权限，如图 A-50 所示。

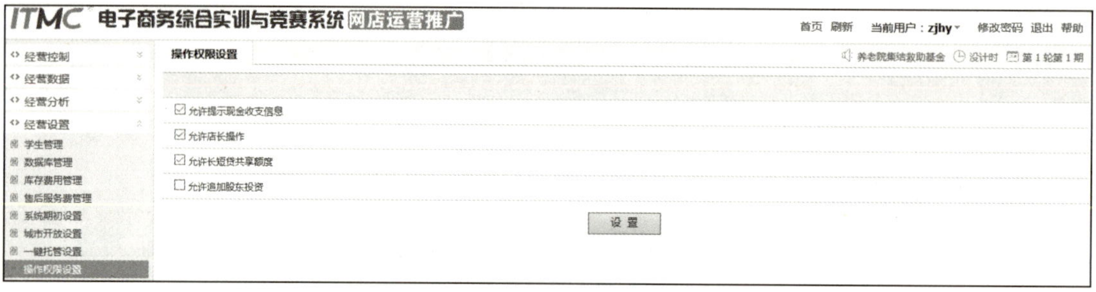

图A-50　操作权限设置

9. 事件编辑

本功能模块可以编辑慈善信息，如图 A-51 所示。

10. 市场供应信息

本功能模块可以编辑市场供应信息，如图 A-52 所示。

图A-51　事件编辑

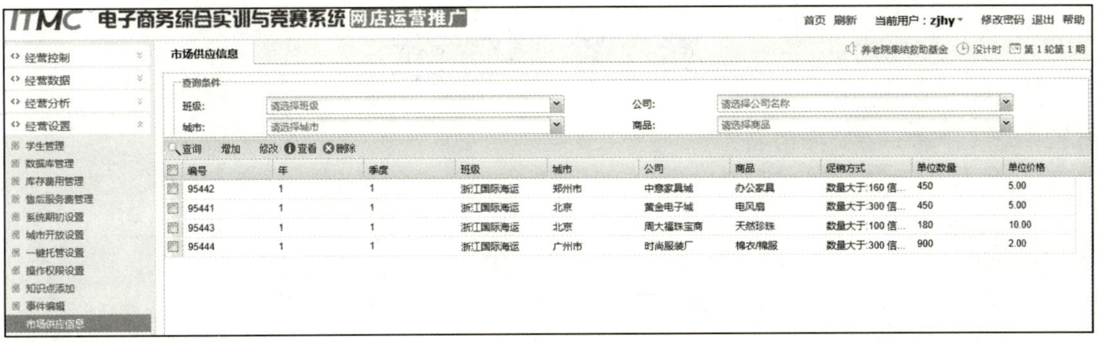
ITMC 电子商务综合实训与竞赛系统 网店运营推广
首页 刷新 当前用户：zjhy 修改密码 退出 帮助
经营控制
经营数据
经营分析
经营设置
学生管理
数据库管理
库存费用管理
售后服务费管理
系统期初设置
城市开放设置
一键托管设置
操作权限设置
知识点添加
事件编辑
市场供应信息
市场供应信息
养老院集结救助基金 设计时 第 1 轮第 1 期
查询条件
班级: 请选择班级
公司: 请选择公司名称
城市: 请选择城市
商品: 请选择商品
查询 增加 修改 查看 删除
编号 年 季度 班级 城市 公司 商品 促销方式 单位数量 单位价格
95442 1 1 浙江国际海运 郑州市 中意家具城 办公家具 数量大于:160 信... 450 5.00
95441 1 1 浙江国际海运 北京 黄金电子城 电风扇 数量大于:300 信... 450 5.00
95443 1 1 浙江国际海运 北京 周大福珠宝商 天然珍珠 数量大于:100 信... 180 10.00
95444 1 1 浙江国际海运 广州市 时尚服装厂 棉衣/棉服 数量大于:300 信... 900 2.00

图A-52　市场供应信息

参 考 文 献

[1] 何晓岚，金晖. 商战实践平台指导教程 [M]. 北京：清华大学出版社，2012.
[2] 宋洪安. ERP 沙盘模拟教程 [M]. 北京：电子工业出版社，2012.
[3] 逄卉一，李芳懿. ERP 沙盘模拟（第 2 版）[M]. 北京：清华大学出版社，2015.
[4] 黎雨. 网络营销之 SEO 无敌宝典 [M]. 北京：清华大学出版社，2013.
[5] 袁静，吕英俊，赖磊. 企业经营沙盘模拟——操作入门、知识提升与能力拓展 [M]. 北京：机械工业出版社，2013.